南岳慧思全集

［南北朝］慧思 著　于德隆 整理

九州出版社 JIUZHOUPRESS｜全国百佳图书出版单位

图书在版编目（CIP）数据

南岳慧思全集 ／（南北朝）慧思著 ； 于德隆整理 ． -- 北京：
九州出版社， 2018.4

ISBN 978-7-5108-6915-0

Ⅰ．①南… Ⅱ．①慧… ②于… Ⅲ．①慧思（515-
577）—文集 Ⅳ．① B949.92-53

中国版本图书馆 CIP 数据核字（2018）第 076587 号

南岳慧思全集

作　　者	[南北朝] 慧思　著　于德隆　整理
策　　划	云在阁文化　德衍景文化
责任编辑	高美平
装帧设计	赵榕斌
出版发行	九州出版社
地　　址	北京市西城区阜外大街甲 35 号（100037）
发行电话	（010）68992190/3/5/6
网　　址	www.jiuzhoupress.com
电子信箱	jiuzhou@jiuzhoupress.com
印　　刷	三河市东方印刷有限公司
开　　本	720 毫米 ×1020 毫米　16 开
印　　张	19.125 印张
字　　数	273 千字
印　　数	3000
版　　次	2019 年 7 月第 1 版
印　　次	2019 年 7 月第 1 次印刷
书　　号	ISBN 978-7-5108-6915-0
定　　价	168.00 元

前　言

南岳慧思（515～577），俗姓李氏，后魏武津县（今河南上蔡县）人。中国佛教天台宗理论奠基者，继龙树、慧文之后，被奉为台宗三祖，世称南岳尊者、思大禅师。

史传记载，慧思童时曾梦梵僧劝令入道，见朋类读《法华经》，乐法情深。得借本于空冢独观，无人教授，日夜悲泣。又梦见普贤乘白象王摩顶而去，昔未识之文，今自然解。年十五，出家受具，谢绝人事，专诵《法华》。日唯一食，不受别请。年二十，因读《妙胜定经》，开始遍亲禅德，常于林野间经行修禅。时北齐慧文禅师聚徒数百，专业大乘，独步河淮，学者倾心。慧思乃往归依，咨受口诀，授以观心之法。昼则驱驰僧事，夜则坐禅达旦。夏竟受岁，慨无所获，自伤昏沉，生为空过，深怀惭愧。将放身倚壁，背未至间，豁然大悟法华三昧。遂融《莲经》之旨，所未闻经，不疑自解。

此后声名远播，开始弘通大乘。东魏武定六年（548），三十四岁的慧思开始于兖州讲授禅法。为恶比丘所毒，垂死复活。齐武平初，领徒南播，止光州大苏山。其地处陈、齐边境，兵刃所冲，佛法云崩，五众离溃。其中英挺者皆轻其生、重其法，忽夕死、庆朝闻，相从跨险而到者，填聚山林。慧思供以事资，诲以理昧。天台宗实际创宗祖师智顗大

1

师，就是在这时期不避战乱远来从学的。是时多有众恶论师，生嫉妒心，竞来恼乱。慧思于彼起大悲心，即发誓愿，誓造金字《般若经》，现无量身于十方国讲说是经，令一切诸恶论师咸得信心，住不退转。北齐天保九年（558），于南光州齐光寺造成金字《大品般若》及《法华》二部，复自述愿文一篇，大发众心。

在光州游化历时十四年，是时齐祚将倾，佛法暂晦，慧思遂领众南迁。陈光大二年（568），命上首弟子智顗赴金陵传弘禅法，自带徒众四十余人前往湖南，入住南岳。陈地信众望风归附。太建元年（569），陈宣帝迎之金陵，住栖玄寺，讲《大品经》，举朝道俗倾心归仰，尊为大禅师，思大之名盖得于此。复归山中，说法如故。因感南方佛教重视义门，轻视禅法，遂昼谈义理，夜便思择，倡定慧双修。陈太建九年（577）卒于南岳，寿六十三。

南岳慧思在佛教史上的地位，主要是基于对天台宗创立的直接影响。天台宗渊于北齐、南陈，创立于隋代，鼎盛于唐代，是最早形成的具有中土特色的佛教流派，具有完整的教义和行持体系，得到当时朝野的大力支持和信奉，对后世影响甚巨。北齐慧文悟龙树菩萨《中论》四句偈义，提出一心三观之观行方法，开启天台教义之源，遂被奉为台宗二祖。慧思承慧文观行之绪，结合自己到从《法华经》上体悟到的圆顿法门，建立《法华》"十如"实相之说，倡导"法华安乐行"的实践行法，用来修习法华三昧，为智顗大师实际创立天台宗，建立了思行基础。《续高僧传》记载，慧思曾命智顗代讲《大品经》，至"一心具万行"处，忽有所疑。师曰："如汝疑者，乃《大品》次第意耳，未是《法华》圆顿旨也。吾昔于夏中苦节思此，一念顿证，诸法现前。吾既身证，不必有疑。"台宗五祖章安尊者云："天台传南岳三种止观：一渐次，二不定，三圆顿，皆是大乘，俱缘实相，同名止观。"对此，台宗史书《佛祖统纪》赞曰："南岳以所承北齐一心三观之道传之天台，其为功业盛大，无以尚矣！"

晚年南岳时期，慧思思想又有所发展。其时被称为大乘佛法总纲的马鸣菩萨《大乘起信论》译出，慧思融摄其一法界心、真如缘起、体相用三大等如来藏思想及其止观双运的实修轨范，结合自己多年的禅修体悟，著《大乘止观法门》，为圆三止观之总纲，深受宋、明以来台宗学者的重视，被誉为南岳心法。

慧思特别注重修行实践，曾躬行方等三昧七载，理洞其微，位净六根。章安尊者曾赞曰："名高嵩岭，行深伊洛，十年常诵，七载方等，九旬常坐，一时圆证（《天台智者大师别传》）。"慧思平昔御寒，惟一艾衲，缯纩之属一切不受，世赞其慈行可风。门下高足颇多，除著名的天台智顗外，其次有新罗人玄光及大善。其他如南岳僧照、枝江慧成、江陵慧威等，都著名于一时。玄光将南岳思想传入新罗，为以后台宗教义流行于朝鲜半岛的先驱。

慧思著作现存有《南岳思大禅师立誓愿文》一卷、《随自意三昧》一卷、《法华经安乐行义》一卷、《诸法无诤三昧法门》二卷、《大乘止观法门》四卷、《受菩萨戒仪》一卷等六种，另有《释论玄》《次第禅要》《三智观门》《四十二字门》等数种久已亡佚。

《南岳立誓愿文》为北齐天保九年在南光州造金字《摩诃般若经》时所发之愿文。初述今生以来处处弘宣般若所逢留难，因发大悲，造此金经。通篇愿文洋溢着不懈追求宇宙人生真谛、救度苦难众生的大乘菩萨道精神。《随自意三昧》凡有六品，明行、住、坐、卧、食、语六威仪中止观法门，一一具足六波罗密。所述皆依《中论》宗旨，一心具足空假中三观明义，乃南岳大师自受用之三昧。道宣《续高僧传》中尚存此书名。中土久亡，日本《续藏经》中幸得保存，唯错简颇多。民国释印光详加校订，制序流通。《无诤行门》初赞禅定功德，总明欲学一切佛法，先持净戒，勤禅定，乃能得之，无量佛法功德，一切皆从禅生。后具明四念处各各具足一切佛法，洵可为菩提道之鸿渐。《安乐行义》释《法华经》暨《安乐行品》之大义。思大师教人修习法华三昧，恒以安乐行为方便，故特详解之。智者大师之《法华玄义》《法华文句》世所宗仰，而其幽奥实启于斯篇。《佛祖统记》称，南岳著《安乐行义》，久亡其本。四明行皎游方至南岳，得之古藏，后始流布于世。《大乘止观》为台宗要籍，《续高僧传》本传中即不载此书之名，是初唐已不传。宋咸平中，日本僧寂照携来，重归中土。此书乃思师以大慈悲心，披示自行法门，诚可谓定门之摩尼，行者之甘露。《受菩萨戒仪》悉依《梵纲经》，最为得授戒之妙义而有为他家所未尝及者。中土久亡，幸于日本《续藏经》中得以保存。

本书收录了全部现存作品，及敦煌文献中发现的《思大祖坐禅铭》，附录中收录了明蕅益智旭所撰《大乘止观法门释要》，及慧思的传记资料四种。整理者希望佛学爱好者可藉此书了解慧思大师的思想和行持，也希望为学界研究天台宗，提供一种基础的文献资料。

目　　录

南岳思大禅师立誓愿文 1

随自意三昧 14

　《随自意三昧》校正重刻序 / 印光 14

　行威仪品第一 16

　住威仪品第二 21

　坐威仪品第三 22

　眠威仪品第四 31

　食威仪品第五 32

　语威仪品第六 34

　跋 / 谛闲 37

诸法无诤三昧法门 38

　诸法无诤三昧法门卷上 38

　诸法无诤三昧法门卷下 52

法华经安乐行义 72

大乘止观法门 84

　南岳大乘止观序 / 宋 · 朱顿 84

南岳禅师止观序 / 宋·遵式 85

大乘止观法门卷第一 87

大乘止观法门卷第二 100

大乘止观法门卷第三 115

大乘止观法门卷第四 130

受菩萨戒仪 143

思大祖坐禅铭 154

附录

附录一：《大乘止观法门》释要 / 明·蕅益智旭

刻《大乘止观释要》序 156

南岳禅师大乘止观原序 157

大乘止观法门释要卷第一 159

大乘止观法门释要卷第二 184

大乘止观法门释要卷第三 213

大乘止观法门释要卷第四 242

大乘止观释要跋语 282

附录二：南岳慧思传记资料

续高僧传卷第十七·陈南岳衡山释慧思传 / 唐·道宣 283

五灯会元卷第二·南岳慧思禅师 / 宋·普济 287

佛祖统纪卷第六·三祖圆证法华南岳尊者止观大禅师 /

　　宋·志磐 288

天台九祖传·三祖南岳尊者 / 宋·士衡 294

南岳思大禅师立誓愿文 [1]

　　我闻如是。《释迦牟尼佛悲门三昧观众生品本起经》中说：佛从癸丑年七月七日入胎，至甲寅年四月八日生。至壬申年，年十九，二月八日出家。至癸未年，年三十，是腊月月八日得成道。至癸酉年，年八十，二月十五日方便入涅槃。正法从甲戌年至癸巳年，足满五百岁止住。像法从甲午年至癸酉年，足满一千岁止住。末法从甲戌年至癸丑年，足满一万岁止住。入末法过九千八百年后，月光菩萨出真丹国，说法大度众生，满五十二年入涅槃后，《首楞严经》、《般舟三昧》先灭不现，余经次第灭。《无量寿经》在后得百年住，大度众生，然后灭去，至大恶世。我今誓愿，持令不灭，教化众生，至弥勒佛出。佛从癸酉年入涅槃后，至未来贤劫初，弥勒成佛时，有五十六亿万岁。我从末法初始立大誓愿，修习苦行，如是过五十六亿万岁，必愿具足佛道功德，见弥勒佛，如愿中说。入道之由，莫不行愿。早修禅业，少习弘经，中间障难，事缘非一。略记本源，兼发誓愿，及造金字二部经典。

　　稽首归命十方诸佛。

　　稽首归命十二部经。

　　稽首归命诸大菩萨、四十二地诸贤圣僧。

　　稽首归命一切缘觉、声闻学无学众。

　　又复稽首梵释四王、天龙八部、冥空善神、护法大将。

　　慧思自惟：有此神识无始已来，不种无漏善根，是故恒为爱见所牵，无明覆蔽，致令虚妄，生死日增，苦轮常转，未曾休息，往来五道，横使

---

[1]　底本为《嘉兴藏》本（新文丰版第 4 册，经号 85），参校《大正藏》本（第 46 册，经号 1933）和《中华藏》本（第 97 册，经号 1853）。

六识轮回六趣。进不值释迦出世，后复未蒙弥勒三会，居前后众难之中。又藉往昔微善根力，释迦末世得善人身，仰承圣教之所宣说。释迦牟尼说法住世八十余年，导利众生，化缘既讫，便取灭度。灭度之后，正法住世经五百岁。正法灭已，像法住世经一千岁。像法灭已，末法住世经一万年。我慧思即是末法八十二年，太岁在乙未，十一月十一日，于大魏国南豫州汝阳郡武津县生。至年十五，出家修道，诵《法华经》及诸大乘，精进苦行。至年二十，见世无常，众生多死，辄自思惟：此身无常苦空，无有我人，不得自在，生灭败坏，众苦不息，甚可怖畏。世法如云，有为难信。其爱著者，即为烦恼大火所烧。若弃舍者，则至无为涅槃大乐。一切众生迷失正道，永无出心。我为众生及为我身求解脱故，发菩提心，立大誓愿，欲求如来一切神通。若不自证，何能度人？先学已证，然后得行。自求道果，为度十方无量众生，为断十方一切众生诸烦恼故，为令十方无量众生通达一切诸法门故，为欲成就十方无量一切众生菩提道故。求无上道，为首楞严，遍历齐国诸大禅师学摩诃衍。恒居林野，经行修禅。年三十四时，在河南兖州界论义故，遭值诸恶比丘以恶毒药令慧思食，举身烂坏，五脏亦烂，垂死之间而更得活。初意欲渡河遍历诸禅师，中路值此恶毒困药，厌此言说，知其妨道，即持余命还归信州，不复渡河，心心专念，入深山中。欲去之间，是时信州刺史共诸守令，苦苦留停，建立禅斋，说摩诃衍义。频经三年，未曾休息。梁州、许昌而复来请，又信州刺史复欲送启，将归邺郡。慧思意决，不欲向北，心欲南行，即便舍众，渡向淮南，山中停住。从年二十至三十八，恒在河南习学大乘，亲觐供养诸大禅师，游行诸州，非一处住。是时国敕唤国内一切禅师入台供养。慧思自量愚无道德，不肯随敕，方便舍避，渡淮南入山。至年三十九，是末法一百二十年。淮南郢州刺史刘怀宝共游郢州山中，唤出讲摩诃衍义。是时为义相答，故有诸法师起大瞋怒，有五人恶论师以生金药置饮食中令慧思食。所有余残，三人啖之，一日即死。慧思于时身怀极困，得停七日，气命垂尽。临死之际，一心合掌向十方佛忏悔，念般若波罗蜜，作如是言：不得他心智，不应说法。如是念时，生金毒药即得消除，还更得差。从是已后，数遭非一。年至四十，是末法一百二十一年，在光州开岳寺，巴子立五百家，共光州刺史，请讲《摩诃衍般若波罗蜜经》一遍。至年四十一，是末法一百二十二年，在光州境大苏山中，讲摩诃衍义一遍。至年四十二，是末法一百二十三年，在光州城西观邑寺上，又讲摩诃衍义一遍。是时多有众恶论师，竞来恼乱，生嫉妒心，咸欲杀害，毁坏般若波罗蜜义。我于彼时起大悲心，念众恶论师，即发誓愿，作如是言：誓造金字《摩诃般若》及诸大乘，琉璃宝函奉盛经卷，现无量身，于十方国土讲说是经，令一切众恶论师咸得信心，住不退转。至年四十三，是末法一百二十四年，在南定州，刺史请讲摩诃衍义一遍。是时多有众恶论师竞起恶心，作大恼乱，复作种种诸恶方便，断诸檀越，不令送食。经五十日，唯遣弟子化得，以济身命。于时发愿：我为是等及一切众生，誓造金字《摩诃衍般若波罗蜜》一部，以净琉璃七宝作函奉盛经卷，众宝高座、七宝帐盖、珠交露幔、花香璎珞、种种供具，供养般若波罗蜜。然后我当十方六道普现无量色身，不计劫数，至成菩提，当为十方一切众生讲说《般若波罗蜜经》。于是中间，若作法师如昙无竭，若作求法弟子如萨陀波仑。发愿之后，众恶比丘皆悉退散。发此愿已，即便教化，作如是言：我造金字《摩诃般若波罗蜜经》。至年四十四，是末法一百二十五年，太岁戊寅，还于大苏山光州境内，唱告诸方：我欲奉造金字《摩诃般若波罗蜜经》，须造经首，谁能造者？时有一比丘名曰僧合，而忽自来，作如是言：我能造金字《般若》。既得经首，即遍教化诸州刺史及土境人民、白黑道俗，得诸财宝，持买金色，造作经用。从正月十五日教化，至十一月十一日，于南光州光城都[1]光城县齐光寺，方得就手，报先心愿，奉造金字《摩诃般若波罗蜜经》一部，并造琉璃宝函盛之。即于尔时发大誓愿：

愿此金字《摩诃般若波罗蜜经》及七宝函，以大愿故，一切众魔诸恶灾难不能沮坏。愿于当来弥勒世尊出兴于世，普为一切无量众生说是《般若波罗蜜经》时，以我誓愿、金字威力，当令弥勒庄严世界六种震动。大

---

[1] 都：据陈寅恪《南岳大师立誓愿文跋》，应为"郡"字之讹。

众生疑，稽首问佛：有何因缘，大地震动？唯愿世尊，敷演说之。时弥勒佛告诸弟子：汝等应当一心合掌，谛听谛信。过去有佛号释迦文，出现世间，说是《般若波罗蜜经》，广度众生。彼佛世尊灭度之后，正法、像法皆已过去，遗法住世，末法之中，是时世恶五浊竞兴，人命短促不满百年，行十恶业，共相杀害。是时《般若波罗蜜经》兴于世间。时有比丘名曰慧思，造此《摩诃波罗蜜经》，黄金为字，琉璃宝函盛此经典。发弘誓愿：我当度脱无量众生，未来贤劫弥勒出世说是摩诃般若经典波罗蜜经，我以誓愿、金经宝函威神力故，当令弥勒七宝世界六种震动，大众生疑，稽首问佛：唯愿说此地动因缘。时佛世尊告诸大众：汝等当知，是彼比丘愿力因缘，金经宝函今欲出现。大众白佛：唯愿世尊以神通力，令我得见金经宝函。佛言：汝等应当一心礼过去佛释迦牟尼，亦当一心专念《般若波罗蜜经》。佛说是时，大地以复六种震动，出大光明，普照十方无量世界。其香殊妙，超过栴檀百千万倍，众生闻者发菩提心。琉璃宝函现大众前，唯可眼见，无能开者。时诸大众踊跃欢喜，俱白佛言：唯然世尊，云何得见《般若经》文？弥勒佛言：彼造经者有大誓愿，汝等应当一心念彼，称其名号，自当得见。说是语时，一切大众称我名号：南无慧思！是时四方从地涌出，遍满虚空，身皆金色，三十二相，无量光明，悉是往昔造经之人。以佛力故，宝函自开，出大音声，震动十方一切世界。于时金经放大光明，无量众色，犹如大云，流满十方一切世界，种种音声，普告众生。复有妙香，悦可众心。是时众生以我愿力及睹地动，又见光明，闻香、声告，得未曾有，身心悦乐，譬如比丘入第三禅。即于是时，悉得具足三乘圣道，乃至具足一切种智。此愿不满，不取妙觉。

又愿十方诸佛世尊说此般若波罗蜜处，一切皆如弥勒大会。若使十方无量诸佛一时说法，亦愿此经一时皆得普现于前，一一瑞相。诸佛大会等度众生，一一世尊皆称释迦及我名字，亦如弥勒大会无量。若不尔者，不取妙觉。

又愿当来十方国土，函及经卷无量名字，随诸国土人量大小，人身大处函及经卷文字亦大，人身小处函及经卷文字亦小。随其国土众宝中精人所贵者，般若力故，函及经卷文字变作上妙珍宝，终不常为琉璃金字。书经之纸为金刚精，不可损坏，至于未来不可思议无量劫数。十方世界有佛出世说是般若波罗蜜处，亦复如是。若不尔者，不取妙觉。

愿于来世，十方国土诸佛世界皆称释迦如来名号、金经宝函及我名字，是故音声遍至十方一切世界，众生普闻，皆得入道。若有众生不入道者，种种方便神足变化而调伏之，必令得道。若不尔者，不取妙觉。

又复发愿：我今入山，忏悔一切障道重罪，经行修禅。若得成就五通神仙及六神通，谙诵如来十二部经，并诵三藏、一切外书，通佛法义。作无量身，飞行虚空，过色究竟，至非非想，听采诸天所说法门。我亦于彼向诸天说所持佛经。还下阎浮，为人广说。复至三途，至金刚际，说所持法。遍满三千大千世界，十方国土亦复如是，供养诸佛及化众生，自在变化，一时俱行。若不尔者。不取妙觉。

上妙栴檀为高座　　　众彩杂色以庄严
上妙七宝为帐盖　　　众宝庄严放光明
阎浮檀金为经字　　　琉璃水精为经函
敬诸佛法好供养　　　然后说法化众生
无前无后无中间　　　一念心中一时行
我今入山为学此　　　非为幻惑诳众生
若有恶人障碍我　　　令其现世不吉祥
备受种种诸恶报　　　若不改心自中伤
死堕地狱入镬汤　　　谤法罪报劫数长
愿令彼发菩提心　　　持戒修善至道场
我为众生行此愿　　　令佛法藏得久住
恶人嫉妒横恼乱　　　妨废修行不得作
若得好人拥护我　　　诸天善神为佐助
令其护法得久住　　　后生净土得佛道
令其修道速成就　　　我无二心发此愿

愿令众生识果报

又复发愿：十方诸佛自当证知，我今为此《摩诃般若》、《妙法莲华》二部金字大乘经故，欲于十方广说法故，三业无力，不得自在，不能十方一时出现，调伏身心及化众生，今故入山忏悔修禅，学五通仙，求无上道。愿先成就五通神仙，然后乃学第六神通。受持释迦十二部经，及十方佛所有法藏，并诸菩萨所有论藏，辩说无碍。十方普现，供养诸佛。于恶世中，持释迦法，令不断绝。于十方佛法欲尽处，愿悉在彼持令不灭。誓愿此土具足十地，种智圆满，成就佛地。是故先作长寿仙人，藉五通力，学菩萨道。自非神仙，不得久住，为法学仙，不贪寿命。誓以此身，未来贤劫见弥勒佛。若不尔者。不取妙觉。

诚心发愿：愿我当来贤劫之初，弥勒世尊成佛道已，为大众说《大品经》时，我以今日发誓愿力，丑陋之形卑小色阴见弥勒佛；以誓愿力，更立一身，色像无比，过于人天，无量辩才，神通变化，随意自在，见弥勒佛。以此二身一时见佛。以誓愿力，卑小丑身亦能变化，具足成就无碍神通诸波罗蜜。以造金字誓愿之力，在弥勒前，二身一时普现变化，遍满十方，广说深法摩诃般若、六波罗蜜、三十七品及神通事，度众生已，忽然不现。愿弥勒佛为诸大众说我今身发愿因缘。若不尔者，誓不成佛。

又复发愿：我今稽首，诚心忏悔。从无始劫至于今身，多作冤对恼他因缘，见他修善，为作障碍，坏他善事，不自觉知。自恃种姓，盛年放逸，以势陵他，不思道理。信邪倒见，事外道师，于三宝中多作留难。久积罪业，报在今身。是故稽首，诚心忏悔。十方诸佛、一切贤圣、梵释四王、天龙八部、护法善神、冥空幽显，愿为证明，除障道罪，身心清净。从今已后，所作吉祥，无诸障碍。愿在深山，思惟佛道。愿得甚深诸禅解脱，得神通力，报诸佛恩。誓于此身得不退智。若不尔者，誓不成佛。

又愿一切十方国土，若有四众比丘比丘尼及余智者，受持读诵《摩诃般若波罗蜜经》，若在山林旷野静处、城邑聚落，为诸大众敷扬解说。有诸魔众竞来恼乱，破坏般若波罗蜜。是人若能一心合掌，称我名字，即得无量神通。我于尔时亦作化人，在彼众中，现为眷属，称彼弟子，降伏众魔，破诸外道，令彼智者大得名称。我时复为化作四众，山林聚落处处皆现，为作卫护。或作大力鬼神王像，或作沙门，或作居士，或作国王、大臣宰相，敕令国内治罚一切破戒恶人。若有刚强不改心者，或令现入阿鼻地狱。种种逼切，必令改心，还令归命彼说法者，叩头求哀，为作弟子，乃可放耳。令诸恶事，变为吉祥。若不尔者，不取妙觉。

我从发心，所有福业尽施众生。至于当来弥勒世尊出世之时，具足十地，入无垢位，于授记人中最为第一。于未来世过算数劫得成佛道时，不可思议三千大千世界为一佛土，超殊十方严净世界。过此之外所有秽土，以我愿力，令诸众生虽一处住，所见各异。调伏恶人，发菩提心。即发心已，见诸秽恶悉皆当净，七宝花果应时具足，无有四时差别之异。所住国土，天人之类同一金色，三十二相、八十种好，具六神通，与佛无异。除佛智慧，无能知者。若不尔者，不取妙觉。

设我得佛，十方众生皆悉发愿来生我国，一切具足普贤之道，随其本愿，修短自在。色身相好，智慧神通，教化众生，等无差别。饮食衣服应念化现，不须造作。若不尔者，不取妙觉。

设我得佛，十方众生闻我名字，持戒精进，修行六度，受持我愿，称我名字，愿见我身，修行七日至三七日，即得见我，一切善愿具足。若不尔者，不取妙觉。

设我得佛，十方世界若有众生具五逆罪，应堕地狱。临命终时，值善知识教称我名。罪人闻已，合掌称名，声声不绝，经十念顷，命欲终时，即得见我，迎其精神，来生我国，为说大乘。是人闻法，得无生忍，永不退转。若不尔者，不取妙觉。

设我得佛，世界清净，无三恶道，亦无女人。一切众生皆悉化生，三十二相，飞行自在。光明普照，无有日月。七宝国土，无诸秽恶。若不尔者，不取妙觉。

若有众生在大地狱，闻我名字，即得解脱。若不尔者，不取妙觉。

若有众生堕饿鬼中，百千万劫乃至不闻饮食之名，恒为炽然饥火所烧，受大苦恼。闻我名字，即得饱满，得正念力，舍饿鬼身，生人天中，发菩提心，至不退转。若不尔者，不取妙觉。

若有众生以恶业故，堕畜生中，受种种苦。闻我名字，众苦永灭，即得人天端正之身，即闻正法，具足圣道。若不尔者，不取妙觉。

若有众生牢狱系闭，鞭挞楚毒。称我名字，发菩提心，而得解脱，疮瘢亦灭。因是发心，住不退转。若不尔者，不取妙觉。

若有众生横被系缚，遇大祸对，若有罪、若无罪，临当刑戮。称我名字，彼所执刀杖、杻械枷锁皆悉摧碎，即得解脱，发菩提心，住不退转。若不尔者，不取妙觉。

一切十方无量众生，百千病苦，及以业障，诸根不具。称我名字，执持不忘，正念思惟，病苦消灭，诸根具足，即得平复。若不尔者，不取妙觉。

若有比丘在山林中读诵般若及诸大乘，修学禅定及神通力，宿罪障故，修不能得。于日夜中，应各三时，称十方佛，持我名字，是人心愿种种所求即得具足。若不尔者，不取妙觉。

若我得佛，十方世界六道众生闻我名字，即发无上菩提之心，住不退转。若不尔者，不取妙觉。

若得佛时，无量光明，常照一切。若诸四众求佛道者，闻我名字，修行我愿，应时即得十地具足，入如来慧。若不尔者，不取妙觉。

若我得佛，十方世界一切诸佛皆共称扬，说我本愿及佛功德。众生闻者，即得受记。此愿不满，不取妙觉。

我未来世得成佛时，为大众说般若波罗蜜，十方世界六种震动，金经宝函于前涌现，为大众演说本愿因缘，如诸佛会，等无有异。若不尔者，不取妙觉。

如我所发上来诸愿，求佛道故，不计劫数，勤修方便，学习种种微妙法门。为众生故，起大悲心，常无懈倦。功德智慧皆悉满足，如上诸愿必克不虚。若不尔者，不取妙觉。

誓于此生得大仙报，获六神通，种种变化，十方六道普现色身，一时说法，众生闻者，得不退转，速成菩提。若不尔者，不取妙觉。

从此愿后，金经文字、琉璃宝函，为说般若，七宝帐盖、金银铃网、敷座宝物及诸一切供养之具，若有恶人来欲偷劫此诸宝物，令此恶心时心痛闷绝，或复颠狂乱语，自说其罪。手触此物，手即碎折。恶眼视者，两眼盲瞎。恶言毁谤，即令恶人口哑无舌。若恶心来欲作恼乱，作诸障碍，两脚双折，或复病癞，或复生入阿鼻地狱，发大恶声，交彻四方，令诸恶人皆见此事。令法久住，护正法故，化众生故，发如是愿。我无恶心，亦无嫉妒。十方贤圣自当证知。

欲重宣愿意，而说偈言：

愿得身心证　　　般若波罗蜜

具足无量义　　　广为众生说

愿得身心证　　　般若波罗蜜

未来贤劫初　　　得见弥勒佛

于受记人中　　　名号最第一

具足诸禅定　　　神通波罗蜜

愿我从此生　　　修一切苦行

为求佛道故　　　不顾于身命

过五十亿万　　　如是世数中

为道修苦行　　　复过六亿万

尔乃至贤劫　　　得见弥勒佛

具一切种智　　　受记最第一

决誓后贤劫　　　具六波罗蜜

自在神通力　　　等齐十方佛

誓在贤劫初　　　说法度众生

以此誓愿力　　　转无上法轮

住寿无量劫　　　常住不涅槃

应化遍十方　　　忍苦为众生

世界甚清净　　　众生皆化生

又无三恶道　　亦无诸女人
天人同一类　　相好如世尊
悉具如意通　　智慧亦同然
生即能飞行　　亦具足诸禅
等齐佛菩萨　　无二乘声闻
十方世界中　　诸不净秽土
三障恶众生　　不闻三宝名
以大誓愿力　　慈悲等化之
转秽为净土　　众生亦齐平
天人等无差　　飞行放光明
女悉变为男　　断三恶道名
十方大地狱　　我悉于中行
教化诸罪人　　悉令生人天
应时齐菩萨　　不作二乘人
畜生及饿鬼　　转报亦同然
十方世界中　　若有一国土
众生不如此　　誓不成正觉
十方世界中　　若有恶国土
众生皆邪见　　刚强无善心
我以誓愿力　　神通摧伏之
种种苦逼切　　必令归三宝
或先同其事　　方便引导之
既悦可其心　　转令入佛道
十方世界中　　刚强恶众生
三途及八难　　悉闻我名字
柔化及苦切　　必令入佛道
或先随其意　　后令断烦恼
十方世界中　　若有刀兵劫

国国相杀害　　人民皆饥馑
或现作猛将　　降伏使安和
五谷悉丰熟　　万民心安宁
或复方便化　　作天龙神鬼
方便治恶王　　及其恶人民
遍历恶国土　　随我本愿行
降伏一阐提　　悉发菩萨心
十方世界中　　净土诸如来
悉在大众中　　称叹我名号
彼诸佛世尊　　我悉到其所
供养及奉侍　　无前后中间
于一念心中　　现一切色身
持一切供养　　供养诸世尊
受持佛法藏　　及以化众生
供养诸菩萨　　亦供养声闻
以此方便力　　愿速成菩提
未来贤劫初　　见弥勒世尊
誓愿贤劫中　　具三十七品
获大神通力　　在贤劫数中
我从初发心　　乃至得菩提
于其两中间　　为道学苦行
舍名闻利养　　舍一切眷属
悉常在深山　　忏悔障道罪
若得神通力　　报十方佛恩
愿持释迦法　　常住不灭尽
至弥勒出世　　化众生不绝
誓于此生作　　长寿五通仙
修习诸禅定　　学第六神通

具足诸法门	成就等觉地
妙觉常湛然	以此度众生
诸佛无优劣	但随本愿行
随诸佛方便	示现种种名

我今入山修习苦行，忏悔破戒障道重罪。今身及先身，是罪悉忏悔。为护法故，求长寿命，不愿生天及余趣。愿诸贤圣佐助我，得好芝草及神丹，疗治众病除饥渴，常得经行修诸禅。愿得深山寂静处，足神丹药修此愿。藉外丹力修内丹，欲安众生先自安。己身有缚，能解他缚，无有是处。

以此求道誓愿力	作长寿仙见弥勒
不贪身命发此愿	既是凡夫未得道
脱恐舍命生异路	轮回六趣妨修道
诸法性相虽空寂	善恶行业必有报
誓愿入山学神仙	得长命力求佛道
若得此愿入龙宫	受持七佛世尊经
过去未来今诸佛	所有经藏我悉持
一切十方世界中	若有佛法欲灭处
我愿持读令不灭	为彼国土人广说
十方世界恶比丘	及以邪见恶俗人
见行法者竞恼乱	我当作助摧伏之
令说法者得安隐	降伏恶人化众生
稽首十方现在佛	菩萨缘觉及声闻
梵王帝释四天王	护法大将及金刚
五通神仙及地神	六斋使者及冥官
一切护法诸善神	我今忏悔障道罪
愿为证明除痴愆	为求道故早成仙
宣畅广说释迦法	不计劫数报佛恩

为护正法发此愿　　故造金字般若经

为护众生及己身　　复造金字法华经

为大乘故入深山　　愿速成就大仙人

寿命长远具神通　　供养十方诸世尊

未来贤劫弥勒佛　　为大众说般若经

以我誓愿神通力　　金经宝函现其前

从地涌出住空中　　大地震动放光明

遍照十方诸世界　　种种妙音告众生

称扬赞叹释迦法　　三途八难悉解脱

弥勒会前现此事　　十方佛前亦复然

愿诸世尊说我愿　　以此因缘度众生

发大誓愿修此行　　愿速成就大仙人

为护正法求此愿　　愿佛哀愍令速成

诸佛世尊同证知　　梵释四王为证明

日月参辰及星宿　　金刚大士及神仙

五岳四海及名山　　诸大圣王亦证明

愿以慈悲拥护我　　令此誓愿速得成

　　应常念本愿，舍诸有为事。名闻及利养，乃至恶弟子，内外悉应舍。专求四如意，八种自在我，五眼及种智。为佛一切智，当发大精进。具足神通力，可化众生耳。当念十方佛，海慧诸大士。

　　世间所有道俗殷勤请讲供养者，乃至强劝请令讲经者，此等道俗皆非善知识，是恶知识耳。何以故？皆是恶魔所使，初即假作殷勤，似有好心，后即斗生忿怒。善恶二魔俱非好事，从今已后，不应信此。所有学士亦复如是，皆不可信，如怨诈亲，苦哉苦哉！不可思议诸王刹利处，皆亦复如是。择、择、择、择！

南岳思大禅师立誓愿文

随自意三昧 [1]

［陈］南岳思大禅师撰
古莘印光释圣量重校

《随自意三昧》校正重刻序

印光

　　佛法广大如法界，究竟如虚空。欲修习者不得其要，必致望洋兴叹，生退屈想。若得其要，则虽有无量法门，无边行相，一以贯之。愈博而愈见其约，愈繁而愈见其简。虽其理性广大高深，如天如地，如山如海。而博地凡夫，亦可坐进此道。由兹断烦惑以获三昧，圆福慧以证四德。直趣果觉，成无上道。况登住、行、向、地之圣人哉！其要唯何？曰根、尘、识等一切诸法，其实体实性，悉皆空无所有。了此则四相原无，三轮体空。万法森罗，一道清净。凡夫迷之，故法法头头，皆成障碍，于五阴、六入、十二处、十八界、七大，各起烦惑，造生死业。圣人悟之，故法法头头，总是真如，于五阴、六入、十二处、十八界、七大，各证圆通，成菩提道。迷悟虽异，性本无二。性虽无二，苦乐迥殊。

　　南岳大师悯之，因著《随自意三昧》。于行、住、坐、卧、食、语六威仪中，处处点示诸法实相。所谓根、尘、识性，空无所有，及三轮体空，

---

[1]　底本为民国印光重校本，参校《卍续藏》本（新文丰版第 98 册，经号 903）。

四相叵得等，令人于一机一境，各得亲见实相，咸了自心。处处点示六波罗蜜殊胜妙行，令人于一动一静，皆能上求下化，自利利他。其所点示，与《楞严》"阴、入、界、大，皆如来藏妙真如性"，《法华》"治世语言、资生业等，皆顺正法，皆与实相不相违背"，《金刚》"无所住而生心，不住色、声、香、味、触、法而行布施，度脱一切众生而不见能度所度"之义，悉皆吻合。乃将自己所悟所证之法，彻底掀翻，和盘托出，普施后世，俾得依此而修，以期同悟同证而已。

又所言初发心菩萨者，具有二义：一即博地凡夫发大心者；一即圆教初发心住，初破无明见法性者。其所谓根、尘、识性空无所有等，在凡夫地，欲趣佛果，必须先悟此理，方有实证，否则纵有修持，皆属有漏，不成菩提。其所谓于一念中，遍于十方佛前，普兴供养，受佛法化；遍于十方众生前，随类现身，应机说法，普令三根咸得利益，此则唯圆教初住菩萨乃能为之。若不知其理其修通于凡夫，必有高推圣境，自处凡愚之过。若不知大体大用初住方得，必有未得谓得，以凡滥圣之愆。了此则上慕诸圣，下重己灵。既无安愚之失，又无滥圣之咎。其直趣觉路，速到宝所，若操左券而取故物，夫何难之有！因此流通遍于中外。其后之得失因缘，具于初刻序跋中，兹不复赘。

蔚如徐君，浙西世家，十世奉佛。君于幼时，即禀庭训，兼学佛乘。近于公暇，遍阅内典。得东瀛此书流通本，息心研究，见其错讹甚多，因取日藏校对，改正者有数十处，随即刻板，以期普利。以量属同志，遂赠数本。因焚香敬阅，见其文义，多有不安，如云笼月，不见真相。窃念此书流传至今，经千三百余年，安得无讹？乃按文按义，略事修治，则直同云开月露，光体具呈，文理俱畅，悦人心目。随以其本寄与徐君，深蒙赞许，即事重刻。又令作序，以述缘起。量虽固陋，义不容辞。须知此刻，虽有修治，实无更改，不过正其传写之讹，俾还南岳本来面目而已。世有病人，医为诊脉，脏腑之虚实，尚能知之。况此文义显露，的的可据，岂不能知其赘脱错讹者乎？其大方家，必不以量之修治为失慎而深见罪责也已。

行威仪品第一

凡是一切新发心菩萨，欲学六波罗蜜，欲修一切禅定，欲行三十七品，欲说法教化众生，学大慈悲，起六神通，欲得疾入菩萨位，得佛智慧，先当具足念佛三昧、般舟三昧，及学妙法莲华三昧。是诸菩萨最初应先学随自意三昧。此三昧若成就，得首楞严定。随自意三昧者，先以大悲眼观众生，举足下足，具六波罗蜜。菩萨行时，先观众生起一子想，亦如幻化如影如空不可得想。而自举身作轻空想。观地而行，如履虚空，自令己身不曲不直，正身直行，不迟不疾，亦不左右顾视，又不转头盼望。若欲望时，举身皆转，如象王视。步步进时，观众生勿令损伤。是时众生即大欢喜，心无恐怖，无所复畏。是时名为檀波罗蜜，名无畏施。

问曰：檀波罗蜜者云何？

答曰：有三种施：一者饮食，二者财宝，三者说法。饮食布施，增长寿命。衣服布施，能遮寒热。医药布施，能除患苦。说法布施，能破邪见，增长慧命，得三乘果。施者、受者、饮食财宝三事俱空，无自无他，无所得故，名檀波罗蜜。

问曰：是菩萨行时，举足下足，于诸众生空无所得，有何利益而言具足六波罗蜜？

答曰：财食等施，增长凡夫生死身命。医药等施，但除外小病，不能除众生生死怖畏。听法之时，或有记心、或无记心、或有漏心、或无漏心，未必皆善。是时施主，或有我所、或无我所，或是波罗蜜、或非波罗蜜。随自意三昧中菩萨行时，以轻空身，如影、梦、化，以大悲眼观众生，亦不著众生想，亦不著无众生想。是时众生见菩萨威仪容貌端直，而作是念：是人慈悲，护念我等。即解菩萨意，离一切怖畏，大欢喜故，即发菩提心。众生是时发菩提心，不名有记、不名无记，不名有漏、不名无漏，不得我所、不得无我所，即得无生智，云何而言非波罗蜜？菩萨行时，众生欢喜无所畏故，善摄行威仪无伤损故，此即是施众生命，不得己身，不得众生，亦不得威仪想，无所得故，此岂非是檀波罗蜜？众生见菩萨威仪，解菩萨意，离怨结想，得无生解，离烦恼结，住菩萨心，此岂非是除众生病、增长慧命？智慧命者，即是波罗蜜。菩提心者，尽智、无生智。烦恼尽故，名为尽智。十二因缘毕竟不生故，是名无生智。此即是般若波罗蜜，汝云何言非波罗蜜？菩萨行时，以无畏施利益众生，名檀波罗蜜。于诸众生无所损伤，离罪福想，名尸波罗蜜。菩萨行时，心想不起，亦不动摇，无有住处，十八界一切法不动故，名为羼提波罗蜜，具足忍辱故。菩萨行时，不得举足下足心，无前思后觉，无生灭，一切法中无动无住，是名精进毗梨耶波罗蜜。菩萨行时，不得身心，一切法中无受念著，不得生死、不得涅槃、不得中道故，一切法中不乱不味，离定乱想故，是名禅波罗蜜，具足能起诸神通故。菩萨行时，头等六分如空、如影，如梦、化、焰，无有生灭，亦无断常，无两中间，三毒、四大、五阴、十二入、十八界、十二因缘毕竟空无所得，既无系缚，亦无解脱，是名般若波罗蜜，智慧具足。是故菩萨行威仪，举足下足，念念具足六波罗蜜。

问曰：此义出何经中耶？

答曰：出《首楞严经》中。有众生得闻首楞严名，胜得四禅四空定。

问曰：汝向说新发意菩萨学随自意三昧，若得成就，是时名为首楞严定。我今不解首楞严定，云何菩萨行威仪中举足动步而常入定，具足一切诸波罗蜜？唯愿仁者为我解说。

答曰：汝当谛听，善思念之，吾当为汝略说此义。菩萨行时，未举足、欲举足，未生念、欲生念，先观未念欲念心。未起念时，无有心想，亦无心心数法，是名心性。是心性无有生灭，无明无暗，无空无假，不断不常，无相貌，无所得，故名心性，亦名自性清净心。是自性清净心者，是涅槃。不能觉了者，即是生死。妄念思想未生时，是时毕竟无心者，名为无始。求自性清净无始心，毕竟空寂，名为能破众生。是故佛言：无始空破众生，毕竟空破诸法。无始空破未念心，毕竟空破欲念心。是无始空破无始无明，毕竟空破有始无明。

问曰：汝向者说无始空破众生。无始空者既是性空，诸法若性自空，即无有和合，云何有众生可破？

答曰：是假名和合，虚妄颠倒，非是实众生。实众生者，名为心性。夫心性者，无有生死，亦无解脱。一切众生无始来受故，倒观本源，无始亦空。无始空者是名性空。性空者是真实众生。真实众生无有生死。众生若能解，即是无生智，尔时生死即是涅槃，更不别有涅槃之法。是故佛言：众生涅槃本自有之，非适今也。以是义故，新学菩萨欲行时，观未念心不可得。

问曰：未念心灭，欲念心生；未念心不灭，欲念心生？

答曰：未念心灭竟，欲念心生。

难曰：汝未念心既灭，欲念心从何生？汝若未念心灭，欲念心生，是事不然。何以故？未念心既灭，其念断尽者，名为死灭。若未念心尽灭已，欲念心自生者，便是两心，各不相知。心不能自知心，如指不自触指。心亦如是。汝若一心，即无前后，复堕常中。汝若二心，生灭各异，复堕断中。未念心常亦无此理，断亦无此理。欲念心亦然。如汝向者答我未念心灭竟，欲念心生者，便是两心。若有两心，即有两神，便是邪见。何以故？若有两神，唯一有众生，即有两众生，即是外道义。两神若前后亦不可，若一时亦不可，若两神共合作一亦不可，若一能作两亦不可，皆是外道义。何以故？《般若经》中，一切众生毕竟不相续，一切法亦不相续。若心及一切不相续，云何有断，前灭后生？若前灭后生者，即不相知，云何有人忆一生来事，念持不忘？汝若一念中知，便应忘一切，事各灭坏。若心常住不变易者，亦不能知一切法。何以故？无前因后果故。常亦无因果，断亦无因果，亦无罪福，复无业报，瓦石无异，皆是外道义也。是故佛法中众生心性不断不常，毕竟不相续，无心、无无心。

汝未念心若不灭，欲念心自生，是亦不然。何以故？无一断一常故，亦无前常后断故。若未念心不灭，欲念心不生，无两常并故，是事不然。若前念非灭，后念非不生，是事亦不然。何以故？若得不灭，可得非不灭。既无不灭，即无非不灭。若得不生，可得非不生。既无不生，云何见非不生？非不不灭，非不不生，亦如是，皆不可得。亦无是不可得观。

[1]菩萨既不得未念心生灭断常，即无无明；亦不得欲念心，无诸行。是故明与无明，其性无二。智者了达，凡夫谓二。明与无明，虽无有二，亦非是一。是故菩萨行时，举足下足，与念念心，足不自知足，亦不自知行与不行，亦不自知履地不履地，亦不自知随道不随道。地亦复无是念：此菩萨履我上行，不履我上行。虚空亦无是念：是菩萨于我中过不过。亦不自知是虚空非虚空。菩萨心数毕竟不生，亦无不生之想。不在内，不在外，亦不在中间，亦不在余处，亦无不在。从旦涉路行至暮，无有动想，复无不动想，亦无所经由，而善了知历涉之处。虽无去者而有所到，虽无受者而得果报。如虚空中云，虽无心想而能降雨，虽无主我，能遍方所。远望即见，近观即无。推寻此云，本无生处，能令众生虚妄见有往还所起。出无分散，还无积聚。不能自生，亦不从他生。山石无念我能生云及以不生，云亦无念我从山出、不从山出，各不相知。诸法亦尔。众生此身犹如浮云，生时空生，灭时空灭。虽空，能见善恶。造罪众生如云雨雹，伤害五谷，及杀人畜。众生亦尔，是身虽空，行十恶者失人天报，堕在三途，如雹伤谷。行有漏善者，失三乘道，如杀人畜。人者喻佛，畜兽者喻缘觉、声闻。众生亦尔，身心虽空，行有漏业，善恶果报，如天雨雹。若有持戒修福、禅定道品、次第圣行、智慧神通及化众生，如彼好云，农时要月，兴致甘雨，五谷丰熟，花果茂盛，人兽快乐。众生亦尔，身心虽空，持戒清净，修禅道品，次第圣行，三界傍报，五戒十善，及有漏禅，人天快乐，如五谷成熟。无漏禅定、圣行道品、智慧神通，譬如树木花果茂盛。大慈悲云，实相法雨，雨于人花，各得成实。人者佛道具足，兽者喻缘觉、声闻。三乘圣果，上中下别，皆因持戒行善修禅获得此报，破戒之人终不能得。持戒、破戒虽皆是空，业报各别。如《涅槃经》中说：有二种果，色味相似。一名迦罗迦果，食者命终。复有一果名镇头迦，食者长命，得力得色，增寿益算。破戒之人如迦罗迦果，持戒之人如镇头迦果。持、破虽空，果报不失。

---

[1]　此上应脱"答曰"二字。

　　菩萨行时，身心无定无乱，亦能觉了一切众事，觉及所觉俱不可得，无有诸大、阴、界、入，众魔群盗不得入，是故名为首楞严定。从初发心，终至佛果，一切圣行，皆入随自意三昧。无初发心，无果可至，亦不失因果。因果虽在，亦无受者。虽无受者，果不败亡。虽不败亡，亦无处所。何以故？因空故无有作，果空故无有报。因之与果，正是一空，更无别空。观此空法，无空可得，是名空空。一切皆空，名为大空。不失因果，名为中道第一义空。菩萨观察生死诸行及修道圣行，一切皆是第一义空。是故佛言：众生性即菩提，菩提性即众生，菩提众生无二，知如此名世尊。菩萨行时，观此身心一切威仪，无行无住，无坐无卧，无起无立，亦无去无来，无出无没，无生无灭，亦无一切阴界诸入。是故《维摩经》云："法无去来，常不住故"，"诸法不有亦不无，以因缘故诸法生"。因者即是无明，缘者即是诸行。是故佛言：因眼见色，因心思觉，生贪爱心。爱者即是无明。为爱造业，名之为行。若能反流观无明源及心性空，思爱亦空，无业无行，即无诸法生，无缘和故。一切诸法本，因缘空无主，觉此尽本源，故称真妙门。亦名无生忍，复名无起法忍。菩萨观色心，无垢无净，不动不变，犹如虚空，无相可得，名之为空，亦非是空。何以故？众生此身头等六分，假名色身，本由一念妄念心生，随业受报，天人诸趣，犹如化生。梦幻之体，亦不可得。菩萨既知妄念心空，即无妄念，非是假空。色身亦尔，如影如空，求不可得。是故佛言：众生色身，此色身生时但空生，灭时亦空灭。频婆娑罗王闻佛说此得第三果，次第即得无生法忍智。是故《般若经》中昙无竭菩萨语萨陀波仑言：诸法无来无去，诸法即是佛。既无来去，亦岂有住？既无有住，则当体全空，如如不动。是故菩萨行威仪中，观此未念及欲念心，性自清净，无有动变，故得不动三昧，发一切智慧，解一切佛法。从初发心，终至佛果，未曾动变，亦不从一地至一地，一念了知三世之事，凡圣心想、国土世界、劫数远近、众生烦恼、根性差别，一念尽知。是名菩萨遍觉三昧，亦得名为照明三昧。以此三昧神通力故，湛然不变色身，变现十方国土，随感不同，说法音声亦复如是，则名为首楞严定力，随自意三昧具足成就。

住威仪品第二

　　菩萨立时，谛观此身色心等法，头等六分如空中云，气息出入如空中风，身色虚妄如空中花。云何得见诸法实相？先观三性，后观假名。何等三性？一者心性，二者色性，三者息性。复有三性，一者心性，二者眼性，三者意性。先观前三性。若先观心性，沉细难知。若先观色性，粗朴难解。应先观息，是息由心遍色，处中易知。何以故？先观息实相，然后观息遍身，还归实相。所以者何？若先观息，即受念著，颠倒难遣。

　　是故新学菩萨先观息实相，观其出入。是息出时，从何处生？相貌何似？根源何处？求之不得，无源无生，都无处所。复观入息，从何方来？入至何处？谛观此息，来无方所，入无所至。无来即是无生，无至即是无灭。入息既无生灭，中间亦无相貌。无能知者，亦无见者。知此入息犹如虚空。由入有出，入者既无，出者亦然，知出入息毕竟空寂。是息不能自生，心念即息动，无念即息尽。是息由心故有生灭，心即是主。谛观此心，今在何处？身内观察，从头至足，从皮至髓，一一谛观，都不见心。内若无心，在外有耶？复观身外，诸方远近，四维上下，及以中间，一一观察，都不见心。诸方既无，可在中间？摇动出入，遍身外内中间悉观，亦不见心。谁能观心？复无观者。是心即无相貌，名字亦无，是名观心实相。若心与息俱无名相，我今色身从何处生？谁之所作？谛审观察，责身源由，是身无主，从妄念心生，因息得立。心、息既空，身亦寂灭。常修此定，深证空法，离诸假名，知一切空，具足正见，无复妄念。

　　然后观息遍身出入。先观鼻中气息往还入出。次观遍身，从头至足，从皮至髓及诸毛孔，气息一时微细出入。审谛观察，明了见之。

　　观此色身五相，次第归空寂灭。第一相者，初观此身皮肉筋骨犹如芭蕉。从皮至髓，气息一时入出无碍。观此气息入无积聚，出无分散，名为芭蕉观。第二相者，次观身分芭蕉之观，转虚空明净，犹如聚沫，名为水沫观。第三相者，观此沫观，一切身分转空明净，如水上泡，名为泡观。

第四相者，观此泡观，一切身分，转空微薄，犹如泡影，名为影观。第五相者，观此影观，一切身分，不见相貌，犹如虚空，名虚空观。菩萨具足五种明观，一切身分如空中花。譬如世间，于虚空中见有一花，不依垆壁，不依林薮，忽尔化生。远望即见，近观即无。愚人不了，谓实有花。智者觉了，本来无花。众生色身如虚空花，毕竟空寂，无生无灭。菩萨观身如空中花，亦复如是。

菩萨尔时自观此身，如净琉璃，空无所有。以此观法，利益众生，增长法身，名为法施檀波罗蜜。菩萨立时，以此观法引导众生，令诸众生见菩萨形，发欢喜心，具清净戒，离罪福相，是名菩萨持戒尸罗波罗蜜。菩萨立时，知此身中六情无生，亦知身外六尘无形，亦知中间六识无相。是身空寂，无十八界，一切阴界及心本性毕竟空寂，无有生灭，世间八法不能令动故，名为菩萨忍辱羼提波罗蜜。世八法者，利、衰、毁、誉、苦、乐、称、讥。菩萨立时，一切心相无生住灭，一切法不住前际，不住后际，不住中际。无三际故，既无生际，即无住际，亦无灭际。一切法中虽无所住，而大精进，身心无倦，自利利他，是名菩萨具足精进毗梨耶波罗蜜。菩萨立时，不见内心立，不见外心立，不见内外心立。色身空寂，亦无立相，诸阴亦然。于一切法中不昧不著，无定无乱，毕竟空故，入不动三昧，普现法界一切色身，饶益众生。是名菩萨具足禅波罗蜜。菩萨立时，知此色身无自无他，如镜中像，如炎如化，如梦如幻，无有寿命，亦无我人，无有生灭，亦无隐显，复无出没，诸法自尔，无取无舍，觉了一切众生根性，随感差别而为说法。是名般若波罗蜜，具足智慧神通藏故。

坐威仪品第三

四种身威仪中，坐最为安稳。菩萨常应跏趺，端坐不动，深入一切诸三昧门。观察一切众生根性，欲安立之，令得解脱。是故菩萨常入禅定，起六神通，能净五眼：肉眼清净，天眼通达，慧眼见真，法眼观察，佛眼觉了一切。能度十方世界无量众生，不前不后，一时得道。是故菩萨常在禅定。

问曰：菩萨何故四种身仪中，多在坐威仪。余法亦应得，独言跏趺坐。

答曰：此跏趺坐，乃修道之人坐禅之法。余威仪中取道则难，以多动散。结跏趺坐，心直身正，摄念现前，取道则易。复欲教诸弟子悉入禅定，是故菩萨结跏趺坐。余坐法者是凡夫人坐法，动散心多，不得入定，其心难摄。结跏趺坐，身心正直，心易摄故。欲教弟子学此坐法，舍诸外道邪见威仪。有诸外道颠狂心乱，或常翘脚，或侧身欹足，或一足独立，或五热炙身，以是种种邪见，身心不安。

菩萨坐时，令诸众生见者欢喜，发菩提心，离诸怖畏，入菩萨位，是名法施檀波罗蜜。

菩萨坐时，身心不动，众生见者能发净信，离杀害心，舍诸恶业，具足大乘菩萨律行，是名持戒尸波罗蜜。

菩萨坐时，知一切法阴、界、诸入毕竟不动，能令众生离高下心，不起诤论，是名忍辱羼提波罗蜜。

菩萨坐时，能令众生见者欢喜，舍十恶业行，行十善道，修习圣道，令得解脱，勇猛精进，身心不懈，是名具足精进毗梨耶波罗蜜。

菩萨坐时，能令众生舍离味著，能断贪爱，心无定乱，毕竟寂灭，亦令众生起神通力。何以故？是诸众生见菩萨坐禅，深心爱乐，情无舍离。譬如往昔雪山林中，有一仙人坐禅入定。是时亦有无量外道，在此山中邪见苦行，翘脚散足，或一足独立，多不安稳。是时复有五百狝猴山中游行，见此仙人林中禅定，结跏趺坐，合眼合口，气息不出。狝猴众中有一老狝猴，爱乐仙人，学其坐禅，合眼入定，信心重故，即得神通，成辟支佛。如是次第五百狝猴皆得成就辟支佛道。是诸狝猴，念此山中邪见外道身不安稳。是老狝猴往到其所，于外道前自敷草蓐，结跏趺坐，合眼入定。是时五百狝猴捉诸外道两脚，结跏趺坐。老狝猴示诸狝猴，各以手指捻外道眼令合，如坐禅法。五百外道各生惭愧：此坐安稳，身不欹侧，是道无疑。各作是念：此诸狝猴必见圣人，得其道迹，复来教我。信心殷重。是老狝猴见诸外道信心决定，即现神通种种变化。五百狝猴各现神变。外道见已，心生欢喜，心勇悦故，即发神通，成辟支佛。坐禅威仪，能令畜生及诸外道信心欢喜成辟支佛。天人六趣诸众生等，爱乐菩萨坐禅威仪，发菩提心，得三乘道，皆亦如是。是名菩萨禅波罗蜜。

菩萨坐时，知一切法其性常空。知身无主，无我无人。是身色阴如空中月，影现众水，色相寂灭，不于三界现身口意。法身普现十方世界，实无色心往还来去。示现众生，能令众生各各感见，随应说法，称机得道。如阿修罗琴，不以手鼓，安置空地无人之处，自出种种微妙音声，能令天人所闻各各别异，称意欢乐。菩萨禅定亦复如是，实无觉观系念思维，亦无色像现身口意，众生各各感应不同，如空中月。是名菩萨禅波罗蜜。

菩萨坐时，虽无心阴界入见，于一切法皆如梦想，无觉观心，具足无量一切辩才，一念悉知三世九道凡圣差别，思觉不同，优劣差别。不预思惟，知过去世无碍，知未来世无碍，知无为无碍，知世谛无碍，知真谛无碍，知第一义谛空无碍。不离常定，一念遍在十方佛前，现神通力，种种变化供养之具供养诸佛。一念受持一切佛法，一时遍现入六道中，普现色身，对众生机，随应说法。悉知一切众生种性，一念能转诸佛法轮。随彼众生烦恼利钝差别，感闻菩萨音声不同，令断烦恼。虽无色像阴界入诸见，具足如此无量辩才。是名菩萨般若波罗蜜。

问：般若波罗蜜名何等法？

答曰：般若波罗蜜名一切种智。三乘智慧，尽到其边，是名彼岸，名为摩诃般若波罗蜜。

问曰：如是智慧从何处生？

答曰：无有生处。何以故？如《大品经》中，先尼梵志问佛："世尊，如来所得一切智慧从何处得？"佛答先尼："无有得处。如是智慧，非内观中得是智慧，非外观中得是智慧，非内外观中得是智慧，亦非不观得是智慧。"是时先尼梵志即于佛一切智中得生信解，深入般若波罗蜜。是故言无有得处。

问曰：何者为内观？何者为外观？何者为内外观？云何言亦非不观得是智慧？

答曰：内观者是内六根——眼、耳、鼻、舌、身、意。外观者是外六尘——色、声、香、味、触、法。内外观者，中间六识——眼识触因缘生诸受，乃至鼻舌身意识触因缘生诸受。菩萨观内六根性空无所得，观外六尘性空无所得，观中六识性空无所得，名为智慧。

若不观察，亦不能得，是故佛言"亦非不观得是智慧"。无所得即是智慧。所以者何？《大品经·一念品》中，佛告须菩提："诸法无所有性，即是道，即是果。若于诸法中见有者，此人无果，坏法性故。"是故佛言，诸法无所有性，即是道，即是果。诸法者，即是众生十八界，内有六根界，外有六尘界，中有六识界。

观内六根，能破贪淫、嗔恚、愚痴、无明、掉慢诸烦恼结，能破自身我见，及离我所。无有寿命、众生、主者，离受念著，毕竟空故。见根无所有性，名为智慧。

观外六尘，于色尘中青黄赤白、男女等色，于是各外身起贪爱心，能生烦恼。菩萨尔时观此外身，修死尸想，膖胀烂坏，九想具足，乃至十想成就，归空尽灭，更不复生。观察觉了，能破烦恼。声、香、味、触、法亦复如是。见尘无所有性，名为智慧。

观察中识，无分别想，无自生处，假内外因缘和合而生，都无自性。观内六根空无有主，观外六尘空无形色，和合想不可分别，即无六识。见识无所有性，名为智慧。

若不坐禅明了观察是十八界，亦不能得如是智慧。是故佛言"亦非不观得是智慧"。

众生五识但能当境，能知现在五尘之事，不能究竟属当受持。然此意根虽无处所，遍能属当五识之事。然其意识都不曾往与五识合，虽无往还，能悬属当五尘五识因缘之事。虽无住处，属当五识，计校思惟，远近受持，皆悉不忘，善恶无记亦复如是。如是意根意识虽无处所，亦不动摇，如梦中识，亦能觉了，总摄六根之事。凡俗愚人是六种识随缘系缚，亦不能知五根有处，意根无处，谓各各缘，不能了知总别之想。是名凡夫分张识相，生死根栽，非是圣慧。新学菩萨用第七识刚利智，观察五阴十八界等，无有集散，虚妄不实，无名无字，无生无灭，是时意根即名为圣慧根者。从得信根，乃至慧根，如是五根中说。因此信慧二根，力无所畏，总说有二种用。内能觉了，破烦恼结，入无间三昧，得解脱智，能觉一切众生根性。外能摧伏天魔外道，宿命神通，皆得具足。发言可信，实不虚谬，名为信慧。善转众生住七觉慧，故名圣慧根。圣名无著，亦名清净，能度众生，立照为圣。无著者，以圣慧根觉知六根空无有主，觉知六尘无色，觉知六识无名无相。如是三六一十八界，无生无灭，无取无舍，断一切受，故名无著。虽知已身及外众生诸法实相，亦能悉知众生根性，是故名圣。得阴界实相，舍一切著，故名无著。若无爱著，即无染累，了知诸法自性清净，毕竟寂然。诸法者，是十二入、十八界、妄念心。凡夫不了，能作生死无量结业，遍行六趣，是名众生。菩萨以此圣慧根力，善教道之，令诸众生同证圣慧，故言清净。能度众生，为天人作教师，故名阿阇梨。阿者名一，得一切法从初不生，亦无有灭，是名自觉，名之为阿。阇者是众生，菩萨能以一相圣慧觉悟众生，令得解脱，是故名阇。以此自觉觉他无上慧，阿、阇二事，留名后代，众生所归，永劫不绝，是故名梨。是故佛言，众生性即菩提性，菩提性即众生性，菩提众生无二，知如此，作天人师。凡夫六根，圣人六根，是凡圣根无一无二。不觉是凡夫，觉了是圣人。生死烦恼根即是圣慧根，凡夫丑陋不净身即是相好妙法身。

菩萨尔时观此眼根作是念：何者是眼？云何名根？作是观时，知此眼根无主。若空无主，即无眼根。求根不得，亦无有眼，但以虚妄所见青黄赤白种种诸色，贪爱念故，名之为眼。无眼故不了。如向谛观，知无根情。若无眼即无情识，既空无主无分别者，亦无虚妄种种诸色，各各不相知故，亦无和合，毕竟寂灭，空无所有。如是观竟，亦无能观法，无所得故，无眼、无眼名字，是为眼无作解脱门，亦得名为无缚。何以故？既无系缚，谁解脱者？是时无根、无色尘。既无根尘，亦无有识。是故名为无眼无分别者。

复次耳根闻声，菩萨尔时谛观此耳谁能闻？耳根闻耶？耳识闻耶？声能自闻，为用意识闻？如是观已，非耳根闻，非耳识闻，亦非声自闻，意识亦不能自闻。何以故？耳根无觉知，故不能闻。若耳根能闻，聋人应能闻声。聋人不闻故，当知耳根不能闻。耳识一念不能分别，以故亦不能闻。是声无根故，不能自觉，亦不能闻。意识亦不能闻。众缘和合，乃得闻声。所以者何？先耳声相对，然后意识生，与耳识合故，则能分别音声。一一观察，空无闻者。若无根闻，即无有识。根不往受，声不来入，各不相知，亦不相见。声如空响，无生无相。耳无根无识，毕竟空故，无耳、无耳名字，耳解脱门。既无缚者，亦无解脱。凡夫不了，谓我能闻，是名为闻。新学菩萨断一切受，得萨婆若，证实相慧，得音声忍，无取无舍，名为不闻，亦名不闻闻，得性空智，亦得名为不闻不闻。略说耳根，其义如此。

复次鼻闻香者，谁能闻？观此所嗅香，从何方来，何处生也，入至何处，受者是谁，相貌何似？如此观时，知是香触无所从来，入无所至，亦无受者，复无相貌，不可分别，空无所有。鼻无根无识，无嗅无香，亦无名字。鼻解脱门。既无缚者，亦无解脱，亦善通达一切众香。

舌嗜味者，谛观此味从何所来，何方所生，入至何处，谁受味也，相貌何似？唇受味也，齿受味也，舌受味也，咽受味也？如是观时，了知此味无所从来，亦无所至，复无住处，亦无受者，无生无灭，亦无相貌，无舌无味，无根无识，亦无名字。舌解脱门。既无缚者，亦无解脱，亦能善知一切味相。

身受触者，男女众事、细滑痛痒、粗涩冷暖、轻重坚柔，如是等触，能生贪爱嗔喜等事。众生为此乃至失命，不知惭愧，为此轮转六道生死。新学菩萨谛观此触，从何处生？由爱因缘。我若不拔如是爱根，必当生恼。身心恼故，名之为苦。因缘生故无常，不自在故无我，虚妄故无实，无实故空。谛观此身，无常、苦、空、无我、不净。从头至足薄皮缠裹，内有肌肉、筋骨髓脑、血脉屎尿、肝胆肠胃、虫蛆脓血，种种不净，充满身中。凡夫不知，谓是好物。忽尔无常，命尽死去，膖胀烂坏，虫唼离散，头脚异处，白骨在地，风吹日炙，火烧作灰，散灭归空。无我，无人，无众生相，无寿命相，亦无生灭，犹如虚空。是名钝根坏色归空。若利根人，谛观此身，色性自性空，非色灭空。何以故？我今此身，本从一念妄念心生，此妄念心无形无色，无有方所，犹若虚空，心亦如是，空无相貌。知心寂灭，身亦无主。生如浮云生，灭如云散灭。粗观如此。若细观者，我今此身犹如云影。如云空中行，地上现诸影，实无能有见，此身亦如是，虽有体原空，幻化难了别。空云是往业，云影是人身。云散影即无，业尽身亦然。是身本无体，无色亦无形。往业及身影，本来常寂然。如此观时，无身、无身名字，是名身无作解脱门。既无缚者，亦无解脱。知身如此，亦能善解一切诸触，无所得故。

言法者，一善，二不善，三者无记。今欲观察意触法者，当以非善门、非不善门、非无记门，破前虚妄执著善不善无记等无明。新学菩萨，应先观察意触诸法。

问曰：余五根皆有处所，眼、耳、鼻、舌、身有可见处。今此意识，相貌何似，住在何处，为当在内，为当在外，为在中间，为在五脏？为何所似名意识？

答曰：非五根，非五识，非内外，非中间，亦不在余处。何以故？五脏对五根，五根对五尘，根尘合生五识。今此意根，都无处所，复无相貌，而能记物。何以故？譬如有人卧眠熟时，无情尘识而能梦见阴界诸入，乃至觉时犹故不忘。观察此梦，都无方所，亦无住处，无色无形，而能记物。如睡眠梦，乃至觉时观，不见梦主，及不见所梦。阴界数重，都不可得，而复不忘。意亦如是，虽复不在五脏、五情、五尘、五识、五触、五受，虽不在此三十事中，而能鉴照三十数重善恶无记，亦不在三十事外。所以者何？五根不相知，意根即不尔，亦在亦不在。云何亦在亦不在？若意识不导，五识不能分别，是故不得言不在五识。如人有病，聋盲𪘨哑，及身舌顽痴，意识是时于五识中无用，不得言在。

问曰：上耳根义中说，意识但能识过去五尘，不能识现在五尘。若如此者，与今义相违。所以者何？若意识导五识能识五尘者，即是现在义，云何而言不识现在五尘？

答曰：过去有二种：一者过去过去，二者现在过去。过去过去者是远过去，现在过去者是近过去。一念心中，前思后觉。譬如行者到法师所听法时，忽尔初闻说法之声，名之为思。忆念分别，名之为觉。初闻说法，未解语意，名过去尘。忆念法师语，分别中事，名之为觉，名现在义。前思是耳识，后觉是意识。更有一解，义则不然。初闻声未能思惟，是耳识。思惟分别，是意识。

问曰：耳分别声，意分别法，云何言耳但能闻，不能分别？

答曰：此所言者，当根说义。耳分别声者，意识合用，非耳独能。如人思惟观行之时，傍边人唤，意识不照声，耳则不能闻声。云何得知？昔二年少比丘常修禅观。有一老比丘，是二年少比丘初出家时师，令二弟子在一房中，坐床上啖饮食。复有比丘床前坐，喻啖饮食。床上一比丘思惟观察地上比丘。是时其师隔一人坐，唤观行比丘，大唤五声，耳都不闻其师唤声。是故得知意识不照，耳不闻声，云何而言耳独能闻声？

更有一答。有诸人等在讲法众中坐，意识专观往昔众事，亦复觉现在外缘，乃至下讲，都不曾闻法师语声。以是定知，意不属当，耳不闻声。

问曰：昔有一人禅定寂默，耳闻远近种种音声，一时历历不相杂乱。复有一人禅定寂默，都不闻声。此二种人，何各入定，闻不闻异？

答曰：坐禅寂默闻一切声，一时能闻不杂乱者，有二种人。一种人未得甚深禅定，始入初禅，住一念前，名为微细寂静，一心但闻住处城隍内外远近数里种种音声，不能远闻诸方国土。二种人者，是人得入甚深禅定，得天耳通，能闻小千国土一切音声，乃至二千国土、三千大千国土一切音声，亦闻十方一切音声。

若复有人禅定寂默，不能闻一切声者，亦有二种人。一种人者，未得禅定，初禅前得细住心，名曰住触，不自觉知，犹如眠熟不梦之人。此是魔鬼闭其心识，状似禅定，都不自知。入时不觉，至出不知心识向何处去。更有一种人禅定不闻一切声者，此人薄福罪重，入死心定。此非好禅，此是障道定。其人顽痴，自谓我今得寂灭涅槃，亦复名为灭尽定。此非涅槃道。设使经劫住是禅中，不尽道法，名障道定，亦名魔鬼夺其识去。魔力持之，状似禅定。

更有一种人，禅定默然，不闻一切诸道音声者，此人名为自在禅定。

欲闻十方一切音声，即时得闻。意不欲闻，即便不闻。是故名为自在禅定，亦得名为日入三昧。何以故？昔日佛在田中阿兰若处林中禅定。近边田中耕者二人，特牛有四，时天风雨，霹雳地动，四牛二人一时怖死。有人见佛安坐不动，以是问曰："佛不闻耶？"佛答言："我不闻声。"其人重问："佛入无心定耶？"答言："不入无心定。"其人复问："若有心识，云何不闻？"佛答人言："我有心识，恒无妄念。我时故入日入三昧，不取音声，是故不闻。譬如日入，一切不照，我亦如是。"是名菩萨自在禅定。复如舍利弗山中禅定，值毗舍阇鬼将领诸鬼山中游行。时舍利弗断其路坐，碍不得过。毗舍阇鬼即大嗔恚，以金刚杵尽力极打舍利弗头，振动三千大千世界。时舍利弗不觉不知，从定出时，觉头皮多少异常。起来问佛："世尊，我今头皮多少异常。"佛言："毗舍阇鬼以金刚杵极力打汝头，振动三千大千国土。值汝入定，若不入定，碎如微尘。"

问曰：是舍利弗入何禅定，力能如此？

答曰：一切禅定力，皆能如此。若入金刚壁定三昧，天魔外道、毗舍阇鬼所不能近。若欲近时，天魔外道鬼神即自碎灭，况复能打？

问曰：一切禅定，无受念心。云何舍利弗入大禅定，毗舍阇打，头皮少异？

答曰：令后人知禅定力，故作此问，留名后世，引导众生。是名菩萨自在禅定。

菩萨复有自在禅定，若入禅定，若出禅定，行住坐卧，身心无定无乱，常能示现一切佛事，上人能觉，下人不知。是名菩萨自在禅定。

问曰：众生六识是生死识，不是智慧。《涅槃经》云："依智不依识。"今此意识，是何等识，而能如是种种功用，智慧无差？

答曰：一切众生用识有异，不得一等。愚痴凡夫用六情识。初心菩萨用二种识：一者转识，名为觉慧，觉了诸法，慧解无方。二者名为藏识，湛然不变。西国云阿梨耶识，此土名为佛性，亦名自性清净藏，亦名如来藏。若就随事，名智慧性。觉了诸法时，名为自性清净心。识之与心，二用各别。凡夫六识，名为分张识，随业受报天人诸趣。菩萨转名第七识，能转一切生死恶业，即是涅槃。能觉凡夫六分张识，令无变易，即是藏识。此第七识，名金刚智，能破一切无明烦恼生死结使，即是佛法。譬如健将，降伏四方夷狄怨贼，诸国弭伏，皆作民子。第七健识勇猛金刚决断诸法，亦复如是。藏识者名第八识，从生死际乃至佛道，凡圣愚智未曾变易，湛若虚空，亦无垢净，生死涅槃无一无二，虽假名亦不可得，五根不能见，无言能空。何以故？

无空无无想，	亦无有无作。
不合亦不散，	亦想法亦无。
善恶虚空花，	解即会其如。
能了是圣人，	不了是愚夫。
法虽无一二，	愚智不共居。
不了是有为，	了者即无余。

眠威仪品第四

昏夜寝息，	当愿众生，
休息诸行，	心净无秽。
身四威仪中，	眠卧最安乐。
菩萨涅槃卧，	诸行皆寂莫。

新学菩萨安稳卧时，知一切法皆如卧相，寂不动摇。云何为安？不危者为安。夫安稳者，何者是也？不动不流，名为安也。何法不动，何法不流？所谓眼对色生贪爱，必造诸行业。贪爱为动，行业为流。随业受报天人六趣，岂非流也。如《大集经》中，佛告舍利弗：因眼见色生贪爱者，即是无明。为爱造业，名之为行。至心专念，名之为识。由识造业，遍行诸趣。当观此眼，识在何处。何者是眼根？谁能见色？色从何生？晴非是眼，如青盲人，眼睛不坏，根亦不破，如好眼人，不能见色。青盲谢时，

即能见之。然此盲法，初无生处，又无灭处。盲法不自知我是盲，能遮于色，亦不作念不能遮色。色不自知我是色法，盲来遮我，亦不作是念盲不遮我。各不相知，眼色亦尔。何者是眼？青自非眼，瞳人亦非眼，色亦非是眼，睛及中泪亦非是眼，眶骨亦非是眼。若一一是眼，应有众多眼。无多眼故，当知非一一是眼。若共成一眼，是义不然，无和合故。盲及众缘，一一皆空，无有集散，各无生灭，空明亦然，毕竟空寂。如是观时，无多无一，即无有眼，亦无名字。不断不常，无诸阴界，无贪无爱，亦无无明，都无相貌，如睡无梦，都无所见。明与无明，俱不可得。无行亦无识，亦复如是。亦无一切阴界诸入。是故《维摩经》言："所见色与盲等。"一切诸法毕竟不动。不动者即是不流。

如人卧时，一切事息，都无思觉。诸法亦尔，是名安隐。不动曰安，不现曰隐。寂灭为眼。菩萨自觉，复以此法觉悟众生，增长慧命，是名眼义法施檀波罗蜜。菩萨卧时，善恶欲界不可得故，亦以此法利益众生，是名持戒尸波罗蜜。菩萨卧时，一切阴界不动摇故，自利及众生，是名忍辱羼提波罗蜜。菩萨卧时，一切阴界无生住灭，自利及他，是名精进毗梨耶波罗蜜。菩萨卧时，一切阴界无定乱故，能利众生，是名寂定禅波罗蜜。菩萨卧时，一切阴界入如虚空花，无决定相，能利一切法界众生，毕竟解脱，皆得菩提，亦悉具足行住坐义。菩萨虽眠，应化普现无量法界，一切威仪，众生咸皆得称机安稳而卧，同证涅槃，万行休息，如人睡眠。是名菩萨眠威仪中般若波罗蜜。耳、鼻、舌、身、意亦复如是，同上三威仪，不复更重广说。

食威仪品第五

食威仪中，具足一切诸上妙味，普供三宝及与四生。菩萨得饮食时，先应咒愿，两手合掌，心念十方一切凡圣而作是言：

此食色香味，上献十方佛，中奉诸贤圣，下及六道品。等施无前后，随感皆饱满。令诸施主得，无量波罗蜜。

若得食时，当愿众生，得禅悦食，无余味想。

若得食时，当愿众生，得法喜食，甘露味想。

啖饮食时，当愿众生，餐涅槃饭，到彼岸想。

饭食已讫，当愿众生，种智圆满，觉众生想。

澡嗽饮讫，当愿众生，妙觉常住，湛然明净。

新学菩萨得饮食时，一心受食，无杂念想。念食香气如旃檀风，一时普遍十方世界，凡圣随感，各得上味。凡夫闻香，发菩提心。饿鬼闻香，一时饱满，舍饿鬼身，发菩提心。畜生闻香，即得饱满，舍禽兽形，发菩提心。地狱闻香，舍地狱苦，得人天身，发菩提心。是名菩萨受饮食时，布施一切檀波罗蜜。施者受者、色香味触空无生灭，是名法施檀波罗蜜。新学菩萨，己所受食，色香美味，熏诸行人，皆得法喜，离五怖畏，是无畏施檀波罗蜜。

新学菩萨，己所受食，色香美味，施饮食时，不观众生持戒破戒，但观法性，无差别想，能令众生罪福心息，是名净戒毕竟解脱平等三昧尸波罗蜜。

新学菩萨，己所施食，色香美味，能令众生闻香心定，得不动味，深达实相，离我净心，具足忍辱羼波罗蜜。

新学菩萨以食施时，观此施心无生住灭，所施饮食及以受者无生住灭，离阴界入，能令众生闻香饱足，离三想心，得不住法，亦无去来，是名精进，具毗梨耶诸波罗蜜。

新学菩萨受饮食时，观前施主施食之心，无生无灭，非内非外，亦非中间，亦无定乱，毕竟寂灭，亦无灭想，亦无无灭。我受食心亦如施主，于食食心同一无二。一切众生受我施者，我及众心、所施饮食，三事皆空，与前施主等一法性，无施无受，无饮食想，能令众生善根增长。菩萨身心虽常在定，能令十方一时普现，众生随机随感即现，及闻说法，称机得道。知烦恼性即是菩提，是名寂定禅波罗蜜。

新学菩萨受饮食时，观阴界入，谁见饮食？谁受此食？食不自知我是饮食、我非饮食，亦不自知我无我所。亦无食言，菩萨受我及以不受。新学菩萨如是观时，无一切受，亦无不受。知饮食性不曾动摇，得不动藏，入如来智。施者、受者及见食者，皆如食性，不曾动摇。得不动智，亦能如实知一切法。是名如实如来实智。所以者何？如经中说：佛世尊问鸯掘魔罗："云何一学？"鸯掘答佛："夫一学者名之曰净如来戒也，非是二乘声闻缘觉所持戒也。"如偈中说，鸯掘魔罗复答佛言："今当分别大小乘意。一切众生命，皆依饮食住，此即声闻乘，非是摩诃衍。所谓摩诃衍，虽食常坚固。云何名为一？谓一切众生，皆以如来藏，毕竟恒安住。"

新学菩萨如此观时，凡夫圣人本末究竟平等无二，亦能善达凡圣始终究竟一乘差别之相，亦如色入法界海说。色入法界海者，即是色藏法界海。色藏法界者，即是识入法界海。识入法界海者即是识藏法界海。智入法界海者即是智藏法界海。亦得名为色集法界海，识集法界海，智集法界海。佛与凡夫一切具足，名本末究竟平等。此法身藏，唯佛与佛乃能知之。《法华经》中总说难见，《华严经》中分别易解。是名菩萨受食施食，性虽空寂，具足中道智慧藏，亦名色心神通之藏。是名摩诃衍摩诃般若波罗蜜。受食施食具足此义，一念一时，色心音声普遍十方一切世界，能令三乘各获其道，通达大智，到于彼岸，如上所说。

语威仪品第六

语威仪中，具足一切上妙巧音声，普应众心，称机说法。

新学菩萨若欲语时，先起慈悲孝顺之心，静心正念，一切音声一时普遍，十方凡圣所闻不同，以此音声普兴供养。圣人唯闻歌咏赞叹，十方菩萨同音赞佛，修罗弹琴，乾闼作乐，天龙雨花，众妙供具四事具足，供养诸佛及大菩萨、一切众圣，等无差别。天人六道闻三种声：一者软美语声；二者苦切语声，摧伏刚强众生；三者杂语，随时调伏，无决定声。菩萨一语能感众声，不先思维，应时自发，对机称情，无碍辩才，力能如此。人天闻之，离欲得道。四趣闻之，离苦得乐，发菩提心。

新学菩萨观语而有声出，根原观之，咽喉舌齿都无声相。何以故？求和合者不可得故。唇非是声，齿亦非声，咽喉及舌亦非是声，颊骨及腭亦非是声，一一缘中求声不得。咽喉舌齿各不相知，性无和合，亦无散灭。知此音声如空中响，非断非常，亦无生灭，都无相貌。复观念心为在何处？相貌何似？如此观时，知此念心非内非外，亦非中间，犹如虚空，都无相貌，无得故，无语、无语名字，是名语无作解脱门。虽无语者，能以一语普现众声，一语一时现无量语。何故能尔？由本誓愿，大慈悲心，为众生故，一语能现无量音声。众生感闻，各各不同，解脱亦然。誓愿慈悲，力能如此。非但一语一时能现无量音声，色身普现十方世界，对众生眼，色像不同，随机感悟，一时得道。所以者何？新学菩萨以本誓愿，不惜身命，护佛正法，大精进力，不退转力，念众生身，以大慈悲欲度众生，凡所言说，粗言软语、苦切杂语，皆能利益无量众生。

如佛仙所说，　　粗言及软语，
众解音不同，　　皆归第一义。
一切国土中，　　众生相杀害，
菩萨现于世，　　降伏使和安。
或为人天王，　　或为国大臣，
或现作猛将，　　方便摧恶人。
四方怨敌息，　　国丰使民安。
或现行十善，　　方便化众生。
或作邑中主，　　造像及造经，
开门广布施，　　方便化众生。
或现作沙门，　　持戒不惜身，
广说三乘教，　　方便度众生。
或现作童蒙，　　始学初发心。
或现又修学，　　朽老过百年。
或现在城邑，　　或现入深山，
或现行嗔恼，　　方便引众生。

> 或现引四众，　　或称是声闻，
>
> 或称辟支佛，　　或为无上尊。
>
> 新学诸菩萨，　　一音现众声，
>
> 一色无量形，　　方便对众生。
>
> 忍辱慈悲力，　　誓愿应众生，
>
> 禅定神通力，　　普现众色尔。

新学菩萨以大慈悲誓愿力故，方便慈愍诸众生故，凡所言说，众生闻之，皆得正信，发菩提心。是名法施波罗蜜。

新学菩萨以随自意三昧力故，一切语时，能令众生闻者觉悟，深达法性，离空假心，亦无断常。见诸众生持戒毁戒，性无垢净，无罪无福相。亦能持戒，不惜身命。新学菩萨誓功德力，利益如是无量众生。是名持戒尸波罗蜜。

新学菩萨欲说法时，以此法性无名三昧，众生闻者心想寂灭，得不动三昧。是名忍辱羼提波罗蜜。

新学菩萨若说法时，粗言软语，性皆平等，无生住灭，众生闻者得无住三昧。是名精进毗梨耶波罗蜜。

新学菩萨说法语言，一语虽现无量音声，心无定乱，能令众生闻者解悟，发菩提心，得不动三昧。是名寂定禅波罗蜜。

新学菩萨说法语言，众生闻者离阴入，具足辩才无量智慧，如身如影、如梦如化、如云如幻，无所得故，得宝幢三昧，即能具足一切三昧，获得辩才陀罗尼门，通达一切凡圣彼岸。是名菩萨语威仪，具足摩诃般若波罗蜜。

随自意三昧毕

跋

谛闲

如来出世，说法宗乎一心；列祖相传，修行宝乎三昧。一心，智也；三昧，定也。智也者，破万汇之昏迷也；定也者，息众生之乱想也。破昏在乎智，息乱在乎定。定，解脱也；智，般若也。修德有功，性德方显，本有之法身露矣。明乎此，众生与诸佛相去几何哉！

我台宗三祖思大禅师，灵山面禀，本证法身。华夏降灵，迹示苦行。一生造诣工夫不可思议，孰得而知之者？经云：念何事？思何事？修何事？尔时皆吐露于《随自意三昧》中，教人如是念，如是思，如是修。不意竟流海外，七百年来，此间未之闻也。民国六年丁巳，徐君蔚如于日本《续藏经》中搜出，嘱周君紫垣校录一过，大似昏夜出明星，迷途燃宝炬也。理宜寿之梨枣，以公天下。

嗟乎！吾人于日用之中所以不智者，昏迷也；于方寸之间所以不定者，乱想也。乱想不息，出苦无期；昏迷不破，自在焉得。是书乃我祖自受用之三昧，真济世之摩尼也。有志于道者，谁不宝之哉！

戊午夏，四十三世孙谛闲敬跋。

诸法无诤三昧法门[1]

诸法无诤三昧法门卷上

[陈]南岳思大禅师撰

如万行中说，从初发心至成佛道，一身一心一智慧，欲为教化众生故，万行名字差别异。夫欲学一切佛法，先持净戒勤禅定，得一切佛法诸三昧门——百八三昧、五百陀罗尼及诸解脱、大慈大悲、一切种智、五眼、六神通、三明、八解脱、十力、四无畏、十八不共法、三十二相、八十种好、六波罗蜜、三十七品、四弘大誓愿、四无量心、如意神通、四摄法，如是无量佛法功德，一切皆从禅生。何以故？三世十方无量诸佛，若欲说法度众生时，先入禅定，以十力道种智，观察众生根性差别，知其对治得道因缘。以法眼观察竟，以一切种智，说法度众生。一切种智者，名为佛眼，亦名现一切色身三昧，亦名普现色身三昧，上作一切佛身、诸菩萨身、辟支佛身、阿罗汉身、诸天王身、转轮圣帝、诸小王身，下作三涂六趣众生之身。如是一切佛身、一切众生身，一念心中一时行，无前无后，亦无中间，一时说法度众生，皆是禅波罗蜜功德所成。是故佛言：若不坐禅，平地颠坠。若欲断烦恼，先以定动，然后智拔。定名奢摩他，智慧名毗婆舍那。

定有无量，总说三种，下定名欲界定，中定名色界定，上定名无色界定。复次下定是声闻定，总揽三界；中定是辟支佛定，上定是如来定及诸

---

[1] 底本为《中华大藏经》本（95册，经号1800，底本：清藏本），并参考其校记。

菩萨定。

智有无量，说有三：一者道智，二者道种智，三者一切种智。慧亦有三：一者道慧，二者道种慧，三者一切种慧。复次分别说有十一智。何者是耶？法智，世智，他心智，宿命智，苦智，集智，灭智，道智，尽智，无生智，如实智。复次尽智、无生智，分别则有十八种智。尽智有九，无生智有九，是名十八智，亦得名为十八心。三乘圣人共在四禅诸智慧中问如实道。

如实智者，于一切法总相别相如实能知故，名如实智。是诸智慧即是一切智，亦名无智。何以故？如《先尼梵志问佛经》中说："先尼梵志白佛言：世尊，如来一切智慧从何处得？佛答先尼：无有得处。先尼复问：云何智慧无有得处？佛复答言：非内观中得是智慧，非外观中得是智慧，非内外观中得是智慧，亦非不观得是智慧。是故智慧无有得处。"故名无智。如《奇特品》说："一字入四十二字，四十二字还入一字，亦不见一字。唯佛与佛善知字法，善知无字法，为无字法故说于字法，不为字法故说于字法。是故四十二字即是无字。"

复次，欲坐禅时，应先观身本。身本者，如来藏也，亦名自性清净心。是名真实心，不在内、不在外、不在中间，不断不常，亦非中道，无名无字，无相貌，无自无他，无生无灭，无来无去，无住处，无愚无智，无缚无解，生死涅槃无一二，无前、无后、无中间，从昔已来无名字。如是观察真身竟，次观身身，复观心身。身身者，从妄念心生，随业受报天人诸趣，实无去来，妄见生灭。

此事难知，当譬喻说。身本及真心，譬如虚空月，无初无后无圆满，无出无没无去来，众生妄见谓生灭。大海江河及陂池，溪潭渠浴及泉源，普现众影似真月，身身心心如月影。观身然欲甚相似，身本真伪亦如是。月在虚空无来去，凡夫妄见在众水。虽无去来无生灭，与空中月甚相似。虽现六趣众色像，如来藏身未曾异。譬如幻师着兽皮，飞禽走兽种种像，贵贱男女差别异，端正丑陋及老少，世间种种可笑事，幻师虽作种种变，本丈夫形未曾异。凡夫虽受六趣色，如来藏色不变异。身本及真心，譬如幻师睡，身心无思觉，寂然不变易。身身及心数，如幻师游戏，故示六趣形，种种可笑事。身身众生体，难解譬喻说。如此法性，无涅槃，亦无有生死。譬如眠熟时，梦见种种事。心体尚空无，何况有梦事？觉虽了了忆，实无有于此。凡夫颠倒识，譬喻亦如是。禅定智慧能觉了，余散心智不能解。非但凡夫如梦幻，月影现水种种事。

复次，诸佛菩萨圣皆尔，从初发心至佛果，持戒禅定种种事，甚深定心不变易，智慧神通幻化异。法身不动如空月，普现色身作佛事。虽无去来无生灭，亦如月影现众水。何以故？如经论中说：欲学一切智定，必修诸善心。若在定，能知世间生灭法相，亦知出世三乘圣道。制心禅智，无事不办。欲求佛道持净戒，专修禅观得神通，能降天魔破外道，能度众生断烦恼。

问曰：《般若经》中佛自说言："欲学声闻，当学般若。欲学缘觉，当学般若。欲学菩萨，当学般若。复次有六波罗蜜，般若为前导，亦是三世诸佛母。"汝今云何偏赞禅，不赞五波罗蜜？复次，如经中说："五度如盲，般若如眼。"汝今云何偏赞度，不赞明眼？谁能信者。愿广解说，除我等疑惑。

答曰：谛听，善思念之，吾当为汝决定说：

三乘般若同一观，　　随证浅深差别异。
如大海水无增减，　　随取者器大小异。
声闻缘觉及菩萨，　　如来智慧亦如是。
十二因缘四种智，　　下智声闻中缘觉，
巧慧上智名菩萨，　　如来顿觉上上智。
以无名法化众生，　　方便假名差别异，
三乘智慧不能知，　　唯佛世尊独知耳。
如大集经杂四谛，　　三乘法行同一义。
陈如稽首白世尊：　　十方菩萨大众集，
云何名法行比丘，　　愿佛演说法行义。
尔时佛告憍陈如：　　至心谛听今当说。

若求法行诸比丘，诵如来十二部经，

谓修多罗及毗昙，优婆提舍及毗尼，

乐为四众敷畅说，是乐诵说非法行。

若更复有诸比丘，诵如来十二部经，

能广演说思惟义，是乐思惟无法行。

若复次有诸比丘，更读诵十二部经，

演说思惟观其义，是名乐观无法行。

夫法行者三乘同，一观我今当说者。

有比丘能观身心，心不贪着一切相，

谦虚下意不生慢，不以爱水洗业田，

不于中种识种子，灭觉观法境界息，永离烦恼心寂静。

比丘如是观身心，佛说是人真法行。

如是比丘即能得，声闻缘觉佛菩提。

法行比丘观三事，观身观受及观心。

比丘观察三念已，一心四禅十八智。

复次大智论中说，声闻缘觉及诸佛，

四禅二九十八智，同共证道明暗异。

共观四谛十二缘，随机感悟种种异。

声闻四谛十六心，辟支独觉无漏智，

菩萨亦解二乘法，获得无碍十六谛。

如诸天共宝器食，饭色黑白各有异。

四谛譬喻如灯品，定如净油智如炷，

禅慧如大放光明，照物无二是般若。

灯明本无差别照，睹者眼目明暗异。

禅定道品及六度，般若一法无有二。

觉道神通从禅发，随机化俗差别异。

问曰：佛何经中说般若诸慧皆从禅定生？

答曰：如《禅定论》中说：三乘一切智慧皆从禅生。《般若论》中亦有此语。般若从禅生，汝无所知，不解佛语而生疑惑，作是狂难。汝何不见，十方诸佛若欲说法度众生时，先入禅定，以神通力，能令大地十方世界六种震动，三变土田，转秽为净，或至七变，能令一切未曾有事悉具出现，悦可众心，放大光明，普照十方，他[1]方菩萨悉来集会。复以五眼观其性欲，然后说法。复次《般若波罗蜜光明释论》中说，有人疑问佛，佛是一切智人，智慧自在，即应说法，何故先入禅定，然后说法，如不知相。论主答曰：言如来一切智慧及大光明、大神通力，皆在禅定中得。佛今欲说摩诃般若大智慧法，先入禅定，现大神通，放大光明，遍照一切十方众生，报禅定恩故，然后说法。为破外道执。外道六师常作是言：我是等智慧，于一切常用常说，不须入禅定。佛为降伏如是邪见诸外道辈，先入禅定，然后说法。复次如《胜定经》中所说：若复有人不须禅定，身不证法，散心读诵十二部经，卷卷侧满十方世界，皆谙诵通利，复大精进，恒河沙劫讲说是经，不如一念思惟入定。何以故？但使发心欲坐禅者，虽未得禅定，已胜十方一切论师，何况得禅定。说是语时，五百论师来诣佛所，俱白佛言：我等多闻，总持十二部经，及韦陀论、五部毗尼，讲说无碍，十六大国敬我如佛。世尊何故不赞我等多闻智慧，独赞禅定？佛告诸论师：汝等心乱，假使多闻，何所益也。汝欲与禅定角力，如盲眼人欲睹众色，如无手足欲抱须弥山王，如折翅鸟欲飞腾虚空，如蚊子翅欲遮日月光，如无船舫人欲度大海，皆无是处。汝等论师亦复如是，欲角量禅定，无有是处。复次《毗婆沙》中说：若有比丘不肯坐禅，身不证法，散心读诵，讲说文字，辩说为能，不知诈言知，不解诈言解，不自觉知，高心轻慢坐禅之人，如是论师死入地狱，吞热铁丸，出为飞鸟、猪羊畜兽、鸡狗野干、狐狼等身。若复有人不近善知识，虽复坐禅，获得四禅定，无有转治，无方便智，不能断烦恼。虽得寂静之乐，烦恼不起，获四禅时，谓得寂灭涅槃之道，便作是念：我今已得阿罗汉果，更不复生。如此比丘实不得道，不断烦恼，

---

[1] 他：《嘉兴藏》本作"十"。

但得似道禅定，不近善知识，无方便智，谓得实道，起增上慢，临命终见受生处，即生疑悔：阿罗汉者更不复生，我今更生，当知诸佛诳惑于我。作是念时，即坠地狱。何况余人不坐禅者。

重宣此义而说偈言：

欲自求度及众生，　普遍十方行六度，
先发无上菩提心，　修习忍辱坚持戒，
昼夜六时勤忏悔，　发大慈悲平等心，
不惜身命大精进，　欲求佛道持净戒，
专修禅智获神通，　能降天魔破外道，
能度众生断烦恼。　从初发心至成佛，
一身一心一智慧，　为欲教化众生故，
万行名字差别异。　欲觉一切诸佛法，
持清净戒修禅定，　舍诸名闻及利养，
远离愦闹痴眷属，　念十方佛常忏悔，
不顾身命求佛道。　获得百八三昧门，
亦得五百陀罗尼，　及诸解脱大慈悲，
五眼六通一切智，　亦得三明八解脱，
具足十力四无畏，　三十二相八十好，
三十七品具六度，　十八不共微妙法。
视诸众生如一子，　四弘誓愿具四摄，
四无量心道种智，　一切种智四如意。
观察众生广法施，　入四禅定放光明，遍照十方诸世界，
变秽为净大震动，　现诸奇特希有事。
十方菩萨悉集会，　三界天王皆在此，
端坐瞻仰一心待，　同声三请愿闻法。
从禅方便三昧起，　为众随应演说法。
色身香声种种别，　禅定寂然心不异。
虽在座坐现法身，　十方九道无不遍。

净戒禅定三昧力，　　十方了了分明见。
应可度者如眼前，　　未可度者即不见。
如空月影现众水，　　暗室深井即不现。
譬如幻师种种变[1]，　　盲瞎睡重者不见。
诸佛法身镜亦尔，　　三障众生不能见。
若无净戒禅智慧，　　如来藏身不可见。
如金矿中有真金，　　因缘不具金不现。
众生虽有如来藏，　　不修戒定则不见。
净戒禅智具六度，　　清净法身乃显现。
净妙真金和水银，　　能涂世间种种像。
如来藏金和禅定，　　法身神通应现往。
普告后世求道人，　　不修戒定莫能强。
无戒定智皆不应，　　匆匆乱心讲文字，
死入地狱吞铁丸，　　出为畜生弥劫矣。
如是众生不自知，　　自称我有大智慧，
轻毁一切坐禅人，　　坏乱正法作魔事。
假使讲经恒沙劫，　　都不曾识佛法义。
如杀三千世界人，　　及诸一切众生类，
高心谤禅坏乱众，　　其罪甚重过于此。
譬如群贼劫牛乳，　　高声唱得醍醐味，
不知钻摇及爆暖，　　亦失酪浆生熟酥。
粗浅薄味尚都失，　　醍醐上味在何处？
不修禅智无法喜，　　譬喻说言无妇女。
不净乱心执文字，　　故言皮囊可盛贮。
譬如盲狗咬草丛，　　不见人及非人类，
但闻风吹草鸣声，　　高声叫言贼虎至。

---

[1]　"变"下，底本衍"盲瞎之人则不见"一句，今删。

养一盲狗虎咬故，
其心散乱都不定，
赞百千经心常乱，
增见诸非毒转盛，
既见禅智法喜妻，
解文字空不贪着，
禅智方便般若母，
禅智般若无著慧，
三乘圣种从是学，
净戒禅智如大地，
禅智神通巧方便，
若能一念在禅定，
三世诸佛坐道场，
一切凡夫共一身，
真如一像不变易，
诸佛菩萨一法身，
一字万行化众生，
凡圣色藏一而二，
色藏元象无一二，
我从无数十方佛，
少行法师不能知，
若人不近善知识，
初禅谓得须陀洹，
起增上慢诸漏尽，
临命终时见生处，
阿罗汉者不更生，
身证不了尚如此，
不知诈知起我慢，

举世盲狗叫乱沸。
觉观心语亦如是，
如蛇吐毒与世诤，
自言坏常子难生。
石女无儿难可生。
若修定时解无生。
巧慧方便以为父。
和合共生如来子。
故称一切众导师。
能生万物载群类。
能生三乘一切智。
能报三世佛恩义。
觉悟众生皆由此。
一烦恼心一智慧。
善恶业影六道异。
亦同一心一智慧。
一圣假名四十二。
方便道中凡圣二。
唯佛与佛乃知此。
闻此一字无量义。
文字论师不能解。
学得有漏似道禅，
四禅谓得阿罗汉，
谓言断结不更生。
即作是言佛欺我：
我今云何更受生？
何况散心著文字。
颠倒说法诳众生。

身不证法升高座，	死入阿鼻大地狱。
身证不了尚生疑，	何况不证盲心说。
高心乱语谤诸佛，	受学之徒皆效此。
从地狱出为畜生，	备作种种诸杂类。
若人亲近善知识，	证无漏禅乃明解，具足禅智多闻义，
如是导师可依止，	禅定深隐难可知。

复次，禅波罗蜜有无量名字。为求佛道，修学甚深微妙禅定，身心得证，断诸烦恼，得一切神通，立大誓愿，度一切众生，是乃名为禅波罗蜜。立大誓愿故，禅定转名四弘。欲度众生故，入深禅定，以道种智清净法眼，观察众生是处非处十力智，尔时禅定转名四无量心。慈悲愍众生，拔苦与乐，离憎爱心，平等观察，尔时禅定转名慈悲喜舍。既观察已，与其同事，随应说法，尔时禅定转名四摄法。布施、爱语、利益、同事，是名四摄法也。

复次，大慈大悲，现如意神通一切色身，以神通力入五欲中，遍行六趣，随欲度众生，尔时禅定转名神通波罗蜜。亦普现十方一切佛事，常在禅定，寂然无念。

复次，深大慈悲怜悯众生，上作十方一切佛身、缘觉、声闻一切色形，下作六趣众生之身。如是一切佛身、一切众生身，一念心中一时行，无前无后无中间，一时说法度众生，尔时禅定及神通波罗蜜，转名一切种智，亦名佛眼。

复次，菩萨摩诃萨持戒清净，深妙禅定，断习气故，远离三世诸爱见故，尔时禅定转名十八不共法。

复次，菩萨摩诃萨以三明智分别众生，尔时禅定转名十力，善知是处及漏尽故。

复次，菩萨摩诃萨色如，受、想、行、识如，观一切法，始从初学，终至成佛，断烦恼，及神通，尽知十方世界名号，亦知三世诸佛名号，及知诸佛弟子名号，亦知一切众生名号，及知众生烦恼名号、解脱名号，一念一时知，及知宿命因缘之事，尔时禅定转名十号也。

复次，菩萨摩诃萨以诸法无所有性，一念一心具足万行巧方便慧，从初发心至成佛果，作大佛事，心无所著，总相智、别相智、辩说无碍，具足神通波罗蜜，供养十方一切佛，净佛国土，教化众生。尔时禅定转名般若波罗蜜。

复次，行者为出世间故，三界九地，名为八背舍，次第断烦恼，欲界、未到地禅及中间，二禅及四禅，空处及非有想，最后灭受想。于欲界中具五方便：一者发大善心，求佛道故，欲得禅定，名善欲心。是善欲心能生一切佛法，能入一切禅定，能证一切解脱，起一切神通。分别欲界、色界、无色界，五阴、三毒、四大、十二入、十八界、十二因缘，一切诸法无常变异，苦空无我。亦知诸法无生灭真实相，无名无字，无漏无为，无相无貌。觉了诸法，故名法智。未到初禅，得金刚智，能断烦恼，证诸解脱，是名未到地。初欲界地及未到地，如是二地，是佛道初门。欲得禅定，是名欲心。

复次，初夜后夜专精学禅，节食摄心，舍离眷属，断诸攀缘，是名精进。

复次，专念初禅乐，更无余念，是名念心。

复次，巧慧筹量欲界五欲，欺诳不净，是三恶道伴；初禅定乐，断诸欺诳，得真智慧，是入涅槃伴。是筹量，是名巧慧心。

复次，专心一处，灭诸觉观，境界都息，身心寂静，是名一心。如是五方便，能断五欲妖媚烦恼，灭除五盖，有觉有观，离生得喜乐，入初禅，名初背舍。得入二禅，名二背舍。入第三禅，名三背舍，喜乐心内清净，得四禅，名为入一切处。灭一切色相，舍第四禅，灭有对想，入无边虚空处，名为空一切处，第四背舍。舍[1]虚空处定，得一切识处定，是名识一切处，第五背舍。复次舍识处定，入无所有处定，是名第六背舍。舍无所有处定，得入非有想非无想处定，生厌离心，是名第七背舍。舍非有想非无想处定，入灭定受想定，心无所著，是名第八背舍。尔时禅波罗蜜转名八背舍。

---

[1] 舍，底本脱，依文义补。

复次，自觉觉他，通达无碍，得三解脱，能破三界一切烦恼，尔时禅波罗蜜转名十一智。

复次，行者总持旋陀罗尼，戒定慧三分、八圣道，破四颠倒，获四真谛，尔时禅波罗蜜转名三十七品，起一切神通，所谓四念处、四正勤、四如意足、五根、五力、七觉分、八圣道分，名为摩诃衍。如《四念处品》中说，转一切智慧，以一神通现一切神通，以一解脱作一切解脱，转一名字语句入一切名字语句，如是一切名字语句还入一名一字、一语一句，平等不异。是四念处字等语等，诸字入门，一切佛法尽在其中。

复次，菩萨摩诃萨欲教化众生，令生清净欢喜信心故，与一切圣人建立一圣官阶位次第，众生得之大欢喜，决定无疑。尔时誓愿勤修禅定，得六神通，作转轮圣王，入五道中，飞行十方，广行布施，须衣与衣，须食与食，金银七宝、象马车乘、楼橹宫殿、房舍屋宅、五欲众具、箫笛箜篌、琴瑟鼓吹，随众生欲，尽给与之，后为说法，令其得道。虽作如是种种法施，实无施者，无财物，无说无示，无听法者。譬如幻师幻作幻人，四衢道中化作高座，广说三乘微妙圣法，又作四众集共听受。如是幻师所作幻事，无色无心，无示无听，无受无闻，无得菩萨。尔时禅波罗蜜转名檀波罗蜜。何以故？施人物时，虽知诸法无所有性，无施无受，无财物相，三事俱空，虽知空寂，勤行布施。

复次，菩萨摩诃萨虽知诸法空，罪相不可得，持戒破戒如梦如幻、如影如化、如水中月。虽知诸法无生灭，坚持净戒无毁缺，亦以戒法为他人说。若人恶心不受戒化，作禽兽行。礼仪人类见此大羞辱，各发善心，坚持净戒，发大誓愿，遍十方不顾身命行戒施。常现六道种种形，广说如来清净戒。以宿命智观察之，必令欢喜无瞋害。非但为说戒法，亦说摄根定共戒、道共戒、性寂戒、报寂戒。尔时禅波罗蜜转名尸波罗蜜。

复次，菩萨摩诃萨行此财施、法施、戒施时，受者瞋恚来打骂，割截手足心不动，乃至失命心不悔。尔时禅定转名羼提波罗蜜。菩萨行是甚深禅定，于一切圣行，以法忍故，心无所著。禅定即是羼提波罗蜜。

复次，菩萨学四念处时，获得四禅。复作是念：我于身念处未得如意神通，受念处未获宿命神通，修心念处未获他心智，不知十方凡圣心故。修法念处时如是思惟：我今未获漏尽神通。修身念处，观一切色，亦未得清净天眼。于受念处，未证因缘业报垢净神通。于心念处，未得众生语言三昧。作是念已，勤精进求，乃至成就，具六神通。尔时禅定转名精进毗梨耶波罗蜜。

复次，菩萨为起神通故，修练禅定。从初禅次第入二禅、三禅、四禅、四空定乃至灭受想定，一心次第入，无杂念心。是时禅波罗蜜转名九次第定。

复次，菩萨入初禅时，观入出息，自见其身皆悉空寂，远离色相，获得神通，乃至四禅，亦复如是。入初禅时，观入出息，见三世色，乃至微细如微尘许，悉见无碍，亦见众生出没、果报差别，于无量劫通达无碍。是名天眼神通。乃至四禅，亦复如是。入初禅时，观息出入，以次第观声，悉同十方凡圣音声，是名天耳神通。乃至四禅，亦复如是。入初禅时，观入出息、住息，住舍摩他，观色相貌。以毗婆舍那，观他心相，善知十方凡圣之心，是名他心智神通。乃至四禅，亦复如是。入初禅时，观息入出，获得眼通。得眼通已，观于有歌罗逻时五阴生灭，乃至无量劫中五阴生灭，获得宿命，是名宿命神通。乃至四禅，亦复如是，悉能观察一切众生善恶业行差别不同，亦复知其发心早晚，入道远近，十方三世通达无碍。是名道种智慧神通。尔时禅定转名狮子奋迅三昧。以神通力，供养十方佛，及教化众生，净佛国土，边际智满，十地具足，变身如佛满十方，学佛神通，未得满足。是狮子奋迅三昧，唯有诸佛乃能具足。

复次，菩萨入重玄门，修四十心，从凡夫地初发心时所修禅定，次第重入，乃至最后无垢地。修诸禅定，学佛神通化众生法。从初禅入乃至灭受想定，三禅、四禅、四空亦复如是，是名顺超无碍。从灭受想定超住散心中，超入初禅，非有想非无想处、无所有处、识处、空处、四禅乃至二禅亦复如是，是名逆超自在无碍。尔时禅定转名超越三昧。修佛神通，得佛智慧。余五波罗蜜亦复如是，是少一波罗蜜不名五波罗蜜。

复次，学禅定时，修四念处，于欲界中观内外色，入初背舍，具足闻慧，观内外假，二相不可得故；亦非是一，如如性故，一解脱。

复次，思慧具足，观察内外法，内外一切法总相、别相、异相不可得，如如故，二解脱。

复次，修慧六观具足，色界五阴空，三解脱。

复次，闻慧、修慧用巧方便金刚智，破四空定，无贪著心，空五阴，不可得故，得解脱空处，得解脱识处，得解脱无所有处，得解脱非有想非非想处，得解脱观灭受想定，不可得故，得是解脱，是名八解脱。如如性故，无缚无脱。菩萨尔时禅波罗蜜名八解脱。

复次，菩萨禅定，修四念处，得三十七品，具足佛法。何以故？是身念处观色法故，一念具足四念处故。是身念处用念觉分观五阴时，能断一切烦恼故。观色阴时，是身念处不净观、九想，具足舍摩他，能破一切烦恼，是名为定。如论偈中说：

> 初观身念念，　　　系缚心令定，
> 亦系缚识定，　　　及除烦恼怨。

九想舍摩他，欲界金刚定，能破五欲如缚贼。十想毗婆舍那，欲界未到地金刚智，能观五阴毕竟尽想，不能更生，得尽智、无生智，断一切烦恼，如意利刀斩断贼头。观色如，受、想、行、识如。深观五阴如如性故，即无烦恼可断，亦无解脱涅槃可证。何以故？色即是空，空即是色。受、想、行、识即是空，空即是受、想、行、识。空即是涅槃，涅槃即是空。烦恼即是空，空即是烦恼。智慧即是空，空即是智慧。不可以虚空断虚空，不可以虚空证虚空。如论偈说：

> 观身不净相，　　　真如性常定。
> 诸受及以心，　　　法亦如是观。

烦恼者，六欲心也。初死想，能断威仪语言欲。膨胀想、坏想、散想，能断形容欲。青瘀血涂想、脓烂想，能断色欲。骨想、烧想，能断细滑欲。

散想、灭尽想，能断人欲。如论中说：

> 四蛇同一箧，　　　六贼同一村，
> 及王旃陀罗，　　　分自守根门。
> 六欲妖媚起，　　　爱怨诈为亲，
> 声香味触法，　　　六情起诸尘。
> 贪欲如猛火，　　　瞋恚如蛇蚖，
> 愚痴覆心眼，　　　智者当善观。
> 外想三四块，　　　身器二六城，
> 中含十二秽，　　　九孔恶露盈。
> 痈疽虫血杂，　　　膨胀臭烂脓，
> 骨锁分离断，　　　六欲失姿容。
> 九想观成时，　　　六贼渐已除，
> 及识爱怨诈，　　　兼知假实虚。
> 四大共相依，　　　缘习成假名。
> 行者谛观察，　　　但见骨人形。
> 初观如珂许，　　　后渐满一城。
> 骨人遍法界，　　　深生忧厌道。
> 从生至老死，　　　老死复有生，
> 转轮十二缘，　　　生死如循环。
> 三涂苦难忍，　　　人天亦复然。
> 谁闻六道苦，　　　而不兴厌心？
> 妄识本无体，　　　依因寂法生。
> 妄想生妄想，　　　转轮十二缘。
> 知过二业患，　　　现不造三因，
> 老死更不续，　　　反流尽生源。

诸法无诤三昧法门卷上

诸法无诤三昧法门卷下

［陈］南岳思大禅师撰

四念处观

身念处观如音品

观身不净时，先观息入出，生灭不可得，次观心心相。若先观色，粗利难解，沉重难轻。若先观心，微细难见。心空无体，托缘妄念，无有实主。气息处中，轻空易解。先观入息从何方来？都无所从，亦无生处。入至何处？都无归趣，不见灭相，无有处所。入息既无，复观出息从何处生？审谛观察，都无生处。至何处灭？不见去相，亦无灭处。既无入出，复观中间，相貌何似？如是观时，如空微风，都无相貌。息无自体，生灭由心。妄念息即动，无念即无生。即观此心住在何处。复观身内，都不见心。复观身外，亦无心相。复观中间，无有相貌。复作是念：心、息既无，我今此身从何生？如是观时，都无生处，但从贪爱虚妄念起。复观贪爱妄念之心毕竟空寂，无生无灭，即知此身化生不实，头等六分色如空影，如虚薄云，入息气、出息气如空微风。如是观时，影、云、微风皆悉空寂，无断无常，无生无灭，无相无貌，无名无字，既无生死，亦无涅槃，一相无相。一切众生亦复如是。是名总观诸法实相。

如是观竟，欲得神通，观身四大如空如影。复观外四大地水火风、石壁瓦砾、刀杖毒药，如影如空。影不能害影，空不能害空。入初禅时，观息入出，从头至足，从皮至髓，上下纵横，气息一时出入无碍。常念己身作轻空想，舍粗重想。是气息入无聚集，出无分散。是息风力能轻举，自见己身空如水沫，如泡如影，犹如虚空。如是观察久修习竟，远离色相，获得神通，飞行无碍，去住远近，任意自在。是身念处不净观法，九想、十想及观气息生灭出入空无障碍，亦能获得如意神通。先证肉眼，次观天眼，能见无量阿僧祇十方三世微细色等，亦见众生生死出没、善恶业报，皆悉知之，明了无碍。总摄十力、十八不共法，能作大身遍满十方，能作小身细如微尘，一能作多，多能作一，重能作轻，轻能作重，丑陋作端正，端正作丑陋，长短大小、青黄赤白悉能变化。虚空作地，地作虚空，地作水火，水火作地，能令变作金银七宝，石壁草木亦复如是，皆能变作金银七宝、象马车乘、城郭楼橹、宫殿屋宅、房舍灯烛、日月大珠及如意珠、饮食衣服、床榻被褥、箫笛箜篌、五欲众具，众生所须，尽给与之，然后说法，令入佛道。能自变身作十方佛身，名字不同，色像差别，亦复能令皆作金色、三十二相、八十种好、顶上肉髻，光明普遍满十方，间无空处，十方远近如对目前。过去未来亦复如是。人天交接，两得相见。亦复能作菩萨缘觉阿罗汉身、释梵四王诸天身、转轮圣王诸小王身，能作四种佛弟子形，男变为女，女变为男，亦作六趣众生之身。如是凡圣众色像，一念心中一时行，语言音声亦复如是。亦复能作臭烂死尸缚魔波旬，令舍高慢，远离魔业，求佛正道。臭烂尸观非独系缚波旬魔王，亦能降伏一切淫女，令舍淫欲，发清净心，信求佛道。

是禅波罗蜜身念不净观法，初修行时，能断五欲一切烦恼，能除五盖，能断十缠。若人修习，如偈所说：

气息轻空风火观，　　飞行十方无障碍。
皮肉筋骨不净观，　　获得如意大神通。
总名八大自在我，　　一切形色能变化。
总名十四变化心，　　非但变化如上事，
能令大地六种动，　　变十方秽为净土。

> 是身念处不净观，　　总说如是大功德，
>
> 若广诸说不可尽，　　三十七品亦在中。
>
> 今已总说身念处，　　种种功德差别法。

受念处品

复次禅波罗蜜中受念处观，如偈说：

> 能断一切受，　　今当更总说。
>
> 断除三受法，　　一切受亦尽。

三受者：一者苦受，二者乐受，三者不苦不乐受。如十二因缘中说，不苦不乐受但是无明，有名无色；苦乐二受是行、识、名色、六入、触、受、爱、取、有、生、老死灭坏、苦忧悲恼。如是三受和合共成事，不能一一独生烦恼：内受、外受、内外受。内受是六根，名为六情。外受是六尘，名为六境。内外受名六识，亦名为心，思惟分别。如是内外有三十种：六根、六尘、六识、六触、六受，是名三十，皆由无明，不能了故，贪善恶业，遍生六趣。若能修习戒定智慧，净三毒根，名曰六度。是故论言："智度大道佛从来。"生死往来，故曰大道；智慧断三受，故名为度。是故佛言："净于三毒根，成佛道无疑。"一切贪瞋痴，三受以为根。破戒是恶趣门，持戒是善趣门。若修戒定智，闭塞诸恶道，通达善趣门。亦得名为关闭一切诸恶趣门，开佛无上大菩提门。六根名为门。

心为自在王，造生死业时，贪著六尘，至死不舍，无能制者，自在如王，是故名为无上死王。譬如世间五月时雨大恶雹，五谷果树摧析堕落，人畜皆死。是恶雹雨譬如金刚无能制者，断诸善根，作一阐提，是故名为死金刚雨。譬如世间金翅鸟王，飞行虚空，四大海中擒捉诸龙，自在无碍，食啖令尽，无能制者，是故名为死金翅鸟。譬如世间恶转轮王，飞行虚空，遍四天下，擒捉诸王，自在无碍，坏他事业，无能制者，是故复名死转轮王，

一切天人王无能制者。唯除一人，大力神仙幻术咒师，智如金刚，能伏一切，乃能伏此。生死心王亦复如是，二十五有无能制者。唯除菩萨修戒定慧智，获得初禅，至第四禅及灭受想定，成就四念处，法忍具足，得大神通，乃能降伏生死心王。一切凡夫及二乘人，不能降伏如是死王，为无常法之所迁故，不能降伏。唯有法大力菩萨生分尽者乃能降之，无习气故。

苦受，内苦、外苦。内苦者，饥渴悲恼，愁忧瞋恚，嫌恨宿怨，不适意事，怨憎会时内心大苦，如是等苦，名为内苦。复次求物不得，若得更失五欲众具，爱别离故，父母兄弟、妻子眷属抄劫死亡，若遭恶病，无药可治，必死无疑，忧悲啼哭，如是等苦，皆名内苦。闻外恶声，骂辱机刺，内怀忿怒，亦名内苦。外苦者，若为王法所加，鞭杖拷楚，牢狱系闭，杻械枷锁，名为外苦，亦名内外苦。若狮子虎狼、诸恶毒兽、风雨寒热，如是等比，名为外苦。若自身有病，诸根不具足，名身苦。若为他役使，担负重载，若行远路，中间险难，无止息处，如是等苦，是名身苦。应学慈悲，修空忍之，不生瞋恚。于怨憎处，应作是念：是我先世恼害彼人。今但自责，不应瞋他，虎狼狮子、狂象恶王亦复如是。于贪求处，应求舍心，不应瞋恼。观恶音声如空中响，彼声不来，耳不往受，随闻随灭，谁骂谁受？则无瞋恚。闻好音声，称扬赞叹，如前观之，亦不生喜。礼拜供养，一切乐受，应作是念：彼自求福，便于我处自作功德，不关我事，不应欢喜。譬如废田，有人耕种，自求报故，地不应喜。复有异人多持粪秽、毒刺恶草，积种在中，掘凿穿穴，高下不平。彼人自生如是恶心，地亦不瞋亦不念，彼徒自苦恼。

有人问言：怨害骂辱，能忍不瞋，是事可尔。礼拜供养，赞叹乐受，何以不喜？

答曰：彼今虽复供养赞叹于我，后若遇恶缘，即便瞋我，若打若杀。不应生喜。苦受、乐受皆如幻化，无有定相，不应瞋喜。如彼大地无憎爱心，菩萨欲求无上佛道，应先修学大地三昧，亦应学如虚空三昧。

不苦不乐受亦复如是，不应贪著。应作是念：苦乐中间，故有不苦不乐。若无苦乐，则无不苦不乐。一切皆是无常生灭，不曾暂停。生灭无故，无生灭处，求不可得。如是观时，即无三受，得三解脱。男女等相亦复如是，如幻如化，无生无灭，不可得故。如身念处，五阴如相不可得故，无十八界，故无一切受。何以故？六根、六尘、六识空故，求不可见，名之为空。求亦不得，名之空空，亦无有空。

复次禅波罗蜜中观受念处，无生无灭，无一切受，即是涅槃。观察涅槃亦不可得，无名字故，即无涅槃。如是观时，初学能断一切烦恼。又得一切宿命通，自观己身现在初生五阴歌罗逻时生灭不住，亦见过去无量阿僧祇劫五阴生灭。以身念处天眼力故，住初禅中，能见如是宿命神通，一切生处寿命长短、苦乐受报、饮食衣服、种性名字、生死出没、国土世界、欲性善恶悉见悉知，现在未来宿命因缘及一切事悉见悉知，如过去世。亦知诸天六趣众生三世宿命，如己不异。亦复能知诸佛菩萨缘觉声闻一切宿命，一念心中称量尽愿，明了无碍。于一切众生中得自在寿命，随其所感，长短不同，为众生故现一切身，受一切命，欲度十方三恶道众生。欲度饿鬼，观受念处，住初禅中，用如意通施美饮食，令其苦息而为说法。欲度畜生时，观受念处，入初禅时已入第四禅，从四禅起住第二禅，用如意神通，令诸众生离畜生业得人天，令其欢喜而为说法。欲度地狱众生时，观受念处，入初禅时已入第二禅，从二禅起入第四禅，从四禅起住第三禅，以如意通，变化十方阿鼻地狱及诸地狱悉为天堂，一切苦具变为璎珞。知其苦息如第三禅乐，随应说法。欲度福德大力众生时，观受念处及三念，入初禅，初禅起入二禅，二禅起入三禅，三禅起入第四禅，住火一切处，放大光明，遍照十方；住地一切处，十方大地六种震动；住风一切处，戒定慧香遍熏十方；住水一切处，现月爱三昧，十方重病苦恼众生悉得消除，身心安乐；住地一切处，秽恶世界变为净土，池流花果，七宝庄严。放眉间光，召集十方诸大菩萨，悉来集会。口光、顶光，放中间光，集三界天王、转轮圣王、阿修罗王及诸小王并诸天人。放下光明，普及三涂一切众生，集会听法，悉为授记。

授记之法凡有九种：三乘及六道，是名九种差别授记，如《摩诃般若放光论》中说。若放顶上肉髻光明，遍照十方，集大菩萨，并集过去多宝佛等，又及十方分身应化无量诸佛，十方世界一切佛土满中诸佛，移诸天人三涂八难置于他土，不令在会，无余杂众。当知此会但说一乘，为一生补处菩萨授如来记。若放眉间大光明，同顶光中事，当知此会为大声闻密行菩萨过十地入佛境界者授如来记。如《法华》中说二种放光授记之法，但说佛果事、一乘佛智慧，无余杂众故，不说九道记。

问曰：佛大慈悲，平等说法，众生普闻。复何意故，说《法华》时三变世界，八方通同为一佛土？初第一变，八方五百万亿那由他恒河沙等诸佛世界同于娑婆，上下两方亦复如是。第二变化，八方各变二百万亿那由他恒河沙等诸佛世界亦同娑婆。第三变化，八方各二百万亿那由他恒河沙等诸佛世界同于娑婆。如是三变，各放眉间白毫光明，移诸天人阿修罗等三涂八难置于他方，不得闻法。当知如来心不平等。

答曰：是事不然。如来智慧非汝境界，不应难言佛不平等。彼以何故？《妙法华》会但说一乘顿中极顿诸佛智慧，为大菩萨授如来记，难信难解。是故漏尽二乘人、新发意菩萨及以不退诸菩萨等疑惑不能解，何况余人？譬如世间转轮圣王庄严四天下，集诸转轮王，共论圣王事，唯有王边智慧大臣乃能信解，得近王座，同论王事。诸余恶臣愚暗无智，则不堪闻，不得同座，何况余小王及诸仆使而近王座？如来顿教亦复如是，唯有一生补处无垢大士得佛智慧受如来记者乃得闻之。此会不说引导之教，是故余人不得在座。余人若闻，不解故即生疑谤，堕于地狱，是故移之置于他土。四众五千亦复如是。譬如阎浮提人眼不得见上界诸天，若得见者两眼双瞎。薄福德故，不堪见此诸天光明，是故见者两眼双瞎。天人阿修罗三涂八难亦复如是，尚不得见肉眼眉间授记光明，何况闻说授如来记也？若得闻者则生诽谤，永失信心，断诸善根，作一阐提。将护彼意，不得闻之。譬如世间饥饿病瘦绝食来久薄腹者，不得一往多食干麨及以强饼面酦酒，一往饱食，必死不疑。五千四众、天人阿修罗、三涂八难亦复如是，薄福德故，不堪得闻授如来记。

问曰：诸佛神通无量方便，一音说法随类得解，何故移之，置于他土？

答曰：如汝所问，他土之音有二义：一者本土是如来藏，一切众生不能解故，贪善恶业，轮回六趣。二者一切众生无量劫来常在六趣，轮回不离，如己舍宅，亦名本土。天人阿修罗等薄福德故，不能感见三变座席，复不感闻本无如教甚深妙声。是本无如、如来如，一如无二如，本末究竟等，唯佛与佛乃能知之，余人不解。五千四众、天人阿修罗、三涂八难不闻本无如，不得究竟解故，是故名为置于他土。复次五千天人阿修罗及难处异座异闻，得解薄少，永舍六趣，是故复名置于他土。实不移却，不觉不知，不离本座，物解不同，故言他土。

欲重宣受念义，而说偈言：

行者初观受念时，	三种受法难舍离。
苦受能生诸怖畏，	亦生九恼诸怨害。
常怀忿难作方便，	得怨便时断其命。
或争五欲起怨心，	或诤名利作怨害，
或贪住处获利养，	见胜己来欲杀害。
或加诽谤恶名流，	或时愿人令杀害。
是苦受法有三种，	内受外受内外受。
若欲断除诸苦受，	当观怨家如赤子，
亦如父母及兄弟，	亦如诸师及同学，
生生无不从彼生，	是无量劫之父母。
我旷劫来曾生彼，	一切皆是我赤子。
此观成时瞋恚尽，	获得大慈大悲心。
怨家悲叹生悔心，	如见父母悉归命。
我往昔曾彼受学，	一切皆是我大师，
或修俗礼及五经，	或学出世解脱道。
学善法故好名流，	忍恼害故得神通。
一切皆是我和尚，	亦是诸师及同学，
应当孝顺勤供养，	恭敬供养如佛想。
若受上妙五欲乐，	人天王处自在乐，

三界天王人王乐，无常至时皆碎破。
一切乐受是苦本，乐报尽故苦报至。
贪受荣华谓是常，爱别离时地狱至。
苦乐受尽则无苦，不苦不乐则无生。
具五方便除五欲，亦除五盖障道因。
五欲五盖烦恼尽，具足五支入初禅，
二禅三禅第四禅，还入初禅观五阴。
见身如泡空如影，出入息如空中风。
见过去世无量劫，诸受五阴生灭空。
断五欲故烦恼尽，断五盖故获五通。
断五欲故获如意，断五盖故获三明。
是故诸佛说偈言，内外怨贼皆已除，无明父亦灭退，
若能断贪诸爱尽，自觉觉他名解脱。
诸行魔母既灭尽，无明魔父亦破碎。
既断烦恼获六通，立大誓愿度一切。
自能断除三受已，亦断众生一切受。
得自在受无量命，亦知一切解脱受。
知授凡圣九道记，亦授补处如来记。
若欲说法度众生，先现希有奇特事，
深入禅定放光明，普照十方诸世界。
变诸秽恶为净土，七宝行树以庄严，
三涂八难悉解脱，等齐人天来听法。
以受念处观察之，然后为其演说法。
或令世界净秽异，众生各见不相知。
形色音声种种别，众生各闻皆不同。
各见佛同为说法，都不见他前有佛。
虽复差别各各异，能令一时各解脱。
随众生寿命长短，能自在受种种命。

或见短寿入涅槃，	或见长寿无量劫。
是受念处初学时，	能断苦乐诸系缚。
初观诸受内外苦，	亦观诸受内外空。
不苦不乐受亦空，	断阴界入破无明。
观三受性非空有，	则无系缚无解脱。
法性无佛无涅槃，	亦无说法度众生。
众生与佛一如如，	本末究竟无差别。
坐道场得成佛道，	即是导师方便说。
如人梦中得成佛，	放光说法度众生。
此无佛道无众生，	佛法性相亦复然。
众生迷惑不觉知，	深著苦因不暂舍。
诸苦所因贪为本，	舍贪求心无相依。
见诸受空无生灭，	证苦无生苦圣谛。
内外假合名为集，	无十八界集圣谛。
生灭灭已名寂灭，	证无寂灭灭圣谛。
阴无缚解无邪正，	证平等慧道圣谛。
四谛无二是一谛，	实无差别四种谛。
一谛空故即无谛，	无谛巧慧佛三谛。
一切众生从本来，	无生无灭无缚解。
五阴如性非明暗，	凡夫与佛无一二。

三十七品亦在其中，观受念处多故，受念处为主，独称其名。（略说受念处竟）

心念处品

复次行者初学禅时，思想多念，觉观攀缘，如猿猴走，不曾暂停。假使行者数随心观，亦不能摄。即作是念：三界虚妄，皆心所作。即观是心从何处生？心若在内，何处居止？遍观身内，求心不得，无初生处，亦无相貌。心若在外，住在何所？遍观身外，觅心方所，都不见心。复观中间，亦不见心。如是观时，不见内入心，不见外入心，不见内外入心，不见阴中心，不见界中心。当知此心空无有主，无名无字，亦无相貌，不从缘生，不从非缘生，亦非自生。是名行者能观心念，心念生灭观，念念生灭观。念念相不可得故，亦无生灭。如观我心，他心亦然。复观心性无有心性，无有心性亦无相貌，毕竟无心，亦无不见心。如是观竟，身心空寂，次第入禅，能起神通。

复次菩萨摩诃萨观心念处，学得一切禅定解脱，起如意神通，立大誓愿，度一切众生。应先观其心入初禅，次第入至第四禅，乃至灭受想定，还入初禅。心观念处，内心、外心、内外心，亦复观察三毒、四大、五阴、十二入、十八界、十二因缘。如是观竟，观诸解脱、遍一切、他心智三昧。以他心智如意神通，亦入天眼、宿命、漏尽神通，遍观中如是诸神通已，观七觉分，住他心智三昧，用念觉分、择分觉分及精进觉分，遍观十方一切众生心心性欲，用十力智分别之，一一众生感闻何法，闻何音声，见何色像，于何解脱门而得解脱？如是观竟，用喜觉分神通三昧，悉令十方六道众生皆大欢喜。用除觉分、定觉分、舍觉分，用如意神通，普现色身，上中下根，随机说法，悉令解脱。此心念处，初修学时，身心得证，自断一切心想妄念诸结烦恼，亦能如己教他人学，但未得神通，不能明力，不识众生种种根性，所念各异，不称其机，利益甚少。作是思惟：但是学时，未是说时，不应强说非时之言。若修禅定，获大神通，如意自在，得他心智差别三昧，一念悉知凡圣差别之心，通达无量阿僧祇劫过去未来如现在世，如是学竟，乃可说法。思惟既竟，还入初禅，观于身心空如影，息如空风，心无相貌，轻空自在，即得神通，住第四禅，放大光明，一者色光遍照十方凡圣色身，二者放于智慧光明，遍照十方九道凡圣上下智慧，悉能遍知彼是处非处，及知宿世因缘果报，亦如身念处、受念处三昧。如是竟现一切身，十方远近如对眼前，各为说法，悉令解脱。欲说法时，现希有事，悦可众生，令大欢喜。以神通力，十方世界秽恶之处变为净土，金银琉璃一切众宝间错其地，充满世界。上妙栴檀、七宝行树，花果茂盛，行列相当。台馆楼橹，城邑聚落，七宝房榻，如意宝珠，光明相照，若日月现。犹如如来所居净土，诸佛菩萨充满其中，各现神通，降伏天魔，破诸外道。或有诸佛寂然禅定，上下身分放大光明，犹如段云，遍满十方，光明中现一切佛事。或有菩萨现不思议，四大海水置一毛孔，水性之属不觉往来。须弥王置芥子中，亦不迫迮；还置本处，诸四天王及忉利天不觉不知。三千世界置一毛端，亦不倾侧，一切大众不觉宽迮，如故不异。人天交接，两得相见。一切人天未得道者，及诸声闻、小行菩萨，皆得见此不思议事。十方诸佛、诸四天王及阿修罗、迦楼罗、紧那罗、摩护罗伽等，悉与菩萨对面共语。能以一面对一切面，如镜中像，面亦不异，然后说法，悉令闻者一时得道。是名菩萨住心念处如意神通如愿三昧。三十七品、一切佛法悉在其中。观心念处本是，故心念处为主，独举其名宣心议。而说偈言：

内心外心中间心，	一切皆是心心数。
心性清净无名相，	不在内外非中间，
不生不灭常寂然，	非垢非净非明暗，
非定非乱非缘虑，	非动非住非来去，
非生非死非涅槃，	非断非常非缚解，
非如来藏非凡圣，	不了名凡了即圣。
行者初学求道时，	观察心数及心性。
观察心数名方便，	觉了心性名为慧。
初坐禅时观不净，	观出入息生灭相，
不净观及出入息，	是心心数非心性。
观心心数断烦恼，	心性即是烦恼性。
心数心性平等观，	具足禅慧成大圣。
不净初学断五欲，	久修获得如意通。
初观息解假名空，	久修飞行无障阂。

二观具足成一观，　　获得三明见三世。
身念受念及法念，　　觉了三念由观心。
内假外假内外假，　　此三假名非实法。
心念非假非真实，　　求了三假当观心。
一名心相二名性，　　三假由相不由性。
从无明缘至老死，　　皆是心相之所造。
此假名身及诸受，　　善不善法及无记，
皆由妄念心所作，　　观妄念心无生处，
即无烦恼无无明，　　心性无念不可观。
观四念处心想尽，　　烦恼尽故即尽智。
若观心性了四念，　　解无生法无生智。
无妄念心无缘虑，　　无杂染故无六道。
若人随顺妄念心，　　持戒坐禅欲求道，
如雨彩衣其色变，　不证无漏著禅味，不得解脱归四趣，
何况破戒无禅定，　　颠倒乱心著文字。
心性清净如明珠，　　不为众色之所污。
譬如清净如意珠，　　杂色物裹置水中，
能令清水随色变，　　青物裹时水则青，
黄赤白黑皆随变，　　珠色寂然不变异。
心性清净如意珠，　　善恶业杂缘色杂。
十善有漏禅生天，　　行十恶业生四趣。
持戒清净修禅智，　　证得无漏解脱道。
从生死际至涅槃，　　心性寂然不变异。
譬如世间如意珠，　　随人所求皆应现。
珠无心相无异念，　　随所求念悉周遍。
心性无体无名字，　　随学者业凡圣现。
若人欲求解脱道，　　具足十善观三性，
心性眼性及意性，　　具足三信三解脱。

观身心空持净戒，　　证真如解名信戒。
观身如影如化生，　　观心无主无名字，
观罪不罪如梦幻，　　乃至失命不破戒。
持戒毕竟证寂灭，　　速离得相之分别。
持戒虽空不杂世，　　亦不著空随世法。
深入涅槃解脱意，　　不舍世间十善行。
获得无漏禅智慧，　　无定乱心定信时。
修四念处断四倒，　　证四真谛一谛相。
是名般若波罗蜜，　　诸法如性名慧信。
若人具足此三信，　　是人乃可得法施，
信施戒闻慧惭愧，　　是此七财名导师。
若不具足此七法，　　是人不应升高座。
既无信证自不知，　　向众妄语何所说。
此人诳自亦诳他，　　匆匆乱心谤佛说。
如富长者自有财，　　所行法施名实施。
若人修道证解脱，　　如富长者行实施，受者学者皆效此，
先学自证如实说，　　不应匆匆乱后世。
佛意甚深难可知，　　如教修行证乃解。
此性虽空无生灭，　　随喜恶业必有报。
譬如虚空无明暗，　　风云静乱有明暗。
若平旦时无风云，　　日出虚空大明净。
若风黑云暴乱起，　　虚空尘雾大黑风。
是虚空性无垢净，　　不为明暗之所染。
众生心性亦如是，　　生死涅槃不能染。
众生心性亦如是，　　不为断常之所染。
众生心性若无常，　　念念灭坏无业报。
众生心性若是常，　　如空不变无业报。
心性亦非非无常，　　除烦恼故得解脱，生死解脱不失故。

若言心性非无常，　　求道不应得解脱。
若舍生死得解脱，　　当知解脱即无常。
若生死性不可舍，　　当知则无有解脱。
若言生死不可舍，　　此人所说不可舍。
若言生死是可舍，　　此人所说不可依。
若言死法不可舍，　　众生则不得解脱。
是义应然何以故，　　众生非是生死法。
众生若是生死法，　　舍生死则舍众生。
众生若是自舍者，　　亦应自舍解脱法。
众生之性即心性，　　性无生死无解脱。
如虚空性无明暗，　　无有生死无解脱。
众生心性如明珠，　　生死解脱喻如水。
万恶万善喻众色，　　随善恶业种种现。
颠倒妄念造善恶，　　随业受报遍六道。
若持净戒修禅智，　　法身处处皆应现。
虽随业影种种现，　　心性明珠不曾变。
舍利弗问一比丘，　　比丘汝今得解脱？
比丘答言舍利弗，　　我今获得诸烦恼，
法今不在于涅槃，　　亦复不在于生死。
若言生死即涅槃，　　即阴计我是外道。
若言生死非涅槃，　　离阴是我是外道。
若言不即不离是，　　亦非不即非不离。
此人具足六十二，　　悉是邪见外道辈。
众生非是众生相，　　亦复非是非众生。
生死涅槃假名说，　　唯佛与佛乃知此。

（略说心义竟）

法念处品

复次菩萨初学坐禅观法念处者，善法、不善法、无记法。善法者有二种：一者有漏十善道及有漏四禅、四空定，是世间善法。二者出世间善，无漏四禅、四空定、四四定、灭受想定、三十七品，是出世间善法。

不善法者有二种：一者身口意十恶法，二者身口意作五逆罪。复有一人重于五逆。是人学道，值恶知识，魔鬼入心，常说是言：我解大乘甚深空义。犯四重罪，淫欲炽盛，饮酒食肉，不持斋戒。作如是言：诸法悉空，谁垢谁净？谁是谁非？谁作谁受？作是念已，即便破威仪，破正命。无量众生懒堕懈怠，不能求道，见此易行恶取空法，即便破戒，共相朋党，谤佛谤法，骂比丘僧，轻毁一切比丘，令使疑惑，悉皆破戒，断诸佛种，罪重五逆，命终悉入阿鼻地狱。常诈称言：我如善根法师，解甚深义。余精进者悉是胜意比丘，不如我等。如是欺诳，坏众生故，但著恶取空，实不识佛法。毁三宝故，罪重五逆。《大集经》中，佛告频婆娑罗王："未来世有诸恶比丘，行淫破戒，饮酒食肉，向四众说我解如此大乘空义，多领无量破戒眷属。四众无力，不能治之。"佛复语王言："我今以此大乘经法付嘱国王，令治破戒诸恶比丘。王若不治，死入地狱。"频婆娑罗王闻已悉之。是名恶法。法行比丘则不行此破戒恶法。

无记法者，一非十善，二非十恶，中间散乱无记之心，善恶不摄，是名无记。复次《阿毗昙》中"色[1]中一可见，十则说有对，无记谓八种，余则善不善"，此是十二入。"色中一可见"者，眼有二入，但见前境善恶众色，不自见眼根觉，是名一可见。若见人等，怨、亲、中人记之，忘别经久，后得相见时，犹故相识：我曾某处共居相见。余众生非众生色亦复如是，皆属一色入。是故说言"色中一可见"。"十则说有对"者，耳对音声，鼻对香臭，舌对于味，身对众触，意对法，是故说言"十则说有对"。"无记谓八种"者，耳根对声，不能相见，不知处所，不见色像，

---

[1]　色：《阿毗昙心论》中作"界"。

不能记录，亦复不识冤、亲、中人，及余音声、非人响声，若眼不见，心意不览，悉不能记，但能相对。譬如有人于说法座下坐，心缘外事、境外境界，眼亦不观，乃至缘座，都不曾闻法师语声。鼻舌、身根亦复如是，不能记录，故名无记。设有记者，悉意等三事和合，乃能记之，独不能记。四根对四尘，故言八种；不能相记，是故说言"无记谓八种"。"余则善不善"者，意法相对，悉能记录善不善事：我曾某处作如是功德若干善法，我曾某处作若干重罪、若干轻罪；我于某处不作善恶，随宜而住，都无所作；我曾某处得若干好物、若干不好物，善不善法亦复如是。然其意根都无处所，能悬属正当五尘之事，譬如神龟悬悟密事，悉能记录，不名无记，但得名为善不善法。心能总览十二入法，六识由心。意但少分，不能尽知。攀缘计校名之为心，属当受持名之为意。是故《大集经》中，坐禅学道法行比丘但观三性：一者心性，二者眼性，三者意性。此三法轻利，用事强故。

复次法念处，内法、外法、内外法。内法者是六情；外法者是六尘，名为六境；内外法者名为六识，亦名六神；名十八界，三毒、四大、五阴、十二入、十二因缘悉是其中。今但总说，余者亦摄一切。一切烦恼，无明为主。因眼见色，生贪爱心，爱者即是无明。为爱造业，名之为行。至心至念，名之为识。识共色行，名曰名色。六处生贪，名为六入。因入求受，名之为触。念色至法，名之为受。贪著心者，即名为爱。四方求觅，名之为取。如是法生，名之为有。次第不断，名之为生。次第断故，名之为死。众苦所逼，名之为恼。乃至识法因缘生贪，亦复如是。如是十二因缘，一人一念中心悉皆具足，名为烦恼生老病死十二因缘，非是解脱。夫解脱者，因眼见色，生贪爱心，名为无明。为爱造业，名之为行。未睹色时，名为独头无明，亦名无始无明，亦名不共无明。若眼不对色，则不能生爱，无伴共合故。无爱行二法，不能于中种识种子，是故名为无明、独头无明、不共无明。二乘声闻及诸行人初入道者，不能断此无始无明。诸佛菩萨及二乘行人但断有始共伴无明，共爱合故名之为伴，能作行业，名为始生，是身初因，是故为无始无明。无明为父，爱心为母，行业和合，生识种子，亦得名为种识种子，种未来身故名为种，名色是芽故名生。如是别知，乃能断除。求解脱者应观察生死父母，断令皆尽，不令有余。夫观察者，眼见色时，应作是念：空、明、根、尘、意识属当，妄想和合，共生眼识，睹众色像，假名为眼。复作是念：何者是眼？空是眼耶？明是眼耶？尘是眼耶？意是眼耶？为当识独生名为眼耶？眶骨是眼耶？睛泪是眼耶？瞳人是眼耶？若空是眼，无色无对，无所见故，不应是眼。若明是眼，无根无觉，无所知故，不应是眼。若根是眼，睛泪瞳人，眶骨自异，空明未现，睹不见色；空明设现，睛盲之人，眼不破，不能见色；当知空明及根都无有眼。若色是眼，色性无知，不能自见，空无生处，无情无对，不与根合，当知色尘空无有眼。何以故？假使根尘对，空明不现，意不属当，即不见色，当知根尘空无眼。复作是念：意是眼耶？若意是眼能见色者，盲瞎之人意根不坏，不能见色，当知无眼。假使不盲有眼之人，眼不对时，意根不坏，不能见色，以是定知意非是眼。意空无根，无生无灭，无名无字。眼空无根，无有生灭，亦无眼名字，诸因缘故，无集无散无识名。如是观时，不见眼始来处，无始法亦无，求无始法不可得故，名曰无始空。无有无始可破故，亦无无始空。为世流布故，名为方便慧。明解无始空，是名方便慧。无始空亦无，无无性亦无，名之为慧性。若破和合共伴无明，是方便智。若破无始无明，名之为度。故名为"智度菩萨母，方便慧以为父，一切众导师，无不由是生"。万行得蒱蔬，则生如来家，故名不生生。

更有一解，若断有始和合无明，是名无生。若知无始无明，能断能知，无所断故，是名无生法，名之为慧，是名中慧。破有始无明，名为尽[1]智慧，亦得名为尽智。有为烦恼尽故，名为尽智。断无始无明，名为无生智。若知无无始，则无始空，名无生法忍。无法亦无，不见不无，无亦不有。是观无明生亦无，亦不见无性，不见无无性，亦非是不见，非非无所见，无有无所见，亦非非无有无所见。不名有所得，不名无所得，名为如如性，

---

[1] 尽：《永乐南藏》本无。

无生法忍慧，非智之所及。十八种空智所能摄，无名可说故，亦非是无明。是故佛言：五阴之法，既非是有，亦非是无，不断不常，不在中道，无空无无相，亦无有无作，不合亦不散，名相法亦无。既见有众生，不见无众生。涅槃非是有，亦复非是无。是名法念处。虽知诸法尔，精进禅定，苦行求佛道，不堕恶取空。誓度一切众，其心不退转。

更略说。复次眼见色时，即反观察，内求觅眼，谁能见色？何者是眼？从何处生？如是处生，如是观时，都不见眼，亦无生处，亦不见无生，亦无名字，都无相貌。复观于色，从何处生？谁使汝来？如是观时，不见生处，亦无使来者，求其生处不可得故，如空中影，如梦所见，如幻化，无生无灭，即无有色，无所得故。耳、鼻、舌、身、意亦复如是。六识为枝条，心识为根本，无明波浪起，随缘生六识。六识假名字，名为分张识。随缘不自在，故名假名识。心识名为动转识，游戏六情作烦恼。六识缘行善恶业，随业受报遍六道。能观六根空无主，即悟诸法毕竟空。观妄念心无生灭，即断无始无明空。解六识空得解脱，无六识空无缚解。何以故？六识非有亦非空，无名无字无相貌，亦无系缚无解脱。为欲教化众生故，假名方便说解脱。解脱心空，名金刚智。何以故？心不在内、不在外、不在中间，无生灭、无名字、无相貌，无系、无缚、无解脱，一切结无障碍，假名说为金刚智。

更总说。心作二分，一名心相，二分名心性。相常共六识行。心性毕竟常空寂，无有生灭无三受，则无一切诸烦恼。

复次修行者欲破业障诸烦恼，作如是思惟：由我有身故，诸业聚集生。我今此身从何处来？本从何生？谁之所作？如是观时，即知此身因过去世无明行业和合聚集而来生此。我今不能见过去世造业因缘，但观现世从生已来所作善恶，比知过去。作是念竟，观我现在世杀生、偷劫、邪淫、善恶及无记心。先观淫欲，爱境强故。我于某处某年某时，共某甲，谁使我作？业在何处？业若属我，遍身内外中间观察都不见业。业若在身外，在何方所？遍观察之，都无处所。既不见业，观造业心。业若与心俱，心念念灭，业亦应灭。如是观时，亦不见不灭。初念见和合，观察即空，无念无灭，默然正定。念起即更观，数数重观察。不念见和合，念生不复生。既无妄念心，则无现在世，过去亦尔。

复作是念：心行若无常，我亦无业报。何以故？念念灭尽故。心行若是常，我亦无业报。何以故？常法如空不变易故。但虚妄念，如梦所见。无作梦者，何况见梦法？心相如梦者，诸行如梦法。无梦无梦法，亦无观梦者。梦非是生灭，亦非无生灭，观梦者亦然。观察心相及行业，不断不常观亦尔。是名观心相破一切业障，名之为解脱。即观心性时，心性无生灭，无名无字无断常，无始无原不可得。当知无心，无无心，亦无心名字。如是观察竟，坐禅眼不睡，觉观不复生，次第入诸禅。观身如泡影，次第发五通，获得如意通，誓度众生，是名解脱也。

坐禅修觉意

复次修法念处，应勤坐禅，久久修习，得一切定、解脱、三昧、如意神通，发愿誓度一切众生。先观众生感闻何法而得入道。若修多罗、若优婆提舍、若毗尼、若阿毗昙，若布施、戒、忍辱、精进、禅定、智慧，若说三毒对治之法，若四大、若五阴、若十二入、十八界、若十二因缘，若四念处，若四禅，若四真谛，若不说法直现神通，若疾若迟，是处非处。如是各各感闻不同，色像音声、名字差别各各不同，皆得圣道。或有众生不可教化，假使说法神通变化，无如之何。或有众生，若先说法及现神通不能生信，要先同事，自恣五欲，及余方便破戒之事，欲心得息，随应说法，即可得道。如是观竟，示诸众生一切世事，应可度者乃得见耳，余人不见。如是筹量，观弟子心而为说法，是名好说法，不令著机，十号中名修伽陀佛。如是观察入初禅，初禅起入二禅，二禅起入三禅，三禅起入四禅，四禅起入四空定，四空定入灭受想定，灭受想定起住第四禅。观四念处，入法念处三昧，如意神通，十方世界六种震动，放大光明，遍照十方，诸大菩萨、三界人天悉来集会。四念处力，能令大众各见世界净秽不等，各不相知。现不思议神通变化，无量种异，感见佛身亦复如是。于一法门，无量名字差别不等，现无量身，为众说法，各不相知，独见一佛一念心中一时说法，见闻虽复各不同，得道无二，只是一法，是名菩萨法自在三昧。法念处成就故，三十七品亦在其中，但法念处为主，独称其名。

（总说法念处竟）

诸法无诤三昧法门卷下

法华经安乐行义 [1]

［陈］南岳思大禅师说

　　《法华经》者，大乘顿觉，无师自悟，疾成佛道，一切世间难信法门。凡是一切新学菩萨，欲求大乘，超过一切诸菩萨疾成佛道，须持戒、忍辱、精进、勤修禅定，专心勤学法华三昧。观一切众生皆如佛想，合掌礼拜，如敬世尊，亦观一切众生皆如大菩萨、善知识想。勇猛精进求佛道者，如药王菩萨，难行苦行，于过去日月净明德佛法中，名为一切众生喜见菩萨，闻《法华经》，精进求佛，于一生中得佛神通。亦如过去妙庄严王，舍国王位以付其弟，王及群臣、夫人、太子、内外眷属于云雷音王佛法中出家，诵《法华经》，专求佛道，过八万四千岁，一生具足诸佛神通，受记作佛。尔时人民寿命大长八万九千岁，与今阎浮提八十年四百日等，于三天下八十四年等。今时人寿命短促，恶世劫浊，苦逼恼多，是故于此求道易得。观一切众生皆如佛想者，如《常不轻菩萨品》中说。勤修禅定者，如《安乐行品》初说。何以故？一切众生具足法身藏，与佛一无异，如《佛藏经》中说，三十二相、八十种好，湛然清净。众生但以乱心惑障，六情暗浊，法身不现。如镜尘垢，面像不现。是故行人勤修禅定，净惑障垢，法身显现，是故经言：法师父母所生清净常眼，耳、鼻、舌、身、意亦复如是。若坐禅时，不见诸法常与无常。如《安乐行》中说，菩萨观一切法，无有常住，亦无起灭，是名智者所亲近处。

---

[1]　底本为《中华大藏经》本（95 册，经号 1801，底本：清藏本），参校《大正藏》（46册，经号 1926）及其校记。

欲求无上道，　　修学法华经，
身心证甘露，　　清净妙法门。
持戒行忍辱，　　修习诸禅定，
得诸佛三昧，　　六根性清净。
菩萨学法华，　　具足二种行，
一者无相行，　　二者有相行。
无相四安乐，　　甚深妙禅定。
观察六情根，　　诸法本来净。
众生性无垢，　　无本亦无净。
不修对治行，　　自然超众圣。
无师自然觉，　　不由次第行。
解与诸佛同，　　妙觉湛然性。
上妙六神通，　　清净安乐行。
不游二乘路，　　行大乘八正。
菩萨大慈悲，　　具足一乘行。
甚深如来藏，　　毕竟无衰老。
是名摩诃衍，　　如来八正道。
众生无五欲，　　亦非断烦恼。
妙法莲华经，　　是大摩诃衍。
众生如教行，　　自然成佛道。
云何名一乘，　　谓一切众生，
皆以如来藏，　　毕竟恒安乐。
亦如狮子吼，　　涅槃中问佛，
世尊实性义，　　为一为非一？
佛答狮子吼，　　亦一亦非一，
非一非非一。　　云何名为一？
谓一切众生，　　皆是一乘故。
云何名非一？　　非是数法故。

云何非非一？　　数与及非数，

皆不可得故，　　是名众生义。

问曰：云何名为《妙法莲华经》？云何复名一乘义？云何复名如来藏？云何名为摩诃衍？云何复名大摩诃衍？如《大品经》说，摩诃言大，衍者名乘，亦名到彼岸，云何更有大摩诃衍？云何复名众生义？

答曰：妙者，众生妙故。法者，即是众生法。莲华者，是借喻语，譬如世间水陆之花，各有狂花虚诳不实，实者甚少。若是莲花即不如此，一切莲花皆无狂花，有花即有实。余花结实显露易知，莲花结实隐显难见。狂花者，喻诸外道。余花结果显露易知者即是二乘，亦是钝根菩萨次第道行，优劣差别，断烦恼集，亦名显露易知。法华菩萨即不如此，不作次第行，亦不断烦恼，若证《法华经》，毕竟成佛道。若修法华行，不行二乘路。

问曰：余花一花成一果，莲花一花成众果。一花一果者岂非一乘？一花成众果者岂非次第？

答曰：诸水陆花，一花成一果者甚少，堕落不成者甚多，狂花无果可说。一花成一果者，发声闻心即有声闻果，发缘觉心有缘觉果，不得名菩萨佛果。复次钝根菩萨修对治行，次第入道，登初一地，是时不得名为法云地。地地别修，证非一时，是故不名一花成众果。法华菩萨即不如此，一心一学，众果普备，一时具足，非次第入，亦如莲花一花成众果，一时具足，是名一乘众生之义。是故《涅槃经》言："或有菩萨善知从一地至一地。"《思益经》言："或有菩萨不从一地至一地。"从一地至一地者，是二乘声闻及钝根菩萨，方便道中次第修学。不从一地至一地者，是利根菩萨，正直舍方便，不修次第行，若证法华三昧，众果悉具足。

问曰：云何名众生妙？云何复名众生法耶？

答曰：众生妙者，一切人身六种相妙，六自在王性清净故。六种相者，即是六根。有人求道，受持《法华》，读诵修行，观法性空，知十八界无所有性，得深禅定，具足四种妙安乐行，得六神通。父母所生清净常眼，得此眼时，善知一切诸佛境界，亦知一切众生业缘、色心果报、生死出没、上下好丑，一念悉知。于眼通中具足十力、十八不共、三明、八解，一切神通悉在眼通一时具足，此岂非是众生眼妙？众生眼妙即佛眼也。

云何名种？种有二：一名凡种，二名圣种。凡种者，不能觉了，因眼见色，生贪爱心，爱者即是无明。为爱造业，名之为行。随业受报，天人诸趣，遍行六道，故称行也。相续不绝，名之为种，是名凡种。圣种者，因善知识，善能觉了，眼见色时，作是思惟：今见色者谁能见耶？眼根见耶？眼识见耶？空明见耶？为色自见？意识对耶？若意识对，盲应见色。若色自见，亦复如是。若空明见，空明无心，亦无觉触，不能见色。若眼识能见，识无自体，假托众缘，众缘性空，无有合散。一一谛观，求眼不得，亦无眼名字。若眼能见，青盲之人亦应见色。何以故？根不坏故。如是观时，无眼无色，亦无见者，复无不见。男女等身本从一念无明不了妄念心生。此妄念之心犹如虚空，身如梦如影、如焰如化，亦如空花求不可得，无断无常，眼对色时则无贪爱。何以故？虚空不能贪爱，虚空不断无明，不生于明。是时烦恼即是菩提，无明缘行即是涅槃，乃至老死亦复如是。法若无生，即无老死。不著诸法，故称圣种。凡种圣种无一无二，明与无明亦复如是，故名为眼种相妙，耳、鼻、舌、身、意亦复如是。

六自在王性清净者，一者眼王，因眼见色，生贪爱心。爱者即是无明，一切烦恼皆属贪爱。是爱无明无能制者，自在如王。性清净者，如上观眼义中说，用金刚慧，觉了爱心，即是无无明、无老死。是金刚慧其力最大，名为首楞严定。譬如健将能伏怨敌，能令四方世界清净。是金刚智慧亦复如是，能观贪爱无明诸行即是菩提涅槃圣行，无明贪爱即是菩提金刚智慧。眼自在王性本常净，无能污者，是故佛言"父母所生清净常眼，耳、鼻、舌、身、意亦复如是"。是故《般若经》说："六自在王性清净故。"龙树菩萨言："当知人身六种相妙。"人身者即是众生身，众生身即是如来身，众生之身同一法身不变易故。是故《华严经》欢喜地中言："其性从本来，寂然无生灭。从本已来空，永无诸烦恼。觉了诸法尔，超胜成佛道。"凡夫之人若能觉此诸阴实法，如《涅槃》中迦叶问佛："所言字者其义云何？"佛告迦叶："有十四音名为字义。所言字者名为菩提，常故不流，若不流者即是无尽，夫无尽者即是如来金刚之身。"

问曰：云何名常故不流？

答曰：眼常故名为不流。云何名常？无生故常。

问曰：云何无生？

答曰：眼不生故。何以故？眼见色时，及观眼原，求眼不得，即无情识亦无有色，眼界空故即无断常，亦非中道。眼界即是诸佛法界。觉知此眼无始无来处，亦无无始，犹若虚空，非三世摄。如《般若经》中昙无竭菩萨语萨陀波仑言："善男子，空法不来不去，空法即是佛。无生法无来无去，无生法即是佛。无灭法无来无去，无灭法即是佛。"是故当知眼界空故，空者即是常。眼空常故，眼即是佛眼，无贪爱。爱者即是流，流者即是生。眼无贪爱即无流动，若无流动即无有生，眼不生故无来无去，无生即是佛眼。既无生，即无有灭。灭者名为尽，眼既无灭，当知无尽。眼既非尽，无来无去，亦无住处。眼无尽即是佛。菩萨以是金刚智慧知诸法如，无生无尽。眼等诸法如即是佛，故名如来。金刚之身觉诸法如故，名为如来。非独金色身如来也，得如实智故称如来。得眼色如实智，耳声、鼻香、舌味、身触、意法如实智，故名如来。金刚之身如法相解，如法相说。如言无生，来言无灭。佛如是来，更不复去，乘如实道，故名如来。

问曰：佛何经中说眼等诸法如名为如来？

答曰：《大强精进经》中，佛问鸯崛摩罗："云何名一学？"鸯崛答佛："一学者名一乘。"乘者名为能度之义，亦名运载。鸯崛摩罗十种答佛，一答有二种，足二十答。今且略说，以鸯崛摩罗第五答中乃至第六答，以此二处四种答中总说眼等如来义："云何名为五？所谓彼五根，此则声闻乘，非是如来义。云何如来义？所谓彼眼根，于诸如来常，决定分明见，具足无减修。所谓彼耳根，于诸如来常，决定分明闻，具足无减修。所谓彼鼻根，于诸如来常，决定分明嗅，具足无减修。所谓彼舌根，于诸如来常，决定分明尝，具足无减修。所谓彼身根，于诸如来常，决定分明触，具足无减修。所谓彼意根，于诸如来常，决定分明识，具足无减修。云何名为六？所谓六入处，是则声闻乘，非是如来义。所谓眼入处，于诸如来常，明见来入门，具足无减修。所谓耳入处，于诸如来常，明闻来入门，具足无减修。所谓鼻入处，于诸如来常，明嗅来入门，具足无减修。所谓舌入处，于诸如来常，明尝来入门，具足无减修。所谓身入处，于诸如来常，明触来入门，具足无减修。所谓意入处，于诸如来常，决定分明识，净信来入门，具足无减修。"

是故初发心，　　新学诸菩萨，
应善观眼原，　　毕竟无生灭。
耳鼻舌身意，　　其性从本来，
不断亦非常，　　寂然无生灭。
色性无空假，　　不没亦不出，
性净等真如，　　毕竟无生灭。
声香味触法，　　从本已来空，
非明亦非暗，　　寂然无生灭。
根尘既空寂，　　六识即无生。
三六如如性，　　十八界无名。
众生与如来，　　同共一法身，
清净妙无比，　　称妙法华经。
是故大集中，　　佛告净声王：
汝名曰净声，　　当净汝自界。
自界眼界空，　　即持戒清净。
眼界空寂故，　　即佛土清净。
耳鼻舌身意，　　性毕竟空寂。
是名诸如来，　　修习净土义。

问曰：云何名为安乐行？云何复名四安乐？云何复名二种行：一者无相行，二者有相行？

答曰：一切法中心不动故曰安，于一切法中无受阴故曰乐，自利利他故曰行。复次四种安乐行：第一名为正慧离著安乐行；第二名为无轻赞毁安乐行，亦名转诸声闻令得佛智安乐行；第三名为无恼平等安乐行，亦名敬善知识安乐行；第四名为慈悲接引安乐行，亦名梦中具足成就神通智慧佛道涅槃安乐行。

复次二种行者，何故名为无相行？无相行者，即是安乐行，一切诸法中，心相寂灭，毕竟不生，故名为无相行也。常在一切深妙禅定，行住坐卧、饮食语言、一切威仪心常定故。诸余禅定三界次第，从欲界地、未到地、初禅地、二禅地、三禅地、四禅地、空处地、识处地、无所有处地、非有想非无想处地，如是次第有十一种地差别不同，有法无法二道为别，是《阿毗昙杂心》圣行。安乐行中深妙禅定即不如此。何以故？不依止欲界，不住色无色行，如是禅定，是菩萨遍行，毕竟无心想，故名无相行。

复次有相行，此是《普贤劝发品》中，诵《法华经》，散心精进，如是等人不修禅定，不入三昧，若坐、若立、若行，一心专念《法华》文字，精进不卧，如救头燃，是名文字有相行。此行者不顾身命，若行成就，即见普贤金刚色身，乘六牙象王，住其人前，以金刚杵拟行者眼，障道罪灭，眼根清净，得见释迦及见七佛。复见十方三世诸佛，至心忏悔，在诸佛前五体投地，起合掌立，得三种陀罗尼门：一者总持陀罗尼，肉眼、天眼，菩萨道慧。二者百千万亿旋陀罗尼，具足菩萨道种慧，法眼清净。三者法音方便陀罗尼，具足菩萨一切种慧，佛眼清净。是时即得具足一切三世佛法，或一生修行得具足，或二生得，极大迟者三生即得。若顾身命，贪四事供养，不能勤修，经劫不得。是故名为有相也。

问曰：云何名为一切法中心不动故曰安，一切法中无受阴故曰乐，自利利他曰行？

答曰：一切法者，所谓三毒、四大、五阴、十二入、十八界、十二因缘，是名一切法也。菩萨于是一切法中用三忍慧：一者名为众生忍，二者名法性忍，三者名法界海神通忍。众生忍者名为生忍，法性忍者名为法忍，法界海神通忍者名为大忍。前二种忍名破无明烦恼忍，亦名圣行忍。圣人行处故名圣行。凡夫能行即入圣位，是为圣行。大忍者，具足五通及第六通，具足四如意足，面对十方诸佛及诸天王，面对共语，一念能觉一切凡圣，故名大忍。于诸神通心不动，圣道具足，名为圣忍。三忍者，即是正慧离著安乐行。

问曰：云何名为生忍，复名众生忍？云何名不动忍，复名之为安？

答曰：生忍名为因，众生忍者名之为果。因者众生因，果者众生果。因者是无明，果者是身行。正慧观于因，破无明，断一切烦恼，一切法毕竟无和合，亦无聚集相，亦不见离散，是菩萨知集圣谛微妙慧，是名生忍。若无和合，不动不流，即无有生。众生忍者，名为身行诸受，受为苦。受有三：苦受，乐受，不苦不乐受。何以故？被打骂时，观苦受，打为身苦，骂为心苦。饮食衣服、细滑供养名为身乐，及诸摩触亦名身乐，称扬赞叹名为心乐，卒得好布施，眼见未受，及其受已，亦名心乐。观此无明受及与苦乐，受苦时，起忍辱慈悲，不生嗔心；受乐时，观离受，心不贪著；受不苦不乐时，远离舍心，不生无明，一切诸受毕竟空寂，无生灭故。此三受皆从一念妄心生。菩萨观此供养、打骂、赞叹、毁訾，与者、受者，如梦如化，谁打、谁骂、谁受？谁喜、谁恚？与者、受者皆是妄念。观此妄念毕竟无心，无我无人，男女色像、怨亲中人、头等六分如虚空影无所得故，是名不动。如《随自意三昧》中说，菩萨自于十八界中心无生灭，亦教众生无生灭。始从生死，终至菩提，一切法性毕竟不动，所谓眼性、色性、识性，耳、鼻、舌、身、意性，乃至声、香、味、触、法性，耳识因缘生诸受性，鼻、舌、身、意识因缘生诸受性，无自无他，毕竟空故，是名不动。自觉觉他，故名曰安。自断三受不生，毕竟空寂，无三受故，诸受毕竟不生，是名为乐。一切法中心无行处，亦教众生一切法中心无所行，修禅不息，并持《法华》，故名为行。如《鸯崛摩罗》眼根入义中说，亦如《涅槃》中佛性如来藏中说。

安乐行义者众多非一，今更略说。一切凡夫阴界入中，无明贪爱，起受念著，纯罪苦行，不能自安，生死不绝，是故无乐，名为苦行。一切二乘诸声闻人阴界入中能对治观，不净观法能断贪淫，慈心观法能断嗔恚，因缘观法能断愚痴，别名字说，名为四念处。是四念有三十七种差别名字，名为道品。观身不净，及能了知此不净身是无明根本，空无生处，不净观法能破身见、男女、憎爱及中间人，皆归空寂，是名破烦恼魔。观十八界三受法，外苦受阴、内苦受阴，知是苦受阴身心所行，受念著处一切皆苦，舍之不著；内乐受、外乐受、内外乐受，观此乐受，心贪著故能作苦因，舍之不受，知乐受一切皆空。苦乐二观能破世谛，心住真谛。初舍苦乐，便得不苦不乐，以贪著故，复是无明。复更观此不苦不乐受，无所依止，无常变坏。何以故？因舍苦乐得不苦乐，苦乐二观既无生处，亦无灭处，毕竟空寂，不苦不乐从何处生？如是观时，空无所得，亦无可舍。既无可舍，亦复不得无可舍法。若无世谛，则无真谛，真假俱寂，是时即破阴入界魔。观心无常，生灭不住。观察是心本从何生？如此观时，都不见心，亦无生灭，非断非常，不住中道。如此观已，即无死魔。法念处中观一切法，若善法、若不善法、若无记法，皆如虚空，不可选择。于诸法中毕竟心不动，亦无住相，得不动三昧，即无天子魔。因舍三受，得此解脱，名为苦乐行因果，但名为声闻，非菩萨道。钝根菩萨亦因此观，无取舍为异。何以故？色心三受毕竟不生，无十八界故，无有内外受取。既无受，即无可舍，观行虽同，无三受间故，巧慧方便能具足故，是名安乐行。

安乐行中观则不如此，正直舍方便，但说无上道。文殊师利菩萨白佛言："世尊！是诸菩萨于后恶世，云何能说是经？"佛告文殊师利："若菩萨摩诃萨于后恶世欲说是经，当安住四法：一者安住菩萨行处及亲近处，能为众生演说是经。云何名为菩萨行处？若菩萨摩诃萨住忍辱地，柔和善顺而不卒暴，心亦不惊，又复于法无所行而观诸法如实相，亦不行不分别，是名菩萨摩诃萨行处。"

云何名为"住忍辱地"？略说有三种忍：一者众生忍，二者法忍，三者大忍，亦名神通忍。众生忍者有三种意。第一意者，菩萨受他打骂、轻辱毁呰，是时应忍而不还报。应作是观：由我有身，令来打骂。譬如因的，然后箭中。我若无身，谁来打者？我今当勤修习空观，空观若成，无有人能打杀我者。若被骂时，正念思惟，而此骂声随开随灭，前后不俱，审谛观察，亦无生灭，如空中响，谁骂谁受？音声不来入耳，耳不往取声。如此观已，都无瞋喜。二种意者，菩萨于一切众生都无打骂，恒与软语，将护彼意，欲引导之，于打骂事心定不乱，是名众生忍。众生若见菩萨忍，即发菩提心。为众生故，故名众生忍。第三意者，于刚强恶众生处为调伏令改心故，或与粗言，毁呰骂辱，令彼惭愧，得发善心，名众生忍。云何名辱？不能忍者即名为辱，更无别法。

问曰：打骂不瞋，慈悲软语，可名为忍。刚恶众生处，菩萨是时不能忍耐，状似瞋想，打拍骂辱，摧伏恶人，令彼受苦，云何复得名为忍辱？

答曰：打骂不报，此是世俗戒中外威仪忍。及观内空，音声等空，身心空寂，不起怨憎，此是新学菩萨息世讥嫌，修戒定智，方便忍辱，非大菩萨也。何以故？诸菩萨但观众生有利益处，即便调伏，为护大乘护正法故，不必一切慈悲软语。《涅槃》中说，譬如往昔仙豫国王护方等经，杀五百婆罗门，令其命终入阿鼻地狱、发菩提心，此岂非是大慈大悲？即是大忍。《涅槃》复说有德国王护觉德法师，并护正法故，杀一国中破戒恶人，令觉德法师得行正法。王命终后即生东方阿閦佛前，作第一大弟子。臣兵众亦生阿閦佛前，作第二第三弟子。诸破戒黑白恶人命终皆堕阿鼻地狱，于地狱中自识本罪，作是念言："我为恼害觉德法师，国王杀我。"即各生念发菩提心，从地狱出，还生觉德及有德国王所，为作弟子，求无上道。此菩萨大方便忍，非小菩萨之所能为，云何而言非是忍辱？觉德法师者迦叶佛是，有德国王释迦佛是。护法菩萨亦应如此，云何不名大忍辱也！若有菩萨行世俗忍，不治恶人，令其长恶，败坏正法，此菩萨即是恶魔，非菩萨也，亦复不得名声闻也。何以故？求世俗忍，不能护法，外虽似忍，纯行魔业。菩萨若修大慈大悲，具足忍辱，建立大乘及护众生，不得专执世俗忍也。何以故？若有菩萨将护恶人，不能治罚，令其长恶，恼乱善人，败坏正法，此人实非，外现诈似，常作是言：我行忍辱。其人命终，与诸恶人俱堕地狱，是故不得名为忍辱。云何复名"住忍辱地"？菩萨忍辱能生一切佛道功德。譬如大地生长一切世间万物，忍辱亦复如是，菩萨修行大忍辱法，或时修行慈悲软语，打骂不报，或复行恶口粗言，打拍众生，乃至尽命。此二种忍皆为护正法调众生故，非是初学之所能为。

名具足忍法忍者，有三种意。第一意者，自修圣行，观一切法皆悉空寂，无生无灭，亦无断常。所谓一切法，观眼根空，耳、鼻、舌、身、意根空；眼色空，声、香、味、触、法皆空；观眼识空，耳、鼻、舌、身、意识空。无我无人无众生，无造无作无受者，善恶之报如空花，诸大、阴、界、入皆空，三六十八无名号，无初无后无中间，其性本来常寂然，于一切法心不动，是名菩萨修法忍。第二意者，菩萨法忍悉具足，亦以此法教众生，观上中下根差别，方便转令住大乘。声闻缘觉至菩萨，三种观行合同一，色心圣行无差别。二乘凡圣从本来，同一法身即是佛。第三意者，菩萨摩诃萨以自在智观众生，方便同事调伏之，或现持戒行细行，或现破戒无威仪，为本誓愿满足故，现六道身调众生。是名菩萨行法忍，方便具足化众生。

大忍者，名神通忍。云何名为神通忍？菩萨本初发心时，誓度十方一切众生，勤修六度法，施、戒、忍辱、精进、禅定、三乘道品、一切智慧，得证涅槃，深入实际，上不见诸佛，下不见众生。即作是念："我本誓度一切众生，今都不见一切众生，将不违我往昔誓愿？"作是念时，十方一切现在诸佛即现色身，同声赞叹此菩萨言："善哉！善哉！大善男子，念本誓愿，莫舍众生。我等诸佛初学道时，发大誓愿广度众生，勤心学道，既证涅槃，深入实际，不见众生，忆本誓愿，即生悔心，顾念众生。是时即见十方诸佛同声赞叹：我亦如汝，念本誓愿，莫舍众生。"十方诸佛说是语时，菩萨是时闻诸佛语，心大欢喜，即得大神通，虚空中坐，尽见十方一切诸佛，具足一切诸佛智慧，一念尽知十方佛心，亦知一切众生心数，一念悉能遍观察之，一时欲度一切众生，心广大故，名为大忍。具足诸佛大人法故，名曰大忍。为度众生，色身智慧对机差别，一念心中现一切身，一时说法，一音能作无音音声，无量众生一时成道，是名神通忍。

"柔和善顺"者，一者自柔伏其心，二者柔伏众生。和者，修六和敬，持戒修禅智，及证解脱法，乃至调众生，瞋恚及忍辱，持戒及毁禁，皆同涅槃相。所谓六和者，意和、身和、口和、戒和、利和及见和。善顺者，善知众生根性，随顺调伏，是名同事，六神通摄。柔和者名为法忍，善顺者名为大忍。

"而不卒暴"者，学佛法时，不匆匆卒暴取证，外行威仪及化众生亦复如是。

"心不惊"者，惊之曰动，卒暴匆匆即是惊动。善声恶声乃至霹雳，诸恶境界及善色像，耳闻眼见，心皆不动，解空法故，毕竟无心，故言不惊。

"又复于法无所行"者，于五阴、十八界、十二因缘中，诸烦恼法毕竟空故，无心无处，复于禅定解脱法中无智无心亦无所行。

"而观诸法如实相"者，五阴、十八界、十二因缘皆是真如实性，无本末，无生灭，无烦恼，无解脱。

"亦不行不分别"者，生死涅槃无一无异，凡夫及佛无二法界，故不可分别。亦不见不二，故言不行不分别，不分别相不可得故。

菩萨住此无名三昧，虽无所住而能发一切神通，不假方便。是名菩萨摩诃萨行处，初入圣位即与等。此是不动真常法身，非是方便缘合法身，亦得名为证如来藏乃至意藏。

大乘止观法门 [1]

南岳大乘止观序

两浙路劝农使兼提点刑狱公事朝奉大夫行尚书度支员外郎护军借紫朱頔撰

　　鹤林示灭而来，贤圣应世者非一，咸以六度万行，通达大智，安住于法界，拔济于群迷，金文宝轴，具载于诸法之藏。若夫空一切法、证一切性，不于三界现其身意，达正觉之真源，显毗卢之实相，则见乎南岳大师之《止观》也。大师灵山佛会之圣众，三世化缘于衡岫，密承佛旨，亲听法音，总马鸣、龙树之心要，具菩提、涅槃之了义，故著《止观》上下二论，遣真妄于一念，明体相之无迹，空拳舒手，无物可见，则止观之理自是而显，寂照其门由是而入，为出世之宗本，作佛种之导师，不历僧祇，直阶圣位。

　　嗟夫！斯教虽大显示启迪来者，而人世未之普闻，修者未之普见，流于海外，逮五百年。咸平中，日本国僧寂照以斯教航海而来，复归圣朝。天禧四年夏四月，灵隐山天竺教主遵式，将示生生之佛种，咸成上上之胜缘，乃俾刻其文，又复以序为请。重念如意称珠，已还合浦；虚室生白，坐见法身。顾钻仰之未至，抑称赞之无取。但愿一切有学、一切信心，见者能修，修者能证，对诸境而不动，于诸法而无染，一受不退，一得永得，尽未来际，常与南岳大师俱生，行如来事焉。

---

[1] 底本为《中华大藏经》本（第95册，经号1798，以《清藏》本为底本），参校《大正藏》本（第46册，经号1924）及相关佛教典籍，并适当参考了底本与校本的校记。

南岳禅师止观序 [1]

天竺寺沙门遵式述

止观，用也，本乎明静。明静，德也，本乎一性。性体本觉谓之明，觉体本寂谓之静，明静不二谓之体。体无所分，则明静安寄？体无不备，则明静斯在。语体则非一而常一，语德乃不二而常二，只分而不分，只一而不一耳。体德无改，强名为万法之性。体德无住，强名为万法之本。万法者复何谓也？谓举体明静之所为也。何其然乎？良由无始本觉之明强照，照生而自惑，谓之昏；无始无住之本随缘，缘起而自乱，谓之动。昏动既作，万法生焉。捏目空花，岂是他物？故云：不变随缘名之为心，随缘不变名之为性。心，昏动也；性，明静也。若知无始即明而为昏，故可了今即动而为静。于是圣人见其昏动可即也，明静可复也，故因静以训止，止其动也；因明以教观，观其昏也。使其究一念即动而静、即昏而明。昏动既息，万法自亡，但存乎明静之体矣。是为圆顿，是为无作，是如来行，是照性成修，修成而用废，谁论止观？体显而性泯，亦无明静，豁然谁寄，无所名焉。为示物旨归，止成谓之解脱，观成谓之般若，体显谓之法身。是三即一，是一即三，如伊三点，如天三目，非纵横也，非一异也。是为不思议三德，是为大般涅槃也。

呜呼！此法自鹤林韬光，授大迦叶。迦叶授之阿难。阿难而下，灯灯相属，至第十一马鸣，鸣授龙树，树以此法寄言于《中观论》。论度东夏，独淮河慧文禅师解之，授南岳大师。南岳从而照心，即复于性，获六根清净，位邻乎圣，斯止观之用验矣。我大师惜之无闻后代，从大悲心，出此数万言，目为大乘止观，亦名一乘，亦名曲示心要。分为二卷，初卷开止观之解，次卷示止观之行。解行备矣，犹目足焉，俾我安安不迁而运到清

---

[1] 此序底本无，依《大正藏》本补入。

凉池。

噫！斯文也，岁月辽远，因韬晦于海外。道将复行也，果咸平三祀，日本国圆通大师寂照，锡背扶桑，杯泛诸夏，既登鄮岭，解箧出卷。天竺沙门遵式首而得之。度支外郎朱公顿冠首序，出俸钱模板，广而行之。大矣哉，斯法也！始自西传，犹月之生。今复东返，犹日之升，素影圆晖，终环回于我土也。因序大略，以纪显晦耳。

大乘止观法门卷第一[1]

陈[2] 南狱思大禅师曲授心要

（行者若欲修之，当于下止观体状文中学。若有所疑不决，然后遍读，当有断疑之处也。又此所明悉依经论，其中多有经文论偈，不得不净御之，恐招无敬之罪。）

有人问沙门曰：夫禀性斯质，托修异焉。但匠有殊雕，故器成不一。吾闻大德洞于究竟之理，鉴于玄廓之宗。故以策[3] 修，冀闻正法尔[4]。

沙门曰：余虽幼染缁风，少餐道味，但下愚难改，行理无沾。今辱子之所问，莫知何说也。

外人曰：唯然大德，愿无惮劳，为说大乘行法。谨即奉持，不敢遗忘。

沙门曰：善哉，佛子！乃能发是无上之[5] 心，乐闻大乘行法。汝今即时已超二乘境界，况欲闻而行乎？然虽发是胜心，要藉行成其德。但行法万差，入道非一。今且依经论，为子略说大乘止观二门。依此法故，速能成汝之所愿也。

外人曰：善哉愿说！充满我意，亦使余人展转利益，则是传灯不绝，为报佛恩。

沙门曰：谛听善摄，为汝说之。所言止者，谓知一切诸法从本已来性

---

[1] 第一：《大正藏》本之校本甲作"上"。

[2] 陈：《大正藏》本无，各卷均同。

[3] 策：《大正藏》本之校本甲作"束"。

[4] 尔：《大正藏》本之校本甲作"耳"。

[5] 之：《大正藏》本之校本甲无。

自非有，不生不灭，但以虚妄因缘故，非有而有。然彼有法，有即非有，唯是一心，体无分别。作是观者，能令妄念不流，故名为止。所言观者，虽知本不生、今不灭，而以心性缘起，不无虚妄世用，犹如幻梦，非有而有，故名为观。

外人曰：余解昧识微，闻斯未能即悟，愿以方便，更为开示。

沙门曰：然。更当为汝广作分别，亦令未闻寻之取悟也。就广分别止观门中，作五番建立：一、明止观依止，二、明止观境界，三、明止观体状，四、明止观断得，五、明止观作用。

就第一依止中，复作三门分别：一、明何所依止，二、明何故依止，三、明以何依止。

初明何所依止者，谓依止一心以修止观也。就中复有三种差别：一、出众名，二、释名义，三、辨体状。

初出众名者，此心即是自性清净心，又名真如，亦名佛性，复名法身，又称如来藏，亦号法界，复名法性。如是等名无量无边，故言众名。

次辨释名义。

问曰：云何名为自性清净心耶？

答曰：此心无始以来，虽为无明染法所覆，而性净无改，故名为净。何以故？无明染法本来与心相离故。云何为离？谓以无明体是无法，有即非有，以非有故，无可与心相应，故言离也。既无无明染法与之相应，故名性净。中实本觉，故名为心。故言自性清净心也。

问曰：云何名为真如？

答曰：一切诸法依此心有，以心为体。望于诸法，法悉虚妄，有即非有。对此虚伪法故，目之为真。又复诸法虽实非有，但以虚妄因缘而有生灭之相，然彼虚法生时此心不生，诸法灭时此心不灭。不生故不增，不灭故不减。以不生不灭，不增不减，故名之为真。三世诸佛及以众生，同以此一净心为体。凡圣诸法自有差别异相，而此真心无异无相，故名之为如。又真如者，以一切法真实如是，唯是一心，故名此一心以为真如。若心外有法者，即非真实，亦不如是，即为伪异相也。是故《起信论》言："一切诸法从本已来离言说相，离名字相，离心缘相，毕竟平等，无有变异，不可破坏，唯是一心，故名真如。"以此义故，自性清净心复名真如也。

问曰：云何复名此心以为佛性？

答曰：佛名为觉，性名为心，以此净心之体非是不觉，故说为觉心也。

问曰：云何知此真心非是不觉？

答曰：不觉即是无明住地。若此净心是无明者，众生成佛，无明灭时，应无真心。何以故？以心是无明故。既是无明自灭，净心自在，故知净心非是不觉。又复不觉灭故方证净心，将知心非不觉也。

问曰：何不以自体是觉名之为觉，而以非不觉故说为觉耶？

答曰：心体平等，非觉非不觉，但为明如如佛故，拟对说为觉也。是故经言："一切无涅槃，无有涅槃佛，无有佛涅槃。远离觉所觉，若有若无有，是二悉俱离。"此即偏就心体平等说也。若就心体法界用义以明觉者，此心体具三种大智，所谓无师智、自然智、无碍智。是觉心体本具此三智性，故以此心为觉性也。是故须知同异之义。云何同？谓心体平等即是智觉，智觉即是心体平等，故言同也。复云何异？谓本觉之义是用，在凡名佛性，亦名三种智性，出障名智慧佛也。心体平等之义是体，故凡圣无二，唯名如如佛也。是故言异，应如是知。

问曰：智慧佛者，为能觉净心故名为佛，为净心自觉故名为佛？

答曰：具有二义：一者觉于净心，二者净心自觉。虽言二义，体无别也。此义云何？谓一切诸佛本在凡时，心依熏变，不觉自动，显现虚状。虚状者，即是凡夫五阴及以六尘，亦名似识、似色、似尘也。似识者，即六、七识也。由此似识念念起时，即不了知似色等法但是心作，虚相无实。以不了故，妄执虚相以为实事。妄执之时，即还熏净心也。

然似识不了之义，即是果时无明，亦名迷境无明，是故经言"于缘中痴"故。似识妄执之义即是妄想，所执之境即成妄境界也。以果时无明熏心故，令心不觉，即是子时无明，亦名住地无明也。妄想熏心，故令心变动，即是业识。妄境熏心，故令心成似尘种子。似识熏心，故令心成似识种子。此似尘、似识二种种子，总名为虚状种子也。

然此果时无明等虽云各别熏起一法，要俱时和合，故能熏也。何以故？以不相离，相藉有故。若无似识即无果时无明，若无无明即无妄想，若无妄想即不成妄境，是故四种俱时和合，方能现于虚状之果。何以故？以不相离故，又复虚状种子依彼子时无明住[1]故，又复虚状种子不能独现果故。若无子时无明即无业识，若无业识即虚状种子不能显现成果，亦即自体不立，是故和合方现虚状果也。是故虚状果中还具似识、似尘，虚妄无明妄执。由此义故，略而说之，云不觉故动，显现虚状也。如是果子相生，无始流转，名为众生。

后遇善友，为说诸法皆一心作，似有无实。闻此法已，随顺修行，渐知诸法皆从心作，唯虚无实。若此解成时，是果时无明灭也。无明灭故，不执虚状为实，即是妄想及妄[2]境灭也。尔时意识转名无尘智，以知无实尘故。虽然知境虚故说果时无明灭，犹见虚相[3]之有，有即非有，本性不生，今即不灭，唯是一心。以不知此理故，亦名子时无明，亦名迷理无明，但细于前迷事无明也。以彼粗灭故，说果时无明灭也。又不执虚状为实，故说妄想灭。犹见有虚相[4]，谓有异心。此执亦是妄想，亦名虚相[5]，但细于前。以彼粗灭故，言妄想灭也。又此虚境以有细无明妄想所执故，似与心异，相相不一[6]，即是妄境，但细于前，以其细故，名为虚境。又彼粗相实执灭故，说妄境灭也。以此论之，非直果时迷事无明灭息，无明住地亦少分除也。若不分分渐除者，果时无明不得分分渐灭。但相微难彰，是故不说住地分灭也。今且约迷事无明灭后，以说住地渐灭因由，即知一念发修已来亦能渐灭也。此义云何？谓以二义因缘故，住地无明业识等渐已

---

[1] "住"下，《大正藏》本之校本甲有一"地"字。

[2] 妄：《大正藏》本之校本甲"虚想"。

[3] 相：《大正藏》本之校本甲作"想"。

[4] 相：《大正藏》本之校本甲作"想"。

[5] 相：《大正藏》本之校本甲作"想"。

[6] 相相不一：《大正藏》本之校本甲作"相貌不亡"。

微薄。二义者何？一者知境虚智熏心，故令旧无明住地习气及业识等渐除也。何以故？智是明法，性能治无明故。二者细无明虚执及虚境熏心故，虽更起无明住地等，即复轻弱，不同前迷境等所熏起者。何以故？以能熏微细故，所起不觉亦即薄也。以此义故，住地无明业识等渐已损灭也。如迷事无明灭后既有此义，应知一念创始发修之时，无明住地即分灭也。以其分分灭故，所起智慧分分增明，故得果时迷事无明灭也。自迷事无明灭后，业识及住地无明渐薄，故所起虚状果报亦转轻妙，不同前也。以是义故，似识转转明利，似色等法复不令意识生迷。以内识生外色尘等俱细利故，无尘之智倍明，无明妄想极薄，还复熏心，复令住地无明业识习气渐欲向尽，所现无尘之智为倍明了。如是念念转转熏习故，无明住地[1]垂尽，所起无尘之智即能知彼虚状果报体性非有，本自不生，今即无灭，唯是一心，体无分别，以唯心外无法故。此智即是金刚无碍智也。此智成已，即复熏心。心为明智熏故，即一念无明习气于此即灭。无明尽故，业识染法种子习气即亦随坏，是故经言"其地坏者，彼亦随坏"，即其义也。种子习气坏故，虚状永泯。虚状泯故，心体寂照，名为体证真如。何以故？以无异法为能证故，即是寂照。无能证所证之别，名为无分别智。何以故？以此智外无别有真如可分别故。此即是心显成智，智是心用，心是智体，体用一法，自性无二，故名自性体证也。如似水静内照，照润义殊而常湛一。何以故？照润、润照故。心亦如是，寂照义分而体融无二。何以故？照寂、寂照故。照寂顺体，寂照顺用。照自体名为觉于净心，体自照即名为净心自觉，故言二义一体。此即以无分别智为觉也。净心从本已来具此智性，不增不减，故以净心为佛性也。此就智慧佛以明净心为佛性。

又此净心自体具足福德之性及巧用之性，复为净业所熏，出生报应二佛，故以此心为佛性也。

又复不觉灭故以心为觉，动义息故说心不动，虚相泯故言心无相。然此心体非觉非不觉，非动非不动，非相非无相。虽然，以不觉灭故说心为

---

[1]　"地"下，《大正藏》本之校本甲有一"今"字。

觉，亦无所妨也。此就对治出障心体以论于觉，不据智用为觉。

又复净心本无不觉，说心为本觉；本无动变，说心为本寂；本无虚相，说心本平等。然其心体非觉非不觉，非动非不动，非相非无相。虽然，以本无不觉故说为本觉，亦无所失也。此就凡圣不二以明心体为如如佛，不论心体本具性觉之用也。

问曰：若就本无不觉名为觉者，凡夫即是佛，何用修道为？

答曰：若就心体平等，即无修与不修、成与不成，亦无觉与不觉，但为明如如佛故，拟对说为觉也。又复若据心体平等，亦无众生、诸佛与此心体有异，故经偈云："心佛及众生，是三无差别。"然复心性缘起法界法门法尔不坏故，常平等、常差别。常平等故，心佛及众生，是三无差别。常差别故，流转五道说名众生，反流尽源说名为佛。以有此平等义故，无佛无众生。为此缘起差别义故，众生须修道。

问曰：云何得知心体本无不觉？

答曰：若心体本有不觉者，圣人证净心时应更不觉，凡夫未证得应为觉。既见证者无有不觉，未证者不名为觉，故定知心体本无不觉。

问曰：圣人灭不觉故得自证净心，若无不觉，云何言灭？又若无不觉，即无众生。

答曰：前已具释，心体平等，无凡无圣，故说本无不觉。不无心性缘起，故有灭有证，有凡有圣。又复缘起之有，有即非有，故言本无不觉，今亦无不觉。然非不有，故言有灭有证，有凡有圣。但证以顺用入体即无不觉，故得验知心体本无不觉。但凡是违用，一体谓异，是故不得证知平等之体也。

问曰：心显成智者，为无明尽故自然是智，为更别有因缘？

答曰：此心在染之时，本具福智二种之性，不少一法，与佛无异，但为无明染法所覆，故不得显用。后得福智二种净业所熏故，染法都尽。然此净业除染之时，即能显彼二性，令成事用，所谓相好、依报、一切智等。智体自是真心性照之能，智用由熏成也。

问曰：心显成智，即以心为佛性。心起不觉，亦应以心为无明性。

答曰：若就法性之义论之，亦得为无明性也。是故经言：明与无明，其性无二。无二之性，即是实性也。

问曰：云何名此心以为法身？

答曰：法以功能为义，身以依止为义。以此心体有随染之用，故为一切染法之所熏习。即以此心随染，故能摄持熏习之气，复能依熏显现染法。即此心性能持能现二种功能，及所持所现二种染法，皆依此一心而立，与心不一不异，故名此心以为法身。此能持之功能与所持之气和合，故名为子时阿梨耶识也。依熏现法之能与所现之相和合，故名为果报阿梨耶识。此二识，体一用异也。然此阿梨耶[1]中即有二分：一者染分，即是业与果报之相；二者净分，即是心性及能熏净法，名为净分。以其染性即是净性，更无别法故。由此心性为彼业果染事所依，故说言生死依如来藏，即是法身藏也。又此心体虽为无量染法所覆，即复具足过恒河沙数无漏性功德法。为无量净业所熏故，此等净性即能摄持熏习之气，复能依熏显现诸净功德之用。即此恒沙性净功德，及能持能现二种功能，并所持所现二种净用，皆依此一心而立，与心不一不异，故名此心为法身也。

问曰：云何复名此心为如来藏？

答曰：有三义：一者能藏名藏，二者所藏名藏，三者能生名藏。所言能藏者，复有二种，一者如来果德法身，二者众生性德净心，并能包含染净二性及染净二事无所妨碍，故言能藏名藏。藏体平等名之为如，平等缘起目之为来。此即是能藏名如来藏也。第二所藏名藏者，即此真心而为无明縠藏所覆藏故，名为所藏也。藏体无异无相名之为如，体备染净二用目之为来，故言所藏名藏也。第三能生名藏者，如女胎藏能生于子，此心亦尔，体具染净二性之用，故依染净二种熏力，能生世间出世间法也。是故经云："如来藏者，是善不善因。"又复经言："心性是一，云何能生种种果报？"又复经言"诸佛正遍知海从心想而生"也。故染净平等名之为如，能生染净目之为来，故言能生名如来藏也。

---

[1] "耶"下，《大正藏》本之校本甲有一"识"字。

问曰：云何复名净心以为法界？

答曰：法者法尔故，界者性别故。以此心体法尔具足一切诸法，故言法界。

问曰：云何名此净心以为法性？

答曰：法者一切法，性者体别义。以此净心有差别之性故，能与诸法作体也。又性者体实不改义。以一切法皆以此心为体，诸法之相自有生灭，故名虚妄。此心真实，不改不灭，故名法性也。

其余实际、实相等无量名字，不可具释。上来释名义竟。

次出体状。

所言体状者，就中复有三种差别：一举离相以明净心，二举不一不异以论法性，三举二种如来藏以辨真如。虽复三种差别，总唯辨此净心体状也。

第一明离相者，此心即是第一义谛真如心也，自性圆融，体备大用，但是自觉圣智所知，非情量之能测也，故云言语道断，心行处灭。不可以名名，不可以相相。何以故？心体离名相故。体既离名，即不可设名以谈其体；心既绝相，即不可约相以辨其心。是以今欲论其体状，实亦难哉！唯可说其所离之相、反相、灭相而自契焉。所谓此心从本已来，离一切相，平等寂灭，非有相非无相，非非有相非非无相，非亦有相非亦无相，非去来今，非上中下，非彼非此，非静非乱，非染非净，非常非断，非明非暗，非一非异等一切四句法，总说乃至非一切可说可念等法。亦非不可说不可念法。何以故？以不可说不可念对可说可念生，非自体法故，即非净心。是故但知所有可说可念、不可说不可念等法，悉非净心，但是净心所现虚相。然此虚相各无自实，有即非有。非有之相亦无可取。何以故？有本不有故，若有本不有，何有非有相耶？是故当知，净心之体不可以缘虑所知，不可以言说所及。何以故？以净心之外无一法故。若心外无法，更有谁能缘能说此心耶？是以应知，所有能缘能说者，但是虚妄不实故有，考实无也。能缘既不实故，所缘何得是实耶？能缘所缘皆悉不实故，净心既是实法，是故不以缘虑所知也。譬如眼不自见，以此眼外更有他眼能见此眼，即有自他两眼。心不如是，但是一如，如外无法。又复净心不自分别，何有能分别取此心耶？而诸凡惑分别净心者，即如痴人大张己眼还觅己眼，复谓种种相貌是己家眼，竟不知自家眼处也。是故应知，有能缘所缘者，但是己家净心为无始妄想所熏故，不能自知己性，即妄生分别，于己心外建立净心之相，还以妄想取之以为净心。考实言之，所取之相正是识相，实非净心也。

问曰：净心之体既不可分别[1]，如诸众生等，云何随顺而能得入？

答曰：若知一切妄念分别体是净心，但以分别不息，说为背理。作此知已，当观一切诸法一切缘念有即非有，故名随顺。久久修习，若离分别，名为得入，即是离相体证真如也。

此明第一离相以辨体状竟。

次明不一不异以辨体状者，上来虽明净心离一切分别心及境界之相，然此诸相复不异净心。何以故？此心体虽复平等，而即本具染净二用，复以无始无明妄想熏习力故，心体染用依熏显现。此等虚相无体，唯是净心，故言不异。又复不一。何以故？以净心之体虽具染净二用，无二性差别之相，一味平等，但依熏力所现虚相差别不同。然此虚相有生有灭，净心之体常无生灭，常恒不变，故言不一。此明第二不一不异以辨体状竟。

次明第三二种如来藏以辨体状者，初明空如来藏。何故名为空耶？以此心性虽复缘起建立生死涅槃违顺等法，而复心体平等，妙绝染净之相。非直心体自性平等，所起染净等法亦复性自非有。如以巾望兔，兔体是无，但加以幻力，故似兔现，所现之兔有即非有。心亦如是，但以染净二业幻力所熏故，似染似净二法现也。若以心望彼二法，法即非有。是故经言："流转即生死，不转是涅槃。生死及涅槃，二俱不可得。"又复经言："五阴如幻，乃至大般涅槃如幻。若有法过涅槃者，我亦说彼如幻。"又复经言："一切无涅槃，无有涅槃佛，无有佛涅槃，远离觉所觉，若有若无有，是二悉俱离。"此等经文皆据心体平等，以泯染净二用。心性既寂，是故

---

[1]　"别"下，《大正藏》本之校本甲有一"知"字。

心体空净，以是因缘，名此心体为空如来藏，非谓空无心体也。

问曰：诸佛体证净心，可以心体平等，故佛亦用而常寂，说为非有。众生既未证理，现有六道之殊，云何无耶？

答曰：真智真照尚用即常寂，说之为空，况迷暗妄见，何得不有、有即非有？

问曰：既言非有，何得有此迷妄？

答曰：既得非有而妄见有，何为不得无迷而横起迷？空花之喻，于此宜陈。

问曰：诸余染法可言非有，无明既是染因，云何无耶？

答曰：子果二种无明本无自体，唯以净心为体，但由熏习因缘，故有迷用。以心往摄，用即非有，唯是一心。如似粟麦，本无自体，唯以微尘为体，但以种子因缘，故有粟麦之用。以尘往收，用即非有，唯是微尘。无明亦尔，有即非有。

问曰：既言熏习因缘故有迷用，应以能熏之法即作无明之体，何为而以净心为体？

答曰：能熏虽能熏他令起，而即念念自灭，何得即作所起体耶？如似麦子，但能生果，体自烂坏，归于微尘，岂得春时麦子即自秋时来果也。若得尔者，劫初麦子今仍应在。过去无明亦复如是，但能熏起后念无明，不得自体不灭，即作后念无明也。若得尔者，无明即是常法，非念念灭。既非常故，即如灯焰前后相因而起，体唯净心也。是故以心收彼，有即非有。彼有非有，故名此净心为空如来藏也。

问曰：果时无明与妄想为一为异？子时无明与业识为一为异？

答曰：不一不异。何以故？以净心不觉故动，无不觉即不动；又复若无无明，即无业识；又复动与不觉和合俱起，不可分别，故子时无明与业识不异也。又不觉自是迷暗之义，过去果时无明所熏起故，即以彼果时无明为因也。动者自是变异之义，由妄想所熏起故，即以彼妄想为因也。是故子时无明与业识不一。此是子时无明与业识不一不异也。果时无明与妄想不一不异者，无明自是不了知义，从子时无明生故，即以彼子时无明为因。妄想自是浪生分别之义，从业识起故，即以彼业识为因。是故无明妄想不一。复以意识不了境虚故即妄生分别，若了知虚即不生妄执分别；又复若无无明即无妄想，若无妄想亦无无明；又复二法和合俱起，不可分别，是故不异。此是果时无明与妄想不一不异也。以是义故，二种无明是体，业识、妄想是用。二种无明自互为因果，业识与妄想亦互为因果。若子果无明互为因者，即是因缘也。妄想与业识互为因者，亦是因缘也。若子时无明起业识者，即是增上缘也。果时无明起妄想者，亦是增上缘也。

上来明空如来藏竟。

次明不空如来藏者，就中有二种差别：一明具染净二法以明不空，二明藏体一异以释实有。

第一明染净二法中，初明净法，次明染法。初明净法中复有二种分别：一明具足无漏性功德法，二明具足出障净法。

第一具无漏性功德者，即此净心虽平等一味，体无差别，而复具有过恒沙数无漏性功德法，所谓自性有大智慧光明义故，真实识知义故，常、乐、我、净义故。如是等无量无边性净之法，唯是一心具有，如《起信论》广明也。净心具有此性净法，故名不空。

第二具出障净德者，即此净心体具性净功德，故能摄持净业熏习之力，由熏力故，德用显现。此义云何？以因地加行般若智业，熏于三种智性，令起用显现，即是如来果德三种大智慧也。复以因地五波罗蜜等一切种行，熏于相好之性，令起用显现，即是如来相好报也。然此果德之法虽有相别，而体是一心。心体具此德故，名为不空，不就其心体义明不空也。何以故？以心体平等，非空不空故。

问曰：能熏净业为从心起，为心外别有净法以为能熏耶？

答曰：能熏之法悉是一心所作。此义云何？谓所闻教法悉是诸佛菩萨心作，诸佛心、菩萨心、众生心是一故，教法即不在心外也。复以此教熏心解性，性依教熏以起解用，故解复是心作也。以解熏心行性，性依解熏以起行用，故行复是心作也。以行熏心果性，性依行熏起于果德，故果复是一心作也。以此言之，一心为教，乃至一心为果，更无异法也。以是义故，心体在凡之时本具解行果德之性，但未为诸佛真如用法所熏，故解等未显用也。若本无解等之性者，设复熏之，德用终不显现也。如似真金本有器朴之性，乃至具有成器精妙之性，但未得椎锻而加，故器朴等用不现。后加以钳椎，朴器、成器次第现也。若金本无朴器成器之性者，设使加以功力，朴用、成用终难显现。如似压沙求油，钻冰觅火，锻冰为器，铸木为瓶，永不可成者，以本无性故也。是故论言："若众生无佛性者，设使修道亦不成佛。"以是义故，净心之体，本具因行果德性也。依此性故起因果之德，是故此德唯以一心为体。一心具此净德，故以此心为不空如来藏也。

次明具足染法者，就中复有二种差别：一明具足染性，二明具足染事。初明具足染性者，此心虽复平等离相，而复具足一切染法之性，能生生死，能作生死。是故经云"心性是一，云何能生种种果报"，即是能生生死。又复经言"即是法身流转五道说名众生"，即是能作生死也。

问曰：若心体本具染性者，即不可转凡成圣。

答曰：心体若唯具染性者，不可得转凡成圣。既并具染净二性，何为不得转凡成圣耶？

问曰：凡圣之用既不得并起，染净之性何得双有耶？

答曰：一一众生心体、一一诸佛心体，本具二性，而无差别之相，一味平等，古今不坏。但以染业熏染性故，即生死之相显矣；净业熏净性故，即涅槃之用现矣。然此一一众生心体依熏作生死时，而不妨体有净性之能。一一诸佛心体依熏作涅槃时，而不妨体有染性之用。以是义故，一一众生、一一诸佛，悉具染净二性。法界法尔，未曾不有。但依熏力起用先后不俱，是以染熏息故称曰转凡，净业起故说为成圣。然其心体二性实无成坏。是故就性说故染净并具，依熏论故凡圣不俱。是以经言"清净法中不见一法增"，即是本具性净，非始有也；"烦恼法中不见一法减"，即是本具性染，不可灭也。然依对治因缘，清净般若转胜现前，即是净业熏故成圣也；烦恼妄想尽在于此，即是染业息故转凡也。

问曰：染业无始本有，何由可灭？净业本无，何由得起？

答曰：得诸佛真如用义熏心故，净业得起。净能除染，故染业即灭。

问曰：染净二业皆依心性而起，还能熏心，既并依性起，何得相除？

答曰：染业虽依心性而起，而常违心。净业亦依心性而起，常顺心也。违有灭离之义，故为净除。顺有相资之能，故能除染。法界法尔有此相除之用，何足生疑。

问曰：心体净性能起净业，还能熏心净性。心体染性能起染业，还能熏心染性。故乃可染业与净性不相熏相生，说为相违。染业与染性相生相熏，应云相顺，若相顺者即不可灭。若染业虽与染性相顺，由与净性相违故得灭者，亦应净业虽与净性相顺，由与染性相违故，亦可得除。若二俱有违义故，双有灭离之义，而得存净除染，亦应二俱有顺义故，并有相资之能，复得存染废净。

答曰：我立不如是，何为作此难。我言净业顺心故，心体净性即为顺本。染业违心故，心体染性即是违本。若偏论心体，即违顺平等。但顺本起净，即顺净心不二之体，故有相资之能。违本起染，便违真如平等之理，故有灭离之义也。

大乘止观法门卷第二 [1]

陈南岳思大禅师曲授心要

问曰：违本起违末，便违不二之体，即应并有灭离之义也。何故上言法界法尔具足二性不可破坏耶？

答曰：违本虽起违末，但是理用，故与顺一味，即不可除。违末虽依违本，但是事用，故即有别义，是故可灭。以此义故，二性不坏之义成也。

问曰：我仍不解染用违心之义，愿为说之。

答曰：无明染法实从心体染性而起，但以体暗故，不知自己及诸境界从心而起，亦不知净心具足染净二性而无异相，一味平等。以不知如此道理故，名之为违。智慧净法实从心体[2]而起，以明利故，能知己及诸法皆从心作，复知心体具足染净二性而无异相，一味平等。以如此称理而知，故名之为顺。如似穷子，实从父生，父实追念，但以痴故，不知己从父生，复不知父意，虽在父舍，不认其父，名之为违。复为父诱说，经历多年，乃知己从父生，复知父意，乃认家业，受父教敕，名之为顺。众生亦尔，以无明故，不知己身及以诸法悉从心生。复遇诸佛方便教化故，随顺净心，能证真如也。

问曰：既说无明染法与心相违，云何得熏心耶？

答曰：无明染法无别有体故，不离净心。以不离心故，虽复相违而得相熏。如木出火炎，炎违木体而上腾，以无别体，不离木故，还烧于木。后复不得闻斯譬喻，便起灯炉之执也。

此明心体具足染性，名为不空也。

---

[1] 《大正藏》本之校本甲此处不分段。

[2] "体"下，《大正藏》本之校本甲有"净性"二字。

次明心体具足染事者，即彼染性为染业熏故，成无明住地及一切染法种子，依此种子现种种果报。此无明及与业果即是染事也。然此无明住地及以种子、果报等，虽有相别显现，说之为事，而悉一心为体，悉不在心外。以是义故，复以此心为不空也。譬如明镜所现色像，无别有体，唯是一镜，而复不妨万像区分不同。不同之状皆在镜中显现，故名不空镜也。是以《起信论》言："因熏习镜，谓如实不空，一切世间境界悉于中现，不出不入，不失不坏，常住一心，以一切法即真实性故。"以此验之，具足世间染法亦是不空如来藏也。

上来明具足染净二法以明不空义竟。

次明藏体一异以释实有义，就中复有六种差别：一明圆融无碍法界法门，二明因果法身名别之义，三明真体在障出障之理，四明事用相摄之相，五明治惑受报不同之义，六明共不共相识。第一明圆融无碍法界法门者：

问曰：不空如来藏者，为一一众生各有一如来藏，为一切众生一切诸佛唯共一如来藏耶？

答曰：一切众生、一切诸佛唯共一如来藏也。

问曰：所言藏体具包染净者，为俱时具，为始终具耶？

答曰：所言如来藏具染净者，有其二种：一者性染性净，二者事染事净，如上已明也。若据性染性净，即无始以来俱时具有。若据事染事净，即有二种差别：一者一一[1]时中俱具染净二事，二者始终方具染净二事。此义云何？谓如来藏体具足一切众生之性，各各差别不同，即是无差别之差别也。然此一一众生性中，从本已来复具无量无边之性，所谓六道四生、苦乐好丑、寿命形量、愚痴智慧等一切世间染法，及三乘因果等一切出世净法。如是等无量差别[2]法性，一一众生性中悉具不少也。以是义故，如来之藏从本已来俱时具有染净二性。以具染性故，能现一切众生等染事，故以此藏为在障本住法身，亦名佛性。复具净性故，能现一切诸佛等净德，

---

[1]　一：《大正藏》本之校本甲无。

[2]　"别"下，《大正藏》本之校本甲有一"法"字。

故以此藏为出障法身，亦名性净法身[1]，亦名性净涅槃也。

然诸一一众生无始已来虽复各各具足染净二性，但以造业不同故，熏种子性，成种子用，亦即有别。种子用别故，一时之中受报不同，所谓有成佛者，有成二乘果者，有入三涂者，有生天人中者，复于一一趣中无量差别不同。以此论之，如来藏心之内俱时得具染净二事。如一时中，一切时中亦复如是也。然此一一凡圣虽于一时之中受报各别，但因缘之法无定故，一一凡圣无始以来具经诸趣无数回返，后遇善友教修出离，学三乘行及得道果。以此论之，一一众生始终乃具染净二事。何以故？以一众生受地狱身时无余趣报，受天报时亦无余趣报，受一一趣中一一身时亦无余身报。又受世间报时不得有出世果，受出世果时无世间报。以是义故，一众生不得俱时具染净二事，始终方具二事也。[2]一切众生亦如是。是故如来之藏有始终方具染净二事之义也。

问曰：如来之藏具如是等无量法性之时，为有差别，为无差别？

答曰：藏体平等，实无差别，即是空如来藏。然此藏体复有不可思议用故，具足一切法性，有其差别，即是不空如来藏。此盖无差别之差别也。此义云何？谓非如泥团具众微尘也。何以故？泥团是假，微尘是实，故一一微尘各有别质，但以和合成一泥团，此[3]泥团即具多尘之别。如来之藏即不如是。何以故？以如来藏是真实法，圆融无二故。是故如来之藏全体是一众生一毛孔性，全体是一众生一切毛孔性。如毛孔性，其余一切所有世间一一法性亦复如是。如一众生世间法性，一切众生所有世间一一法性，一切诸佛所有出世间一一法性亦复如是，是如来藏全体也。是故举一众生一毛孔性，即摄一切众生所有世间法性，及摄一切诸佛所有出世间法性。如举一毛孔性即摄一切法性，举其余一切世间一一法性亦复如是，即摄一切法性。如举世间一一法性即摄一切法性，举一切出世间所有一一

---

[1]　"亦名性净法身"六字，《大正藏》本之校本甲无。

[2]　此上，《大正藏》本之校本甲有"如一众生始终方具二事"十字。

[3]　"此"下，《大正藏》本之校本甲有一"一"字。

法性亦复如是，即摄一切法性。又复如举一毛孔事，即摄一切世出世事。如举一毛孔事即摄一切事，举其余世间出世间中一切所有随一一事亦复如是，即摄一切世出世事。何以故？谓以一切世间出世间事，即以彼世间出世间性为体故，是故世间出世间性体融相摄，故世间出世间事亦即圆融相摄无碍也。是故经言："心佛及众生，是三无差别。"

譬如明镜，体具一切像性，各各差别不同，即是无差别之差别也。若此镜体本无像性差别之义者，设有众色来对，像终不现。如彼炽火虽复明净，不能现像者，以其本无像性也。既见镜能现像，定知本具像性。以是义故，此一明镜于一时中俱能现于一切净秽等像，而复净像不妨于秽，秽像不妨于净，无障无碍，净秽用别。虽然有此像性像相之别，而复圆融不异，唯是一镜。何以故？谓以此镜全体是一毛孔像性故，全体是一切毛孔像性故。如毛孔像性，其余一一微细像性、一一粗大像性、一一净像性、一一秽像性等亦复如是，是镜全体也。是故若举一毛孔像性，即摄其余一切像性。如举一毛孔像性即摄一切像性，举其余一一像性亦复如是，即摄一切像性也。又若举一毛孔像相，即摄一切像相。如举一毛孔像相即摄一切像相，举其余一一像相亦复如是，即摄一切像相。何以故？以一切像相即以彼像性为体故，是故一切像性体融相摄，故一切像相亦即相融相摄也。以是譬故，一切诸佛、一切众生同一净心如来之藏，不相妨碍，即应可信。

是故经言："譬如明净镜，随对面像现，各各不相知，业性亦如是。"此义云何？谓明净镜者，即喻净心体也。随对者，即喻净心体具一切法性，故能受一切熏习，随其熏别，现报不同也。面者，即喻染净二业也。像现者，即喻心体染净二性依熏力故现染净二报也。各各不相知者，即喻净心与业果报各不相知也。业者，染净二业，合上面也。性者，即是真心染净二性，合上明镜具一切像性也。亦如是者，总结成此义也。又复长行问云"心性是一"者，此据法性体融说为一也；"云何能生种种果报"者，谓不解无差别之差别，故言云何能生种种果报也。此修多罗中喻意，偏明心性能生世间果报。今即通明能生世出世果，亦无所妨也。是故论云："三者用大，能生世间出世间善恶因果故。"以此义故，一切凡圣一心为体，决定不疑也。又复经言："一切诸佛法身，唯是一法身"者，此即证知一切诸佛同一真心为体。以一切诸佛法身是一故，一切众生及与诸佛即同一法身也。何以故？修多罗为证故。所证云何？谓"即此法身流转五道说名众生，反流尽源说名为佛。"以是义故，一切众生、一切诸佛唯共一清净心如来之藏平等法身也。

此明第一圆融无碍法界法门竟。次明第二因果法身名别之义。

问曰：既言法身唯一，何故上言众生本住法身，及云诸佛法身耶？

答曰：此有二义：一者以事约体，说此二名；二者约事辨性，以性约体，说此二名。所言以事约体说二法身名者，然法身虽一，但所现之相凡圣不同，故以事约体，说言诸佛法身、众生法身之异。然其心体平等，实无殊二也。若复以此无二之体，收彼所现之事者，彼事亦即平等，凡圣一味也。譬如一明镜能现一切色像，若以像约镜，即云人像体镜、马像体镜，即有众镜之名。若废像论镜，其唯一焉。若复以此无二之镜体，收彼人马之异像者，人马之像亦即同体无二也。净心如镜，凡圣如像，类此可知。以是义故，常同常别，法界法门。以常同故，论云："平等真法界，佛不度众生。"以常别故，经云："而常修净土，教化诸众生。"此明约事辨体也。

所言约事辨性，以性约体，说有凡圣法身之异名者，所谓以此真心能现净德故，即知真心本具净性也。复以真心能现染事故，即知真心本具染性也。以本具染性故，说名众生法身。以本具净性故，说名诸佛法身。以此义故，有凡圣法身之异名。若废二性之能以论心体者，即非染非净，非圣非凡，非一非异，非静非乱，圆融平等，不可名目，但以无异相故，称之为一；复是诸法之实，故名为心；复为一切法所依止，故名平等法身。依此平等法身有染净性，故得论凡圣法身之异，然实无别有体为凡圣二种法身也。是故道一切凡圣同一法身亦无所妨。何以故？以依平等义故。道一一凡、一一圣各别法身亦无所失。何以故？以依性别义故。

问曰：如来之藏体具染净二性者，为是习以成性，为是不改之性耶？

答曰：此是理体用不改之性，非习成之性也。故云佛性大王非造作法，焉可习成也。佛性即是净性，既不可造作，故染性与彼同体，是法界法尔，亦不可习成。

问曰：若如来藏体具染性能生生死者，应言佛性之中有众生，不应言众生身中有佛性。

答曰：若言如来藏体具染性能生生死者，此明法性能生诸法之义。若言众生身中有佛性者，此明体为相隐之语。如说一切色法依空而起，悉在空内，复言一切色中悉有虚空。空喻真性，色喻众生，类此可知。以是义故，如来藏性能生生死，众生身中悉有佛性，义不相妨。

问曰：真如出障既名性净涅槃，真如在障应名性染生死，何得称为佛性耶？

答曰：在缠之实虽体具染性，故能建生死之用，而即体具净性，故毕竟有出障之能，故称佛性。若据真体具足染净二性之义者，莫问在障出障，俱得称为性净涅槃，并合名性染生死。但名涉事染，化仪有滥，是故在障出障俱匿性染之义也。又复事染生死唯多热恼，事净涅槃偏足清凉，是以单彰性净涅槃，为欲起彼事净之泥洹；便隐性染轮回，冀得废斯事染之生死。若孤题性染，惑者便则无羡于真源。故偏导清升，愚子遂乃有欣于实际。是故在障出障法身俱隐性染之名，有垢无垢真如并彰性净之号。

此明第二因果法身名别之义竟。次明第三在障出障之义。

问曰：既言真如法身平等无二，何得论在障出障、有垢无垢之异耶？

答曰：若论心体平等，实无障与不障，不论垢与不垢。若就染净二性，亦复体融一味，不相妨碍。但就染性依熏起故，有障垢之名。此义云何？谓以染业熏于真心违性故，性依熏力起种种染用。以此染用违隐真如顺用之照性故，即说此违用之暗以为能障，亦名为垢。此之垢用不离真体故，所以即名真如心为在障法身，亦名为有垢真如。若以净业熏于真心顺性故，性依熏力起种种净用，能除染用之垢。以此净用顺显真心体照之明性故，即说此顺用之照以为圆觉大智，亦即名大净波罗蜜。然此净用不离真体故，所以即名真心为出障法身，亦名无垢真如。以是义故，若总据一切凡圣以论出障在障之义，即真如法身于一时中并具在障出障二用。若别据一一凡圣以论在障出障之义，即真如法身始终方具在障出障二事也。然此有垢无垢、在障出障之别，但约于染净之用说也，非是真心之体有此垢与不垢、障与不障。

问曰：违用既论为垢障，违性应说为碍染。

答曰：具[1]是障性垢性，亦得名为性障性垢。此盖平等之差别，圆融之能所。然即唯一真心，勿谓相碍不融也。

问曰：既言有平等之差别能所，亦应有自体在障出障耶？

答曰：亦得有此义。谓据染性而说，无一净性而非染，即是自体为能障，自体为所障，自体为在障。就净性而论，无一染性而非净，即是自体为能除，自体为所除，自体为出障。是故染以净为体，净以染为体，染是净，净是染，一味平等，无有差别之相。此是法界法门常同常别之义。不得闻言平等便谓无有差别，不得闻言差别便谓乖于平等也。

此明第三在障出障之义竟。次明第四事用相摄之相。

问曰：体性染净既得如此圆融，可解少分。但上言事法染净亦得无碍相摄，其相云何？

答曰：若偏就分别妄执之事，即一向不融。若据心性缘起依持之用，即可得相摄。所谓一切众生悉于一佛身中起业招报，一切诸佛复在一众生毛孔中修行成道，此即凡圣多少以相摄。若十方世界内纤尘而不窄，三世时劫入促念而能容，此即长短大小相收。是故经云："一一尘中显现十方一切佛土。"又云："三世一切劫，解之即一念。"即其事也。又复经言："过去是未来，未来是现在。"此是三世以相摄。其余净秽好丑、高下彼此、明暗一异、静乱有无等，一切对法及不对法，悉得相摄者，盖由相无自实，起必依心，心体既融，相亦无碍也。

问曰：我今一念即与三世等耶？所见一尘即共十方齐乎？

答曰：非但一念与三世等，亦可一念即是三世时劫。非但一尘共十方齐，亦可一尘即是十方世界。何以故？以一切法唯一心故。是以别无自别，别是一心；心具众用，一心是别。常同常异，法界法尔。

---

[1] 具：《大正藏》本之校本甲作"但"。

问曰：此之相摄既理实不虚，故圣人即能以自摄他，以大为小，促长演短，合多离一。何故凡夫不得如此？

答曰：凡圣理实同尔圆融，但圣人称理施作，所以皆成；凡夫情执乖旨，是故不得。

问曰：圣人得理，便应不见别相，何得以彼小事以包纳大法？

答曰：若据第一义谛，真如平等，实无差别，不妨即寂缘起，世谛不坏而有相别。

问曰：若约真谛，本无众相，故不论摄与不摄。若据世谛，彼此差别，故不可大小相收。

答曰：若二谛一向异体，可如来难。今既以体作用名为世谛，用全是体名为真谛，宁不相摄？

问曰：体用无二，只可二谛相摄，何得世谛还摄世事？

答曰：今云体用无二者，非如揽众尘之别用，成泥团之一体。但以世谛之中一一事相即是真谛全体，故云体用无二。以是义故，若真谛摄世谛中一切事相得尽，即世谛中一一事相亦摄世谛中一切事相皆尽。如上已具明此道理竟，不须更致余诘[1]。

问曰：若言世谛之中一一事相即是真谛全体者，此则真心遍一切处，与彼外道所计神我遍一切处义有何异耶？

答曰：外道所计心外有法，大小远近、三世六道历然是实[2]，但以神我微妙广大故，遍一切处，犹如虚空。此即见有实事之相异神我，神我之相异实事也。设使即事计我，我与事一，但彼执事为实，彼此不融。佛法之内即不如是。知一切法悉是心作，但以心性缘起，不无相别。虽复相别，其唯一心为体。以体为用，故言实际无处不至，非谓心外有其实事，心遍在中，名为至也。

此事用相摄之义难知，我今方便令汝得解，汝用我语不？

---

[1] 诘：《大正藏》本之校本甲作"语"。

[2] 实：《大正藏》本之校本甲作"真"。

外人曰：善哉受教。

沙门曰：汝当闭目忆想身上一小毛孔，即能见不？

外人忆想一小毛孔已，报曰：我已了了见也。

沙门曰：汝当闭目忆想，作一大城，广数十里，即能见不？

外人想作城已，报曰：我于心中了了见也。

沙门曰：毛孔与城大小异不？

外人曰：异。

沙门曰：向者毛孔与城但是心作不？

外人曰：是心作。

沙门曰：汝心有小大耶？

外人曰：心无形相，焉可见有大小？

沙门曰：汝想作毛孔时，为减小许心作，为全用一心作耶？

外人曰：心无形段，焉可减小许用之？是故我全用一念[1]想作毛孔也。

沙门曰：汝想作大城时，为只用自家一心作，为更别得他人心神共作耶？

外人曰：唯用自心作城，更无他人心也。

沙门曰：然则一心全体唯作一小毛孔，复全体能作大城。心既是一，无大小故，毛孔与城俱全用一心为体，当知毛孔与城体融平等也。以是义故，举小收大，无大而非小；举大摄小，无小而非大。无小而非大，故大入小而大不减；无大而非小，故小容大而小不增。是以小无异增，故芥子旧质不改；大无异减，故须弥大相如故。此即据缘起之义也。若以心体平等之义望彼，即大小之相本来非有，不生不灭，唯一真心也。我今又问汝：汝尝梦不？

外人曰：我尝有梦。

沙门曰：汝曾梦见经历十年五岁时节以不？

外人曰：我实曾见历涉多年，或经旬月时节，亦有昼夜，与觉无异。

---

[1] "念"下，《大正藏》本之校本甲有一"心"字。

沙门曰：汝若觉已，自知睡经几时？

外人曰：我既觉已，借问他人，言我睡始经食顷。

沙门曰：奇哉！于一食之顷而见多年之事。以是义故，据觉论梦，梦里长时便则不实。据梦论觉，觉时食顷亦则为虚。若觉梦据情论，即长短各论，各谓为实，一向不融。若觉梦据理论，即长短相摄，长时是短，短时是长，而不妨长短相别。若以一心望彼，则长短俱无，本来平等一心也。正以心体平等，非长非短，故心性所起长短之相即无长短之实，故得相摄。若此长时自有长体，短时自有短体，非是一心起作者，即不得长短相摄。又虽同一心为体，若长时则全用一心而作、短时即减少许心作者，亦不得长短相摄。正以一心全体复[1]作短时，全体复作长时，故得相摄也。是故圣人依平等义故，即不见三世时节长短之相；依缘起义故，即知短时长时体融相摄。又复圣人善知缘起之法唯虚无实，悉是心作。是心作故，用心想彼七日以为一劫，但以一切法本来皆从心作故，一劫之相随心即成，七日之相随心即谢。演短既尔，促长亦然。若凡夫之辈，于此缘起法上妄执为实，是故不知长短相摄，亦不能演短促长也。

此明第四事用相摄之相竟。次明第五治惑受报同异所由。

问曰：如来之藏既具一切世法出世法种子之性及果报性，若众生修对治道，熏彼对治种子性，分分成对治种子事用时，何故彼先所有惑染种子事即分分灭也？既能治所治种子皆依性起，即应不可一成一坏。

答曰：法界法尔，所治之法为能治之所灭也。

问曰：所治之事既为能治之事所灭者，所治之性亦应为能治之性所灭。

答曰：不然。如上已说，事法有成有败，故此生彼灭。性义无始并具，又复体融无二，故不可一灭一存也。是故众生未修治道之前，双有能治所治之性，但所治染法之性依熏起用，能治净法之性未有熏力，故无用也。若修治道之后，亦并具能治所治之性，但能治之性依熏力故分分起于净用，

---

[1] 复：《大正藏》本之校本甲无。

所治之性无[1]所熏力，被对治故，染用分分损减。是故经言："但治[2]其病而不除法。"法者，法界法尔，即是能治所治之性。病即是所治之事。

问曰：能治所治可尔。其未修对治者，即无始已来具有一切故业种子，此种子中即应备有六道之业。又复一一众生各各本具六道果报之性，何不[3]依彼无始六道种子，令一众生俱时受六道身耶？

答曰：不得。何以故？以法界法尔故，但可具有无始六道种子在于心中，随一道种子偏强偏熟者先受果报。随是一报之中，不妨自[4]杂受苦乐之事，要不得令一众生俱受六道之身。后若作菩萨自在用时，以悲愿力故，用彼故业种子，一时于六道中受无量身，教化众生也。

问曰：据一众生即以一心为体，心体之中实具六道果报之性，复有无始六道种子，而不得令一众生一时之中俱受六道之报者，一切诸佛、一切众生亦同以一心为体故，虽各各自具六道果报之性及六道种子，亦应一切凡圣次第先后受报，不应一时之中有众多凡圣。

答曰：不由以一心为体故便不得受众多身，亦不由以一心为体故要须一时受众多身。但法界法尔，若总据一切凡圣，虽同一心为体，即不妨一时俱有一切凡圣。若别据一众生，虽亦一心为体，即不得一时俱受六道报也。若如来藏中唯具先后受报之法，不具一时受报之法者，何名法界法门具一切法耶？

问曰：上言据一众生即以一心为体，心体虽具染净二性，而净事起时能除染事者，一切诸佛、一切众生既同以一心为体，亦应由佛是净事故，能治余众生染事。若尔者，一切众生自然成佛，即不须自修因行。

答曰：不由以一心为体故，染净二事相除；亦不由以一心为体故，染净二法不得相除；亦不由别心为体故，凡圣二事不得相除。但法界法尔，一切凡圣虽同一心为体而不相灭。若别据一众生，虽亦一心为体，即染净

---

[1] 无：《大正藏》本之校本甲作"先"。

[2] 治：《大正藏》本之校本甲作"除"。

[3] "不"下，《大正藏》本之校本甲有一"得"字。

[4] "自"下，《大正藏》本之校本甲有一"有"字。

二事相除也。若[1]如来之藏唯有染净相除之法，无染净不相除法者，何名法界法尔具一切法？

问曰：向者两番都言法界法尔，实自难信。如我意者所解，谓一一凡圣各自别有净心为体。何以故？以各各一心为体，故不得于一心中俱现多身，所以一一凡圣不俱受无量身。又复各各依心起用故，不妨俱时有众多凡圣。此义即便。又复一一众生各以别心为体故，一一心中不容染净二法，是故能治之法熏心时，自己惑灭，以与他人别心故，不妨他惑不灭。此义亦便。何为辛苦坚成一切凡圣同一心耶？

答曰：痴人！若一切凡圣不同一真心为体者，即无共相平等法身。是故经言：由共相身故，一切诸佛毕竟不成佛也。汝言一一凡圣各各别心为体，故于一心中不得俱现多身，是故一众生不俱受无量身者，如《法华》中所明无量分身释迦俱现于世，亦应不得以一法身为体。若彼一切释迦唯以一心为法身者，汝云何言一心不得俱现多身耶？若一心既得俱现多身者，何为汝意欲使一一凡圣各别一心为体故方得俱时有凡圣耶？又复经言："一切诸佛身，唯是一法身。"若诸众生法身不反流尽源即是佛法身者，可言一切众生在凡之时各各别有法身。既众生法身即是诸佛法身，诸佛法身既只是一，何为一一凡圣各各别有真心为法身耶？又复善才童子自见遍十方佛前悉有己身，尔时岂有多心为体耶？又复一人梦中一时见无数人，岂可有无数心与彼梦里诸人为体耶？又复菩萨以悲愿力用故业受生之时，一念俱受无量种身，岂有多净心为体耶？

又复汝言一一凡圣各以一心为体，一心之中不得容于染净二法故，所以能治之法熏心时，自己惑灭，以与他别心故，不妨他惑不灭，此义为便者，一人初修治道时，此人惑染心悉应灭尽。何以故？以一心之内不容染净二法故。若此人净法熏心，心中有净法时，仍有染法者，此人应有二心。何以故？以他人与我别心故。我修智时，他惑不灭，我今修智，自惑亦复未灭，定知须有二心。若使此人唯有一心而得俱有染净二法者，汝云何言以

---

[1] 若：底本无，依《大正藏》本之校本甲补入。

一心之内不容染净二法故净生染灭耶？是故诸大菩萨留随眠惑在于心中，复修福智净法熏心而不相妨。又复随眠之惑与对治之智同时而不相碍，何为一心之内不得容染净二法耶？以是义故，如来之藏一时具包一切凡圣，无所妨碍也。

问曰：既引如此道理，得以一心为体，不妨一时有多凡圣者，何为一众生不俱受六道报耶？又复修行之人一心之中俱有解惑种子不相妨者，有何道理得以智断惑耶？

答曰：蠛虫！如上已言，法界法尔，一心之中具有一切凡圣。法界法尔，一一凡圣各各先后随自种子强者受报，不得一人俱受六道之身。法界法尔，一心之中一时具有凡圣不相除灭。法界法尔，一切凡圣虽同一心，不妨一一凡圣各自修智，自断其惑。法界法尔，智慧分起能分除惑，智慧满足除惑皆尽，不由一心之内不容染净故断惑也。法界法尔，惑未尽时解惑同体，不由别有心故双有解惑。是故但知真心能与一切凡圣为体，心体具一切法性。如即时世间出世间事得成立者，皆由心性有此道理也。若无道理者终不可成。如外道修行不得解脱者，由不与心性解脱道理相应也。法界法尔，行与心性相应，所作得成。行若不与心性相应，即所为不成就。

此明第五治惑受报不同所由竟。次明第六共相不共相识。

问曰：一切凡圣既唯一心为体，何为有相见者，有不相见者？有同受用者，有不同受用者？

答曰：所言一切凡圣唯以一心为体者，此心就体相论之，有其二种：一者真如平等心，此是体也，即是一切凡圣平等共相法身。二者阿梨耶识，即是相也。就此阿梨耶识中复有二种：一者清净分依他性，亦名清净和合识，即是一切圣人体也。二者染浊分依他性，亦名染浊和合识，即是一切众生体也。此二种依他性虽有用别，而体融一味，唯是一真如平等心也。以此二种依他性体同无二故，就中即合有二事别：一者共相识，二者不共相识。何故有耶？以真如体中具此共相识性、不共相识性[1]故。一切凡圣造同业

---

[1]　"识"下，《大正藏》本之校本甲有一"义"字。

熏此共相性故，即成共相识也。若一一凡圣各各别造别业，熏此不共相性故，即成不共相识也。何者？所谓外诸法五尘器世界等一切凡圣同受用者，是共相识相也。如一切众生同修无量寿业者，皆悉熏于真心共相之性，性依熏起，显现净土，故得凡圣同受用也。如净土由共业成，其余杂秽等土亦复如是。然此同用之土唯是心相，故言共相识。又此同用之土虽一切凡圣共业所起，而不妨一一众生、一一圣人一身造业，即能独感此土。是故无量众生余处托生，不废此土常存不缺。又虽一一凡圣皆有独感此土之业，而不相妨唯是一土。是故无量众生新生，而旧土之相更无改增。唯除其时一切众生同业转胜，土即变异；同业转恶，土亦改变。若不尔者，即土常一定也。所言不共相者，谓一一凡圣内身别报是也。以一一凡圣造业不同，熏于真心，真心 [1] 不共之性依熏所起，显现别报，各各不同，自他两别也。然此不同之报唯是心相，故言不共相识。就共相中复有不共相识义，谓如饿鬼等与人同造共业，故同得器世界报，及遥见恒河，即是共相故。复以彼等别业尤重为障故，至彼河边，但见种种别事，不得水饮，即是共中不共也。复据彼同类同造饿业，故同于恒河之上不得水饮，复是共相之义。于中复所见不同，或见流火，或见枯竭，或见脓血等无量差别，复是共中不共。若如是显现之时，随有同见同用者即名为共相识，不同见闻不同受用者即是 [2] 不共相识。随义分别，一切众生悉皆如是，可知也。就不共相中复有共义，谓眷属知识，乃至时 [3] 顾同处、同语 [4] 、同知、同解，或暂相见，若怨若亲及与中人，相识及不相识，乃至畜生、天道，互相见知者，皆由过去造 [5] 相见知等业熏心共相性故，心缘熏力显现如此相见相知等事，即是不共相中共相义也。或有我知见他、他不知见我者，即于我为共，于他为不共。如是随义分别，可知。又如一人之身即是不共相识，复为八万户

---

[1]　真心：《大正藏》本之校本甲无。

[2]　"是"下，底本有一"共"字，依《大正藏》本之校本甲删。

[3]　时：《大正藏》本之校本甲作"饷"。

[4]　"语"下，《大正藏》本之校本甲有"同修"二字。

[5]　"造"下，《大正藏》本之校本甲有一"于"字。

虫听[1]依故，即此一身复与彼虫为共相识，亦是不共中共相义也。以有此共相不共相道理故，一切凡圣虽同一心为体，而有相见不相见、同受用不同受用也。是故灵山常曜而睹林树潜辉，丈六金躯复见土灰众色，莲花妙刹反谓丘墟，庄严宝地倒言砂砾，斯等皆由共不共之致也。

此明不空如来藏中藏体一异六种差别之义竟。上来总明止观依止中何所依止讫。

---

[1] "听"下，《大正藏》本之校本甲有一"所"字。

大乘止观法门卷第三[1]

南岳思大禅师曲授心要

次明何故依止。

问曰：何故依止此心修止观？

答曰：以此心是一切法根本故。若法依本则难破坏，是故依止此心修止观也。人若不依止此心，修于止观，则不得成。何以故？以从本以来未有一法心外得建立故。又此心体本性具足寂用二义，为欲熏彼二义令显现故。何以故？以其非熏不显故。显何所用？谓自利利他故。有如是因缘故，依此心修止观也。

问曰：何谓心体寂用二义？

答曰：心体平等，离一切相，即是寂义。体具违顺二用，即是用义。是故修习止行，即能除灭虚妄纷动，令此心体寂静离相，即为自利。修习观行，令此心用显现繁兴，即为利他。

问曰：修止观者为除生死。若令显现繁兴，此即转增流浪。

答曰：不然，但除其病而不除法。病在执情，不在大用。是故炽然六道，权现无间，即是违用显现，而复毕竟清净，不为世染，智慧照明，故相好圆备，身心安住胜妙境界，具足一切诸佛功德，即是顺用显现也。

此明止观依止中何故依止竟。

次明以何依止，就中复有三门差别：一明以何依止体状，二明破小乘人执，三明破大乘人执。初明以何依止体状者：

问曰：以何依止此心修止观？

答曰：以意识依止此心修行止观也。此义云何？谓以意识能知名义故，

---

[1]　第三：《大正藏》本之校本甲作"下"。

闻说一切诸法自性寂静，本来无相，但以虚妄因缘故有诸法，然虚妄法有即非有，唯一真心，亦无别真相可取。闻此说已，方便修习，知法本寂，唯是一心。然此意识如此解时，念念熏于本识，增益解性之力。解性增已，更起意识，转复明利，知法如实，久久熏心，故解性圆，明照己体，本唯真寂，意识即息。尔时本识转成无分别智，亦名证智。以是因缘故，以意识依止真心修止行[1]也。是故论言：以依本觉故有不觉。依不觉故而有妄心，能知名义，为说本觉，故得始觉即同本觉，如实不有始觉之异也。

问曰：上来唯言净心、真心，今言本识，意有何异？

答曰：本识、阿梨耶识、和合识、种子识、果报识等，皆是一体异名。上共不共相中，已明真如[2]与阿梨耶同异之义，今更为汝重说，谓真心是体，本识是相，六七等识是用。如似水为体，流为相，波为用，类此可知。是故论云"不生不灭与生灭和合，说名阿梨耶识"，即本识也。以与生死作本，故名为本。是故论云"以种子时阿梨耶识与一切法作根本种子故"，即其义也。又复经云"自性清净心"，复言"彼心为烦恼所染"，此明真心虽复体具净性，而复体具染性，故而为烦恼所染。以此论之，明知就体偏据一性说为净心，就相与染事和合说为本识。以是义故，上来就体性以明，今就事相说，亦无所妨。

问曰：熏本识时即熏真心以不？

答曰：触流之时即触于水。是故向言增益解性者，即是益于真心性净之力也。是故论云："阿梨耶识有二分：一者觉，二者不觉。"觉即是净心，不觉即是无明。此二和合，说为本识。是故道净心时更无别有阿梨耶，道阿梨耶时更无别有净心，但以体相义别故，有此二名之异。

问曰：云何以意识依止净心修观行？

答曰：以意识知名义故，闻说真心之体虽复寂静，而以熏习因缘故，性依熏起，显现世间出世间法。以闻此说故，虽由止行知一切法毕竟无相，

---

[1] 止行：《大正藏》本之校本甲作"行止观"。

[2] 如：《大正藏》本之校本甲作"心"。

而复即知性依熏起，显现诸法，不无虚相。但诸凡惑无明覆意识故，不知诸法唯是心作，似有非有，虚相无实，以不知故，流转生死，受种种苦。是故我当教彼知法如实。以是因缘，即起慈悲，乃至具行四摄六度等行。如是观时，意识亦念念熏心，令成六度、四摄、慈悲等种子，复不令心识为止所没，即是用义渐显现也。以久久熏故，真心作用之性究竟圆兴，法界德备，三身摄化，普门示现。以是因缘，以意识依止净心修观行也。

次明破小乘人执。

问曰：但以意识修习止观岂不成耶？何故要须依止净心？

答曰：意识无体，唯以净心为体，是故要须依止。又复意识念念生灭，前非其后，若不以净心为依止者，虽修诸行，无转胜义。何以故？以其前念非后念故。如前人闻法，后人未闻，后人若闻，无胜前人之义。何以故？俱始一遍闻故。意识亦尔，前后两异，前虽曾闻，随念即灭，后若重闻，亦不增胜。何以故？前后二念俱始一遍闻故。又复如似前人学得甲字，后[1]已命终。后人更学乙字，即唯解乙字，不识甲字。何以故？前后人异故。意识亦尔，前灭后生，不相逐及，是故不得所修增广。若以净心为体，意识念念引所思修熏净心性，性依熏起以成种子，前念念[2]灭，后念起时，即与前念所修种子和合而起，是故更修彼法，即胜于前一念。如是念念转胜，是故所修成就。若不久熏，尚自种子力劣，便则废失，所修不成，何况全无依止，直莫前后相熏而得成就也。以是因缘，唯用意识，不假依止，无有是处。

问曰：小乘法中不明有本识，何得所闻所思皆得成就？

答曰：博地凡夫乃至闻教畜生等有所修习得成者，尚由本识为体故成，何况二乘。但彼自不知此义，非彼不假净心也。

问曰：不闻教畜生岂无净心为体？

---

[1] 后：《大正藏》本之校本甲作"得"。

[2] 念：《大正藏》本之校本甲作"虽"。

答曰：造作痴业尤重，熏心起报亦即极钝，虽有黠慧之性及有宿生黠慧种子，但以现报所障故，不得有用，故不闻教，非是无净心也。

次明破大乘人执。

问曰：但用净心修行止观即足，何用意识为？

答曰：已如上说，由意识能知名义，能灭境界，能熏本识，令惑灭解成，故须意识也。

问曰：净心自性寂静即名为止，自体照明即名为观。彼意识名义及以境界体性非有，何论意识寻名知义、灭自心境界耶？

答曰：若就心体而论，实自如此。但无始已来为无明妄想熏故，不觉自动，显现诸法。若不方便寻名知义，依义修行，观知境界有即非有者，何由可得寂静照明之用？

问曰：净心自知己性本寂，即当念息，何用意识为？

答曰：净心无二，复为无明所覆故，不得自知本寂。要为无尘智熏，无明尽灭，方得念息。

问曰：但息于念，心即寂照，何故要须智熏，寂照始现？

答曰：若无无尘智熏，心里无明终不可灭。无明不灭，念即叵息。

问曰：我今不观境界，不念名义，证心寂虑，泯然绝相，岂非心体寂照真如三昧？

答曰：汝证心时，为心自证，为由他证，为证于他？若心自证，即是不由功用而得寂静。若尔，一切众生皆不作心求于寂静，亦应心[1]住。若言非是自然而证，盖由心自作意自证名为自证者，作意即是意识，即有能所，即名为他，云何得成心自证也？若非他证，但心自止故名自证者，若不作意即无能所，云何能使心证？若当作意，即是意识，即是他证。

若言众生体实皆证，但由妄想不知体证故有其念能，知心体本性证寂，不念诸法，故念即自息，即是真如三昧者，为是意识能知本寂，为是净心能知本寂？若是净心自知本寂不念诸法者，一切众生皆有净心，应悉自知

---

[1] 心：《大正藏》本之校本甲作"止"。

本寂，故自息灭妄识，自然而得真如三昧。以不修不得，故知净心不得名自知也。若言意识能知净心本证，即自息灭，故但是意识自灭，非是意识能证净心，是故说言心自证者，意识知心本证之时，为见净心故知本证，为不见净心能知证也？若言不见净心能知证者，不见佛心，应知佛证。若见净心故知证者，净心即是可见之相，云何论言"心真如者离心缘相"？又复经言："非识所能识，亦非心境界。"以此验之，定知意识不见心也。以见与不见，无有道理知心本寂故。设使心体本证，妄念之心不可息也。

若言妄识虽不见净心而依经教知心本寂，故能知之智熏于净心，令心自知本证，即不起后念，名为自证者，汝依经教知心本寂之时，为作寂相而知，为不作寂相而知？若作寂相而知者，妄想之相云何名寂？若不作相，即心无所系，便更驰散。若言作意不令驰散者，即有所缘。既有所缘[1]，即还有相，云何得言不作相也？

若言七识[2]能见净心，故知心本寂，知已熏心，令心自知本证，故不起后念，即名为自证者，是亦不然。何以故？以七识是我执识故，不能见心本寂。又复若为能缘之所缘者，即非净心，如上心体状中已说。既所缘非实，故熏心还生妄念也。以是义故，无有道理净心自证不起后念也。

若言由他证者，是亦不然。何以故？心体自寂静故，但以有六七识等名之为他。由有此他，故说他心不证。是故乃可证他，何须以他证心也。若言心体虽复本寂，但以无始无明妄念熏故，有此妄念习气在于心中，是故心体亦不证寂，故须他证者，他有[3]何等方便能除心中习气令心证也？若言更不起新念故不熏益彼习气，彼即自灭者，彼未灭间，有何所以不起新念也？若无别法为对治者，彼诸习气法应起念，若起念者，更益彼力也。以是义故，由他所证亦无道理。

若言不须用他证心，但证于他，以他证[4]故，习气自灭者，是亦不然。

---

[1] 既有所缘：《大正藏》本之校本甲无。

[2] "识"下，《大正藏》本之校本甲有"能缘"二字。

[3] 他有：底本无，依《大正藏》本之校本甲补入。

[4] 他证：《大正藏》本之校本甲作"证他"。

他既有习气为根本，故念念常起。若不先除彼习气种子者，妄念何由可证也？又复净心无有道理能证于他。若能证他者，一切众生皆有净心，应悉自然除于妄念也。若言妄念前后自相抑止，久久即息，故名为证他者，为前止后，为后止前？若言前念止后念者，前在之时，后识未生，后若起时，前念已谢，不相逐及，云何能止？若言后念止前念者，亦复如是，不相逐及，云何能止？

若前念起时即自嫌起，嫌起之心熏于本识令不起后念者，心不自见，云何自嫌？若后念嫌前故，能嫌之心熏于本识令不更起后念者，能嫌之心嫌前心时，为知前心是空故嫌，为不知是空故嫌？若知是空，即是无尘智也，汝云何言不须此智？又若知是空，则应不嫌。若不知前念空者，此心即是无明。何以故？以其前念实空而不能知故。又复不知前念空故，执有实念而生嫌心即是妄想。何以故？以其于空妄起实有想故。此能嫌之心既是无明妄想故，即是动法，复言熏心，此乃亦增不觉，重更益动[1]，生起之识于是云兴，而言能令后念不起者，盖是梦中之梦未惺觉也，故作斯说，仿佛不睡者，必应不言如此。

又复若言不作心念诸法故念不起者，为净心不作心念，为是意识不作心念？若是净心不作心念者，本来何因作心念法，今忽何因不念法也？若是意识不念法者，意识即是其念。若言意识不作心念法者，为对见法尘而不念，为不对见法尘而不念？为对而不见而不念，为全不对尘名为不念？若不对尘，云何说为意识？何以故？以[2]识者必识所识故。若对而不见，即是顽嚚之法。若见而不念，为何所因而得不念？为知空故所以不念，谓为有故所以不念？若知是空，即[3]是无尘之智，对而不见，见而不念，二俱无妨，何故汝言不须此智？若谓为有，即不能不念。又复谓有之时，即已是念。又复谓为有故，即是无明妄想，而复不念，譬如怯人闭目入暗道理。

---

[1] "动"下，《大正藏》本之校本甲有一"义"字。

[2] "以"下，《大正藏》本之校本甲有一"意"字。

[3] 即：底本无，依《大正藏》本之校本甲补入。

开眼而入，唯有外暗。倒生怕怖，闭目而入，内外俱黑，反谓安隐。此亦如是，念前法时，唯有迷境无明。而生嫌心不念之时，心境俱暗，反谓为善。又复若不作意念法，心则驰散。若作意不念诸法，作意即是乱动，非寂静法，云何得名证心也？但以专心在此不念故，即以此不念为境。意识为此境所系故，于余境界无容攀缘。是故惑者不知此事，便谓于诸法无复攀缘，遂更深生宝玩，将为真法，是以策意相续不休，以昼夜久习熟故，不须作意，自然而进，但不觉生灭常流，刹那恒起。起复不知，无明妄想未遣一毫，又不解自身居在何位，便言我心寂住，应是真如三昧。作如是计者，且好不识分量也！虽然，但以专心一境故，亦是一家止法，远与无尘之智为基，近与猿猴之躁为锁，比彼攀缘五欲、游戏六根者，此即百千万倍为殊为胜，但非心体寂照真如三昧耳。是故行者为而不执，即是渐法门。若欲成就出世之道，必藉无尘之智也。

此明止观依止中以何依止竟。

上标五番建立中第一止观依止讫。

次明止观境界者，谓三自性法，就中复作两番分别：一总明三性，二别明三性。

所言总明三性者，谓出障真如及佛净德，悉名真实性。在障之真[1]与染和合名阿梨耶识，此即是依地性。六识、七识妄想分别，悉名分别性。此是大位之说也。

所言别明三性者，初辨真实性，就中复有两种：一者有垢净心以为真实性，二者无垢净心以为真实性。所言有垢净心者，即是众生之体实，事染之本性，具足违[2]用，依熏变现，故言有垢；而复体包净用，自性无染，能熏之垢本空，所现之相常寂，复称为净，故言有垢净心也。所言无垢净心者，即是诸佛之体性，净德之本实，虽具法尔违用之性，染熏息故，事

---

[1] "真"下，《大正藏》本之校本甲有一"如"字。

[2] 违：《大正藏》本之校本甲作"染"。

染永泯；复备自性顺用之能，净熏满故，事净德显，故言无垢。虽从熏显，性净之用非增；假遣昏云，体照之功本具，复称净也。故言无垢净心。然依熏约用，故有有垢无垢之殊。就体谈真，本无无染有染之异，即是平等实性大总法门，故言真实性。

问曰：既言有垢净，亦应称无垢染。

答曰：亦有此义。诸佛违用即是无垢染，但为令众生舍染欣净，是故不彰也。

二明依他性者，亦有二种：一者净分依他性，二者染分依他性。清净分依他性者，即彼真如体具染净二性之用，但得无漏净法所熏，故事染之功斯尽，名为清净。即复依彼净业所熏，故性净之用显现，故名依他。所现即是所证三身净土、一切自利利他之德是也。

问曰：性染之用[1]由染熏灭故不起生死，虽然，成佛之后，此性岂全无用？

答曰：此性虽为无漏所熏故不起生死，但由发心已来悲愿之力熏习故，复为可化之机为缘熏，示违之用亦得显现，所谓现同六道，示有三毒，权受苦报，应从死灭等，即是清净分别性法。

问曰：既从染性而起，云何名为清净分？

答曰：但由是佛德故，以佛望于众生，故名此德以为清净。若偏据佛德之中论染净者，此德实是示违染用。

问曰：既言依他性法，云何名为分别性？

答曰：此德依于悲愿所熏起故，即是依他性法。若将此德对缘施化，即名分别性法也。

问曰：无垢真实性与清净依他性竟有何异？

答曰：无垢真实性者，体显离障为义，即是体也。清净依他性者，能随熏力净德差别起现为事，即是相也。清净分别性者，对缘施设为能，即是用也。

---

[1]　"用"下，底本有"何谓"二字，依《大正藏》本之校本甲删。

所言染浊依他性者，即彼净心虽体具违顺二用之性，但为分别性中所有无明染法所熏故，性违之用依熏变现虚状等法，所谓流转生死、轮回六趣，故言染浊依他性法也。

问曰：性顺之用，未有净业所熏故不得显现，虽然，在于生死之中，岂全无用耶？

答曰：虽未为无漏熏故净德不现，但为诸佛同体智力所护念故，修人天善，遇善知识，渐发道心，即是性净之用也。

问曰：一切众生皆具性净，等为诸佛所护，何因发心先后，复有发不发？

答曰：无始已来造业差别，轻重不同，先后不一。罪垢轻者蒙佛智力，罪垢重者有力不蒙。

问曰：罪垢重者，性净之用岂全无能？

答曰：但有性净之体不坏，以垢重故更不有能也。

问曰：上言凡圣之体皆具顺违二性，但由染净熏力，有现不现。何故诸佛净熏满足而不妨示违之用有力，凡夫染业尤重而全使性顺之用无能也？若以染重故性净无能，亦应净满故染用无力。既净满而有示违之功，定知染重亦有性顺之用。

答曰：诸佛有大悲大愿之熏，故性违起法界之染德，能令机感斯见。众生无厌凡欣圣之习，故性顺匿无边之净用，不使诸佛同鉴。无净器可鉴，故大圣舍之，以表知机。有染德可见，故下凡寻之，明可化也。是故净满不妨有于染德，染重不得有于净用。

三明分别性者，亦有二种：一者清净分别性，二者染浊分别性。所言清净分别性者，即彼清净依他性法中所有利他之德，对彼内证无分别智故，悉名分别，所谓一切种智能知世谛种种差别，乃至一切众生心心数法无不尽知，及以示现五通三轮之相，应化六道四生之形，乃至依于内证之慧，起彼教用之智，说己所得，示于未闻。如斯等事，悉名清净分别性法。此义云何？谓虽起无边之事，而复毕竟不为世染，不作功用，自然成办，故言清净。即此清净之觉随境异用，故言分别。又复对缘摄化令他清净，摄益之德为他分别，故言清净分别性也。

所言染浊分别性法者，即彼染浊依他性中虚状法内，有于似色、似识、似尘等法。何故皆名为似？以皆一心依熏所现故，但是心相，似法非实，故名为似。由此似识一念起现之时，即与似尘俱起，故当起之时，即不知似尘似色等是心所作，虚相无实。以不知故，即妄分别，执虚为实。以妄执故，境从心转，皆成实事，即是今时凡夫所见之事。如此执时，即念念熏心，还成依他性。于上还执，复成分别性。如是念念虚妄，互相生也。

问曰：分别之性与依他性既迭互相生，竟有何别？

答曰：依他性法者，心性依熏故起，但是心相，体虚无实。分别性法者，以无明故，不知依他之法是虚，即妄执以为实事，是故虽无异体相生而虚实有殊，故言分别性法也。

更有一义，以明三性。就心体平等，名真实性。心体为染净所系，依随染净二法，名依他性。所现虚相果报，名分别性。又复更有一义，就依他性中即分别为三性：一者净分，谓在染之真，即名真实性；二者不净分，谓染法习气种子及虚相果报，即是分别性；二性和合无二，即是依他性也。

问曰：似识妄分别时，为是意识总能分别六尘，为六识各各自分别一尘？

答曰：五识见尘时，各与意识俱时而起。如眼识见似色时，即是[1]一意识俱时分别妄执也。余识亦如是。是故意识总能分别妄执六尘，五识但能得五尘，不生分别妄执。

问曰：妄执五尘为实者，为是五意识，为是第六意识？

答曰：大乘中不明五意识与第六别，但能分别者悉名意识。

上来是明第二止观所观境界竟。

次明第三止观体状，就中复有二番明义：一就染浊三性以明止观体状，二就清净三性以明止观体状。

初就染浊三性中，复作三门分别：一依分别性以明，二约依他性以显，

---

[1] 是：《大正藏》本之校本甲作"有"。

三对真实性以示。

对分别性以明止观体状者，先从观入止。所言观者，当观五阴及外六尘，随一一法，悉作是念：我今所见此法谓为实有形质坚碍本来如是者，但是意识有果时无明故，不知此法是虚。以不知法是虚故，即起妄想，执以为实，是故今时意里确然将作实事。复当念言：无始已来由执实故，于一切境界起贪瞋痴，造种种业，招生感死，莫能自出。作此解者，即名观门。作此观已，复作此念：我今既知由无明妄想，非实谓实故流转生死，今复云何仍欲信此痴妄之心？是故违之，强观诸法唯是心相，虚状无实。犹如小儿爱镜中像谓是实人，然此镜像体性无实，但由小儿心自谓实，谓实之时即无实也。我今亦尔，以迷妄故，非实谓实。设使意里确然执为实时，即是无实，犹如想心所见境界无有实事也。复当观此能观之心亦无实念，但以痴妄谓有实念，道理即无实也。如是次第以后念破前念，犹如梦中所有忆念思量之心无有实念也。作此解故，执心止息，即名从观入止也。复以知诸法无实故，反观本自谓为实时，但是无明妄想，即名从止起观。若从此止径入依他性观者，即名从止入观。

次明依他性中止观体状者，亦先从观入止。所言观者，谓因前分别性中止行，知法无实故，此中即解一切五阴六尘随一一法悉皆心作，但有虚相，犹如想心所见，似有境界，其体是虚。作此解者，即名为观。作此观已，复作是念：此等虚法但以无明妄想妄业熏心故，心似所熏之法显现，犹如热病因缘眼中自现空花。然此花体相，有即非有，不生不灭。我今所见虚法亦复如是，唯一心所现，有即非有，本自无生，今即无灭。如是缘心遣心，知相本无故，虚相之执即灭，即名从观入止。既知诸法有即非有，而复知不妨非有而有，似有显现，即名从止起观。若从此止行径入真实性观者，此即名从止入观也。

次明第三真实性中止观体状者，亦先从观入止。所言观者，因前依他性中止行，知一切法有即非有故，所以此中即知一切法本来唯心，心外无法。复作是念：既言心外无法，唯有一心，此心之相何者是也？为无前二性故即将此无以为心耶？为异彼无外别有净心耶？作此念时，即名为观。即复念言：无是无法，对有而生，有尚本来不有，何有无法以为净心。又复无法为四句摄，净心即离四句，何得以此无法为净心也？作此念时，执无之心即灭，则名为止。又从此止更入观门，观于净心，作如是念：二性之无既非是心者，更有何法以为净心？又复此心为可见耶？为不可见耶？为可念耶？为不可念耶？作此分别时，即名为观。即复念言：心外无法，何有能见此心者？何有能念此心者？若更缘念此心即成境界，即有能缘所缘，即是心外有智能观此心，何名为如？又复我觅心之心，体唯是净心，何有异法可缘可念也？但以妄想习气故，自生分别。分别之相，有即非有，体唯净心。又复设使分别，即知正是净心分别也。喻如眼见空花，闻言花是眼作，有即非有，唯有自眼，闻此语已，知花本无，不著于花，反更开眼，自觅己眼，竟不能见，复谓种种眼根[1]是己家眼。何以故？以不知能觅之眼即是所觅眼故。若能知花本无，眼外无法，唯有自眼，不须更觅于眼者，即不以眼觅眼。行者亦尔，闻言心外无法，唯有一心，故即使不念外法，但以妄想习气故，更生分别，觅于净心。是故当知，能觅净心者即是净心。设使应生分别，亦即是净心，而净心之体常无分别。作此解者，名为随顺真如，亦得名为止门。久久修习，无明妄想习气尽故，念即自息，名证真如，亦无异法来证，但如息波入水，即名此真如为大寂静止门。复以发心已来观门方便及以悲愿熏习力故，即于定中兴起大用。或从定起，若念若见，若心若境，种种差别，即是真如用义也，此名从止起观。又复炽然分别而常体寂，虽常体寂而即缘起分别，此名止观双行。

上来三番明止观二门，当知观门即能成立三性缘起为有，止门即能除灭三性得入三无性。入三无性者，谓除分别性入无相性，除依他性入无生性，除真实性入无性性。

就真实性中所以有四番明止观者，但此穷深之处微妙难知，是故前示妄空非实，除妄空以明止，即是无性性。次一显即伪是真，息异执以辨寂，

---

[1] 眼根：《大正藏》本之校本甲作"相貌"。

即是无真性。是故无性性[1]，或名无无性，或云无真性也。第三一重止观者，即是根本真如三昧。最后第四一重止观者，即是双现前也。又复行者若利机深识，则不须从第一分别性修，但径依第二依他性修。此依他性亦得名分别性，以具有二性义也。若不能如是者，即须次第从第一性修，然后依第二性修，依次而进也，终不得越前二性径依第三性修也。又复虽是初行，不妨念念之中三番并学，资成第三番也。

问曰：既言真实性法，有何可除？若可除者，即非真实。

答曰：执二无以为真实性者即须除之，故曰无无性。妄智分别净心谓为可观者，亦须息此分别异相，示其无别真性可得分别，故言无真性。但除此等于真性上横执之真，非谓除灭真如之体。

复更有譬喻，能显三性止观二门，今当说之。譬如手巾本来无兔，真实性法亦复如是，唯一净心，自性离相也。加以幻力，巾似兔现，依他性法亦复如是，妄熏真性，现六道相也。愚小无知，谓兔为实，分别性法亦复如是，意识迷妄，执虚为实，是故经言："一切法如幻。"此喻三性观门也。若知此兔依巾似有，唯虚无实，无相性智亦复如是，能知诸法依心似有，唯是虚状，无实相性[2]也。若知虚兔之相唯是手巾，巾上之兔有即非有，本来不生，无生性智亦复如是，能知虚相唯是真心，心所现相有即非有，自性无生也。若知手巾本来是有，不将无兔以为手巾，无性性智亦复如是，能知净心本性自有，不以二性之无为真实性。此即喻三无性止门也。是故若欲舍离世谛，当修止门，入三无性；若欲不坏缘起建立世谛，当修观门，解知三性。若不修观门，即不知世谛所以缘起；若不修止门，即不知真谛所以常寂。若不修观门，便不知真即是俗；若不修止门，即不知俗即是真。以是义故，须依幻喻，通达三性、三无性。如幻喻能通达三性、三无性，其余梦、化、影、像、水月、阳焰、乾城、饿鬼等喻，但是依实起虚、执虚为实者，悉喻三性，类以可知。若直以此等诸喻依实起虚

---

[1] "性"下，《大正藏》本之校本甲有一"法"字。

[2] 性：《大正藏》本之校本甲作"貌"。

故偏喻依他性亦得也，但虚体是实即可喻真实性，虚随执转即可喻分别性，是故此等诸喻通譬三性。解此喻法次第无相，即可喻三无性也。

又更分别梦喻以显三性三无性。譬如凡夫惯习诸法故，即于梦中心现诸法。依他性法亦复如是，由无始已来果时无明及以妄想熏习真实性故，真心依熏现于虚相果报也。彼梦里人为睡盖所覆故，不能自知己身他身皆是梦心所作，即便执为实事，是故梦里自他种种受用得成。分别性法亦复如是，意识为果时无明所迷故，不知自他咸是真心依熏所作，便即妄执为实，是故自他种种受用得成也。是以经言："是身如梦，为虚妄见。"虚者即是依他性，妄者即是分别性。此即缘起三性为观门也。然此梦中所执为实者，但是梦心之相，本无有实。分别性法亦复如是，但是虚想从心所起，本来无实，即是无相性也。又彼梦中虚相有即非有，唯是梦心，更无余法。依他性法亦复如是，自他虚相有即非有，唯是本识，更无余法，即是无生性也。又彼梦心即是本时觉心，但由睡眠因缘故名为梦心，梦心之外无别觉心可得。真实性法亦复如是，平等无二，但以无明染法熏习因缘故，与染和合，名为本识，然实本识之外无别真心可得，即是无性性法。此即除灭三性为止门也。以是喻故，三性三无性即可显了。

此明止观体状中约染浊三性以明止观体状竟。

次明清净三性中止观体状，就中亦有三番：一明分别性中止观体状，二明依他性中止观体状，三明真实性中止观体状。

第一分别性中止观体状者，谓知一切诸佛菩萨所有色身及以音声、大悲大愿、依报众具、殊形六道、变化施设，乃至金躯现灭、舍利分颁、泥木雕图、表彰处所，及以经教、威仪、住持等法，但能利益众生者，当知皆由大悲大[1]愿之熏，及以众生机感之力，因缘具足，熏净心故，心性依熏显现斯事。是故唯是真性缘起之能，道理即无实也，但诸众生有无明妄想故，曲见不虚。行者但能观察，知此曲见执心是无明妄想者，即名为观。

---

[1] 大：《大正藏》本之校本甲作"本"。

以知此见是迷妄故，强作心意，观知无实，唯是自心所作，如是知故，实执止息，即名为止。此是分别性中从观入止也。

大乘止观法门卷第四 [1]

南岳思大禅师曲授心要

第二依他性中止观门者，谓因前止门故，此中即知诸佛净德唯心所作虚权之相也。以不无虚相缘起故，故得净用圆显，示酬旷劫之熏因，即复对缘摄化故，故得泽沾细草，表起无边之感 [2] 力。斯乃净心缘起，寂而常用者哉！作此解者，名为观门。依此观门作方便故，能知净心所起自利利他之德，有即非有，用而常寂。如此解者，名为止门。此止及观应当双行，前后行之亦得。

次明真实性中止观门者，谓因前止行故，即知诸佛净德唯是一心，即名为观。复知诸佛净心是众生净心，众生净心是诸佛净心，无二无别。以无别故，即不心外观佛净心。以不心外觅佛心故，分别自灭，妄心既息。复知我心佛心本来一如，故名为止。此名真实性中止观门也。

上来清净三性中，初第一性中从观入止，复从此止行入第二性中观，复从此观入止，复从此止入第三性中观，复从此观入止，故得我心佛心平等一如，即是一辙入修满足。复以大悲方便，发心已来熏习心故，即于定中起用繁兴，无事而不作，无相而不为，法界大用无障无碍，即名出修也。用时寂，寂时用，即是双现前也。乃至即时 [3] 凡夫亦得作如是寂用双修。此义云何？谓知一切法有即非有，即是用时常寂；非有而有，不无似法，即名寂时常用。是故色即是空，非色灭空也。

问曰：既言佛心、众生心无二无别，云何说有佛与众生之异名？

---

[1]　《大正藏》本之校本甲此处不分卷。

[2]　感：《大正藏》本之校本甲作"威"。

[3]　即时：《大正藏》本之校本甲作"时即"。

答曰：心体是同，复有无障碍别性。以有别性故，得受无始已来我执熏习。以有熏力别故，心性依熏现有别相。以约此我执之相故，说佛与众生二名之异也。

问曰：诸佛既离我执，云何得有十方三世[1]佛别也？

答曰：若离我执，证得心体平等之时，实无十方三世之异。但本在因地未离执时，各别发愿，各修净土，各化众生，如是等业差别不同，熏于净心，心性依别熏之力故，现此十方三世诸佛依正二报相别，非谓真如之体有此差别之相。以是义故，一切诸佛常同常别，古今法尔。是故经言："文殊法常尔，法王唯一法，一切无碍人，一道出生死。一切诸佛身，唯是一法身。"此即同异双论。若一向唯同无别者，何故经言"一切诸佛身"、"一切无碍人"？若一向唯别不同者，何故经言"唯是一法身"、"一道出生死"？以是义故，真心虽复平等而复具有差别之性。若解明镜一质即具众像之性者，则不迷法界法门。

问曰：真心有差别性故佛及众生各异不同，真心体无二故一切凡圣唯一法身者，亦应有别性故他修我不修，体是一故他修我得道。

答曰：有别义故他修非我修，体是一故修不修平等。虽然，若解此体同之义者，他所修德亦有益己之能。是故经言："菩萨若知诸佛所有功德即是己功德者，是为奇特之法。"又复经言："与一切菩萨同一善根藏。"是故行者当知诸佛菩萨、二乘圣人、凡夫天人等所作功德，皆是己之功德，是故应当随喜。

问曰：若尔，一切凡夫皆应自然得道。

答曰：若此真心唯有同义者，可不须修行，藉他得道，又亦即无自他身相之别。真如既复有异性义故得有自他之殊者，宁须一向倚他觅道？但可自修功德，复知他之所修即是己德，故迭相助成，乃能殊胜，速疾得道，何得全倚他也！又复须知，若但自修，不知他之所修即是己有者，复不得他益。即如穷子，不知父是己父、财是己财，故二十余年受贫穷苦，止宿

---

[1] "世"下，《大正藏》本之校本甲有一"诸"字。

草庵，则其义也。是故藉因托缘，速得成办。若但独求，不假他者，止可但得除粪之价。

问曰：上言诸佛净德者，有几种？

答曰：略言有其二种：一者自利，二者利他。自利之中复有三种：一者法身，二者报身，三者净土。利他之中复有二种：一者顺化，二者违化。顺化之中有其二种：一者应身及摩莬摩化身，二者净土及杂染土。此是诸佛净德。

问曰：利他之德，对缘施设，权现巧便，可言无实，唯是虚相，有即非有。自利之德，即是法报二身，圆觉大智，显理而成，常乐我净，云何说言有即非有？

答曰：自利之德实是常乐我净，不迁不变。正以显理而成故，故得如是。复正以显理而成故，即是心性缘起之用。然用无别用，用全是心；心无别心，心全是用。是故以体体用，有即非有，唯是一心而不废常用；以用用体，非有即有，炽然法界而不妨常寂。寂即是用，名为观门；用即是寂，名为止行。此即一体双行，但为令学者泯相入寂故，所以先后别说止观之异，非谓佛德有其迁变。又复色即是空，名之为止；空非灭色，目之为观。世法尚尔，何况佛德而不得常用常寂者哉！

问曰：佛德有即非有，不妨常住者，众生亦有即非有，应不妨不灭。

答曰：佛德即理显以成顺用故，所以常住。众生即理隐以成违用故，所以生灭。常住之德虽有即非有，而复非有而有，故不妨常住。生灭之用亦虽有即非有，而复非有而有，故不妨生灭也。

此约清净三性以明止观体状竟。第三番体状竟也。

次明第四止观除障得益，就中复有三门分别：一约分别性以明除障得益，二约依他性以明除障得益，三约真实性以明除障得益。

初明分别性中所除障者，谓能解不知境虚执实之心是无明妄想故，即是观行成。以观成故，能除无明妄想上迷妄。何谓迷妄之上迷妄？谓不知迷妄是迷妄，即是迷也。以此迷故，即执为非迷，复是妄想。此一重迷妄因前一重上起，故名迷妄之上迷妄也。是故行者虽未能除不了境虚执实之心，但能识知此心是痴妄者，即是能除痴妄之上迷妄也。此是除障。以除障故，堪能进修止行，即是得益。

又此迷妄之上迷妄，更以喻显。如人迷东为西，即是妄执，此是一重迷妄也。他人语言："汝今迷妄，谓东为西。"此人犹作是念："我所见者非是迷妄。"以不知故，执为非迷者，复为妄想，此即迷妄之上重生迷妄。此人有何过失？谓有背家浪走之过。若此人虽未醒悟，但用他语，信知自心是迷妄者，即无迷妄之上迷妄。此人得何利益？谓虽复迷妄未醒，而得有向家之益。虽[1]未证知诸法是虚，但能知境虚是无明、执实是妄想者[2]，即常不信己之所执，堪能进修止行，渐趣涅槃。若都不知此者，即当随流苦海，增长三毒，背失涅槃寂静之舍也。此明分别性中观行断得之义。

所言分别性中止行除障得益者，谓依彼观行作方便故，能知诸法本来无实，实执止故，即是能除果时迷事无明及以妄想也。复于贪瞋渐已微薄，虽有罪垢，不为业系。设受苦痛，解苦无苦，即是除障。复依此止，即能成就依他性中观行故，无尘智用随心行故，即是得益。此明分别性中止行除障得益。

次明依他性中止观断得者，初明观门。此观门者与分别性中止门不异，而少有别义。此云何也？谓彼中止门者必缘一切法是虚故能遣无明，无明灭故执实妄心即止。然此缘虚之遣，即[3]此依他性中观门，更无异法。是故彼止若成，此观亦就。但彼由缘虚故，能灭实执，故名为止。此即由知无实故，便解诸法是虚，因缘集起不无心相，故名为观。彼以灭实破执为宗，此以立虚缘起为旨，故有别也。以是义故，除障义同，得益稍别。别者是何？谓依此观方便进修，堪入依他性止门，又复分成如幻化等三昧，故言得益。此是依他性中观行断得也。

---

[1] "虽"上，《大正藏》本之校本甲有"行者亦尔"四字。

[2] 知境虚是无明、执实是妄想者：《大正藏》本之校本甲作"知此不知境虚之心是无明，复知执实之心是妄想者"。

[3] "即"下，《大正藏》本之校本甲有一"是"字。

所言依他性中止门除障得益者，谓依前观行作方便故，能知一切虚相唯是一心为体，是故虚相有即非有。如此解故，能灭虚相之执，故名为止。以此止故，能除果时迷理无明及以虚相，又复无明住地渐已损薄，即名除障。又得成就如幻化等三昧，又无生智用现前，复即成就真实性中观行，即名得益。

问曰：观门之中亦成就如幻化等三昧，此止门中亦成就如幻化等三昧，有何别也？

答曰：观中分得，此中成就。又复观中知法缘起如幻化，此中知法缘起即寂亦如幻化，故有别也。

此明依他性中止行除障得益。

次明真实性中止观除障得益者，初明观门。此观门者初[1]与依他性中止门无异，而少有别义。此云何也？谓彼止门必缘一切法唯心所作，有即非有，体是一心，是故得灭虚相之执。然此能知诸法唯一心之体，即是此中观门，更无异法。是以彼止若成，此观即就，不相离也。然彼虽缘一心，但以灭相为宗；此中虽知虚相非有，但以立心为旨，故有别也。是故除障义同，得益稍别。别义是何？谓依此观作方便故，堪能胜进入止门也。

问曰：唯心所作与唯是一心，为一为异？

答曰：唯心所作者，谓依心起于诸法，非有而有，即是从体起相证也。唯是一心者，谓知彼所起之相有即非有，体是一心，即是灭[2]相入实证也。

此明真实性中观行断得也。

所言止行除障得益者，谓依前观行作方便故，知彼一心之体不可分别，从本已来常自寂静。作此解故，念动息灭，即名为止。以此止行，能灭无明住地及妄想习气，即名除障。大觉现前，具足佛力，即名得益。

此明真实性中止行除障得益也。

问曰：除障之时，为敌对除，为智解熏除？

---

[1] 初：《大正藏》本之校本甲无。

[2] 灭：《大正藏》本之校本甲作"泯"。

答曰：不得敌对相除。所以者何？以惑心在时未有其解，解若起时惑先已灭，前后不相见，故不得敌对相除。如是虽由一念解心起故惑用不起，然其本识之中惑染种子仍在未灭，故解心一念灭时还起惑用。如是解惑念念迭兴之时，解用渐渐熏心，增益解性之力，以成解用种子。即彼解用熏成种子之时，即能熏彼惑染种子分分损减。如似以香熏于臭衣，香气分分着衣之时，臭气分分而灭。惑种亦尔，解种分成，惑即分灭也。以惑种分分灭故惑用渐弱，解种分分增故解用转强，如是除也，非如小乘说敌对除，但有语无义。然彼小乘亦还熏除，而不知此道理也。

问曰：解熏心时，为见净心故得熏心，为更有所由得熏心？

答曰：一切解惑之用，皆依一心而起。以是义故，解惑之用悉不离心。以不离心故，起用之时，即自熏心，更无所由。如似波浪之用不离水故，波动之时即动水体，是以前波之动动于水故，更起后波也。解惑之熏亦复如是，类此可知。

问曰：此三性止观，为有位地，为无位地？

答曰：不定。若就一相而言，十解，分别性中止行成；十回向，依他性中止行成；佛果满足，真实性中止行成。若更一解，地前，分别性中止行成；地上，依他性中止行成；佛果，真实性中止行成。又复地前随分具三性止行，地上亦具三性止行，佛地三性止行究竟满足。又复位位行行俱行三止。即时凡夫始发心者亦俱行三性止行，但明昧有殊，托法无别也。

又复总明三性止观除障得益，谓三性止行成故离凡夫行，三性观行成故离声闻行，此名除障。三性止行成故得寂灭乐，为自利；三性观行成故缘起作用，为利他，此为得益。

斯辨第四止观断得竟。

次明第五止观作用者，谓止行成故，体证净心，理融无二之性，与诸众生圆同一相之身，三宝于是混尔无三，二谛自斯莽然不二，泊兮凝湛渊渟，恬然澄明内寂，用无用相，动无动相，盖以一切法本来平等故，心性法尔故。此则甚深法性之体也。谓观行成故，净心体显法界无碍之用，自然出生一切染净之能，兴大供具，满无边刹，奉献三宝，惠施四生。及以吸风藏火，放光动地，引短促长，合多离一，殊形六道，分响十方，五通示现，三轮显化。乃至上生色界之顶，下居兜率之天，托影于智幻之门，通灵于方便之道。挥二手以表独尊，蹈七步而彰唯极。端坐琼台，思惟宝树。高耀普眼于六天之宫，遍转圆音于十方之国。莲花藏海帝网以开张，娑婆杂土星罗而布列。乃使同形异见，一唱殊闻，外色众彰，珠光乱彩，故有五山永耀，八树潜辉，玉质常存，权形取灭。斯盖大悲大愿熏习力故，一切法法尔一心作故，即是甚深缘起之用也。

又止行成故，其心平等，不住生死；观行成故，德用缘起，不入涅槃。又止行成故住大涅槃，观行成故处于生死。又止行成故不为世染，观行成故不为寂滞。又止行成故即用而常寂，观行成故即寂而常用。又止行成故知生死即是涅槃，观行成故知涅槃即是生死。又止行成故知生死及涅槃二俱不可得，观行成故知流转即生死、不转是涅槃。

问曰：菩萨即寂兴用之时，三性之中依于何性而得成立？

答曰：菩萨依依他性道理故，能得即寂兴用，兼以余性助成化道。此义云何？谓虽知诸法有即非有，而复即知不妨非有而有，不无似法显现。何以故？以缘起之法法尔故。是故菩萨常在三昧而得起心悯念众生。然复依分别性观门故，知一切众生受大苦恼。依依他性观门故，从心出生摄化之用。依真实性观门故，知一切众生与己同体。依分别性止门故，知一切众生可除染得净。依依他性止门故，不见能度所度之相。依真实性止门故，自身他身本来常住大般涅槃。

又若初行菩萨欲有所作，先须发愿，次入止门，即从止起观，然后随心所作即成。何故须先发愿？谓指克所求，请胜力加故。复何须入止？谓欲知诸法悉非有故，是故于一切有碍之法随念即通。何故即从止起观？谓欲知一切法皆从心作故，是故于一切法有所建立随念即成也。若久行菩萨即不如是，但发意欲作，随念即成也。诸佛如来复不如是，但不缘而照，不虑而知，随机感所应见闻，不发意而事自成也。譬如摩尼无心欲益于世，而随前感，雨宝差别。如来亦尔，随所施为，不作心意，而与所益相应。

此盖由三大阿僧祇劫熏习淳熟，故得如是，更无异法也。

心性自清净， 诸法唯一心，

此心即众生， 此心菩萨佛。

生死亦是心， 涅槃亦是心，

一心而作二， 二还无二相。

一心如大海， 其性恒一味，

而具种种义， 是无穷法藏。

是故诸行者， 应当一切时，观察自身心，

知悉由染业， 熏藏心故起。

既知如来藏， 依熏作世法，

应解众生体， 悉是如来藏。

复念真藏心， 随熏作世法，

若以净业熏， 藏必作佛果。

譬如见金蛇， 知是打金作，

即解于蛇体， 纯是调柔金。

复念金随匠， 得作蛇虫形，

即知蛇体金， 随匠成佛像。

藏心如真金， 具足违顺性，

能随染净业， 显现凡圣果。

以是因缘故， 速习无漏业，

熏于清净心， 疾成平等德。

是故于即时， 莫轻御自身，

亦勿贱于他， 终俱成佛故。

此明止观作用竟。上来总明五番建立止观道理讫[1]。

---

[1] "讫"下，《大正藏》本之校本甲有"在于上"三字。

凡礼佛之法，亦有止观二门。所言观门礼佛者，当知十方三世一切诸佛悉与我身同一净心为体，但以诸佛修习净业熏心故，得成净果，差别显现，遍满十方三世。然一一佛皆具一切种智，是正遍知海，是大慈悲海，念念之中尽知一切众生心心数法，尽欲救度一切众生。一佛既尔，一切诸佛皆悉如是。是故行者若供养时，若礼拜时，若赞叹时，若忏悔时，若劝请时，若随喜时，若回向时，若发愿时，当作是念：一切诸佛悉知我供养，悉受我供养，乃至悉知我发愿。犹如生盲之人于大众中行种种惠施，虽不见大众诸人，而知诸人皆悉见己所作，受己所施，与有目者行施无异。行者亦尔，虽不见诸佛，而知诸佛皆悉见己所作，受我忏悔，受我供养。如此解时，即时[1]现前供养，与实见诸佛供养者等无有异也。何以故？以观见佛心故。佛心者，大慈悲是也。又若能想作一佛身相严好，乃至能得想作无量诸佛，一一佛前皆见己身供养礼拜者，亦是现前供养。何以故？以是心作佛、是心是佛故。

问曰：前之一番供养实有道理，可与现前供养无异。此后一番想作佛身者则无道理。何以故？以实不见佛身，假想作见，即是妄想相故。

答曰：佛在世时，所有众生现前所见佛者，亦是众生自心作也。是故经言："心造诸如来"。以是义故，即时心想作佛，则与彼现前见佛一也。又复乃胜二乘现见佛者。何以故？以彼二乘所见之佛实从心作，由无明故，妄想曲见，谓从外来，非是心作，故即是颠倒，不称心性缘起之义。是故经言："声闻曲见。"又复经言："是人行邪道，不能见如来。"所言如来者，即是真如净心依熏缘起，果报显现，故名如来。彼谓心外异来，故言不能见也。我今所见诸佛虽是想心所作，但即能知由我想念熏真心故，心中现此诸佛，是故所见之佛不在心外，唯是真心之相，有即非有，非有即有，不坏真寂，不坏缘起，是故胜彼二乘现前见也。又若我以想心熏真心故，真心性起，显现诸佛，而言是妄想者，道场会众皆以见佛之业熏真

---

[1] 时：《大正藏》本之校本甲作"是"。

心故，卢舍那佛在于真心中现，彼诸菩萨亦是妄想。若彼菩萨所见之佛实从心起，见时即知不从外来，非是妄想者，我今所见诸佛亦从心起，亦知不从外来，何为言是妄想？又复彼诸菩萨所修见佛之业，悉是心作，还熏于心。我今念佛之想，亦是心作，还熏于心。彼此即齐，是故彼若非妄，我即真实。

问曰：若一切诸佛唯由众生自心所作者，即无有实佛出世。

答曰：不妨一切诸佛出世，而即是众生自心所作。何以故？谓由一切诸佛、一切众生同一净心为体故。然此净心全体唯作一众生，而即不妨全体复作一切凡圣。如一众生是净心全体所作，其余一一凡圣悉皆如是，一时一体，不相妨碍。是故若偏据一人以论心者，此人之体即能作一切凡圣，如藏体一异中释此义也。由此义故，一切诸佛唯是我心所作，但由共相不共相识义故，虽是我心能作诸佛而有见不见之理，如共相不共相识中具明。以是义故，若能方便假想者，此想即熏真心，与诸佛悲智之熏相应故，于真心中显现诸佛，自得见之。此所现之佛，以我假想见佛之业与佛利他之业相应熏心起故，此佛即是我共相识也。是共相识故，即是真实出世之佛，为我所见。若无见佛之业与佛利他之德相应熏心者，一切诸佛虽是我净心所作，而我常不得见佛。是故若偏据诸佛以论净心，即诸佛净心作一切众生。但佛有慈悲智力熏心故，得见一切众生。若偏据众生以论净心，即众生净心作一切诸佛。但众生有见佛之业熏心故，得见一切诸佛。是故假想熏心者，即心中诸佛显现可见，所见之佛则是真实出世之佛。若不解此义故，谓释迦如来是心外实佛，心想作者是妄想作佛，如是执者，虽见释迦如来亦不识也。

又复行者既如是知一切诸佛是心所作故，当知身及供具亦从定心出生。以是义故，当想自身心，犹如香藏王，身诸毛孔内，流出香烟云。其云难思议，充满十方刹，各于诸佛前，成大香楼阁。其香楼阁内，无量香天子，手执殊妙香，供养诸最胜。或复想自身，遍满十方国，身数等诸佛，亲侍于如来。彼诸一一身，犹如大梵王，色相最殊妙，五体礼尊足。知身及供具，悉是一心为，不生妄想执，谓为心外有。复知诸菩萨，所有诸供具，悉施诸众生，令供养诸佛，是故彼供具，即是我己有。知是己有故，持供诸如来。以己心作物，及施他己者，复回施众生，供[1]献诸最胜。深入缘起观，乃能为此事。

此观门礼佛。

止门礼佛者，当知一切诸佛及以己身一切供具，皆从心作，有即非有，唯是一心，亦不得取于一心之相。何以故？以心外无法能取此心相故。若有能取所取者，即是虚妄，自体非有。如是礼者，即名止门。

复不得以此止行故便废息观行，应当止观双行，所谓虽知佛身我身及诸供具体唯一心，而即从心出生缘起之用，炽然供养。虽复炽然供养，而复即知有即非有，唯是一心，平等无念。是故经言："供养于十方，无量亿如来。诸佛及己身，无有分别相。"此是止观双行也。

凡食时亦有止观两门。所言观者，初得食时，为供养佛故，即当念于此食是我心作，我今应当变此疏食之相以为上味。何以故？以知诸法本从心生，还从心转故。作是念已，即想所持之器以为七宝之钵，其中饮食想为天上上味，或作甘露，或为粳粮，或作石蜜，或为酥酪、种种胜膳等。作此想已，然后持此所想之食施与一切众生，共供养三宝四生等食之。当念一切诸佛及诸[2]贤圣悉知我等作此供养，悉受我等如是供养。作此供养已，然后食之。是故经言："以一食施一切，供养诸佛及诸贤圣，然后可食。"

问曰：既施与三宝竟，何为得自食？

答曰：当施一切众生共供养三宝时，即兼共施众生食之。我此身中八万户虫即是众生之数故，是故得自食之，令虫安乐，不自为己。

又复想一钵之食，一一米粒复成一钵上味饮食。于彼一切钵中，一一粒米复成一钵上味饮食。如是展转出生，满十方世界，悉是宝钵，成满上

---

[1] 供：《大正藏》本之校本甲作"共"。

[2] 诸：底本无，依《大正藏》本之校本甲补入。

味饮食。作此想已，持此所想之食施与一切众生，令供养三宝四生等。作此想已，然后自食，令己身中诸虫饱满。

若为除贪味之时，虽得好食，当想作种种不净之物食之。而当知此好恶之食悉是心作，虚相无实。何故得知？以向者钵中好食我作不净之想看之，即唯见不净，即都不见净故，将知本时净食亦复如是，是心所作。此是观门。

止门吃食者，当观所食之味，及行食之人，能食之口，别味之舌等，一一观之，各知从心作故，唯是心相，有即非有，体唯一心，亦不得取于一心之相。何以故？以心外无法能取此心相故。若有能取所取者，即是虚妄，自体非有。此名止门。

凡大小便利亦有止观。所言观者，当于秽处作是念言：此等不净悉是心作，有即非有。我今应当变此不净令作清净。即想此秽处作宝池宝渠，满中清净香水，或满酥酪。自想己身作七宝身，所弃便利即香乳酥蜜等。作此想已，持施一切众生。即复知此净相唯是心作，虚相无实。是名观门。所言止门者，知此不净之处及身所弃不净之物，唯是过去恶业熏心故，现此不净之相可见。然此心相有即非有，唯是一心，平等无念，即名止门。

问曰：上来所有净不净法虽是心作，皆由过去业熏所起，何得现世假想变之即从心转？

答曰：心体具足一切法性，而非缘不起。是故溷中秽相由过业而得现，宝池酥酪无往缘而不发。若能加心净想，即是宝池酥酪之业熏心，故净相得生；厌恶之心，空观之心，即是除灭不净之缘，净熏心故，秽相随灭。此盖过去之业定能熏心起相，现世之功亦得熏心显妙用也。

如此于大小便处假想熏心而改变之，其余一切净秽境界，悉[1]须如是假想熏心以改其旧相，故得现在除去憎爱，亦能远与五通为方便也。然初学行者未得事从心转，但可闭目假想为之。久久纯熟，即诸法随念改转。

---

[1] 悉：底本无，依《大正藏》本之校本甲补入。

是故诸大菩萨乃至二乘小圣、五通仙人等，能得即事改变，无而现有。

问曰：诸圣人等种种变现之时，何故众生有见不见？

答曰：由共相识故得见，由不共相识故不见。

问曰：菩萨神通与二乘神通有何差别？

答曰：二乘神通但由假想而成，以心外见法，故有限有量。菩萨神通由知诸法悉是心作，唯有心相，心外无法，故无限无量也。又菩萨初学通时，亦从假想而修，但即知诸法皆一心作。二乘唯由假想习通，但言定力，不言心作。道理论之，一等心作，但彼二乘不知，故有差别也。

受菩萨戒仪 [1]

南岳沙门释慧思撰

夫受大乘戒法，先教请传授菩萨戒师一人请引。先咨白，后引云：我某甲等，今从大德求受菩萨戒，愿大德于我不惮劳苦，慈愍故。（三说）

请戒师种种为说因缘方便，云：欲求戒法者，先发信心。信心若成，三学具足，三身、四智、佛果菩提决定可期，更无疑虑。故《华严经》云："信为道源功德母，长养一切诸善根，断除疑网出爱河，开示涅槃无上道。"故知若发信门，必纳戒法。戒为万行之先锋，六度之基址。如造宫室，先固其基，徒架虚空，必不成就。故戒为大道之资粮，戒为苦海之船筏。庄严法身，以戒为璎珞。破除烦恼，以戒为清凉。然有多种：三归五戒得人身，十善八斋生天报；持十戒、具足戒，出烦恼之爱河，得罗汉之圣果；受菩萨戒者，得于佛果。《梵网经》云："一切有心者，皆应摄佛戒。众生受佛戒，得入诸佛位。"故知凡有心者咸具佛戒，各各圆满，无有缺减。

问：既然如是，何须更受？

答：以暂亡故，约事重明。

即知全心是戒，全戒是心，离心无戒，离戒无心。又云："佛子谛听。欲受佛戒者，国王、王子，百官、宰相，比丘、比丘尼，十八梵、六欲天，庶民、黄门，淫男、淫女、奴婢，八部鬼神、金刚神，畜生乃至变化人，但解法师语，尽受得戒，皆名第一清净者。"以戒德无量，功高万像，为五乘之轨范，作三宝之舟航。《大智度论》云："大恶病中，戒为良药。大怖畏中，戒为守护。大暗冥中，戒为明灯。诸险道中，戒为桥梁。大海水中，戒为船筏。"《萨遮经》云："若不持戒，尚不得野干之身，何况

---

[1] 收于《卍续藏》第 59 册，经号 1085。

功德之身！"《月灯三昧经》云："虽有色族及多闻，若无戒智如禽兽。虽处卑下少多闻，能持净戒名胜士。"戒之一字是名，梵云尸罗，亦云毗尼、波罗提木叉等，此云清凉，灭三业之过愆，得解脱也。今言戒者，能防三恶，能止三惑，故当体得名也。体者，初发圆心，从师请受，身中翘诚，名为作戒，色心为体；三羯磨竟，纳法居怀，作休谢往，讫于未来，名无作戒，唯实相心以之为体。故《璎珞经》云："一切圣凡戒，尽以心为体。心无尽故，戒亦无尽。"是知心境契同，能所冥一。诸佛子等，既各有好乐渴仰之心，应当殷勤，志心听受。

菩萨戒有八种殊胜

何等为八？

一、趣道胜。受菩萨戒，如大鹏鸟，一举趐高飞，能至十万九千余里。此菩萨戒趣道疾故，发心越六趣、二乘，径趣无上菩提故。

二、发心胜。一念发大悲智之心，超过二乘境界。如昔有一沙弥发菩提心，阿罗汉返生恭敬，担衣幞，让路而行等。

三、福田胜。假使供养满阎浮提内阿罗汉，不如一大鹏鸟，此鸟先来受菩萨戒故。

四、功德胜。受菩萨戒，喻如日光，无所不照。受声闻戒，犹如萤火，其光甚微，不可相比故。

五、受罪轻微胜。受菩萨戒之后，设使破戒，犹胜外道不受戒者。外道邪见，永沉恶道，无有出期。破戒之人，戒威力故，设堕恶道，受罪轻微。若堕地狱，作狱中王。若堕畜生，作畜生王。若堕鬼中，作鬼中王。若在人间，作人王、国王。若在天中，作天中王。生生之处，不失王位。故经云：有犯名菩萨，有戒可破；无犯名外道，无戒可破故。

六、处胎胜。菩萨处胎时，常为天龙八部诸善神王之所守护故。

七、神通胜。能变大地为黄金七宝，搅长河为酥酪醍醐。能一念超百千世界，能一日化百千众生故。

八、果报胜。生莲花藏海，证法性身，一得真常，永无退转故。

次观五法

第一，欲受菩萨戒者，先观十方一切众生如圣人想。

第二，观十方一切众生如父母想。

第三，观十方一切众生如师长想。

第四，观十方一切众生如国王想。

第五，观十方一切众生，如奉大家想。

次兴三愿

一、愿自己三业所作功德，与十方一切众生同共。

二、愿我共十方一切众生，早度生死烦恼大海，到涅槃彼岸。

三、愿我与法界众生，通达十二部经文义，了了分明，一切善法因戒增长，具足六波罗蜜、三十七品，得深禅定，起六神通，放大光明，得一切种智，五眼具足，成就佛道故。

次发四弘愿

（随戒师三遍唱念）

众生无边誓愿度，烦恼无量誓愿断，

法门无边誓愿学，佛道无上誓愿成。

次请戒师

云：我某甲等，今受菩萨[1]，奉请释迦牟尼佛作和尚。

---

[1] 底本原注："菩萨"下，疑脱"戒"字。

奉请文殊师利龙种上尊王佛作羯磨阿阇梨。

奉请当来弥勒尊佛作教授阿阇梨。

奉请十方现在诸佛作证戒师。

奉请十方诸大菩萨作同学等侣。（已上三说）

我若在三恶道中，受大苦恼处，愿和尚、阿阇梨、尊证师、同学等侣慈悲救度，令得解脱。（一说）

一心奉请十方三世尽虚空遍法界一切诸佛真应二身、十二部经真如海藏、诸大菩萨、缘觉、声闻，并愿普降道场，证明受戒功德。

一心奉请十方法界二十八天、释梵王等、护法护戒八部龙神，并愿承三宝力，普降道场，结净护戒，证明功德。

一心奉请十方法界六道四生、阎罗天子、泰山府君、天曹地府、司命司禄、罪福童子、善恶冥官、五道将军、行病使者，并愿承三宝力，普降道场，同沾戒善，证明功德。

一心奉请某州境内五岳四渎、幽明水陆、城隍社庙、一切神祇，并愿承三宝力，普降道场，同沾戒善，证明功德。

一心奉请十方法界十二类生一切含识、在会诸多受戒先亡久近一切家神、九品灵神、滞魄冤魂未解脱者，并愿承三宝力，尽至道场，同沾戒善，证明功德。

上来既请竟，应当敬礼诸佛菩萨。

一心敬礼和尚释迦牟尼佛。

一心敬礼文殊师利龙种上尊王佛。

一心敬礼当来下生弥勒尊佛。

一心敬礼十方一切诸佛。

一心敬礼尽过去际一切诸佛。

一心敬礼尽未来际一切诸佛。

一心敬礼尽现在际一切诸佛。

一心敬礼十方三世一切诸佛。

一心敬礼十方同学等侣诸大菩萨。

一心敬礼三世一切诸菩萨众。

一心敬礼十方三世一切僧宝。

上来礼诸佛诸菩萨竟。各自胡跪，受三归依。

（随戒师口，高声道。遇某甲处，各自称名。）

弟子某甲等，愿从今身，尽未来际，归依佛，归依法，归依僧。归依佛，两足尊；归依法，离欲尊；归依僧，众中尊。（已上三说）

弟子某甲等，从今已去，归依佛竟，归依法竟，归依僧竟。（一说）

从今已去，称佛为师，更不归依邪魔外道。唯愿三宝慈悲摄受，慈愍故（三字三说）。

次问难法

问：佛子，汝从今已去，能舍离一切恶知识否？

（答：能。向下依此。）

佛子，汝从今已去，能常念佛，亲近善知识否？

佛子，汝从今已去，乃至失命因缘，能不犯戒否？

佛子，汝从今已去，能读诵大乘经，问甚深义否？

佛子，汝从今已去，若见一切苦恼众生，能随力救护否？

佛子，汝从今已去，能于无上菩提生深信否？

佛子，汝从今已去，能尽形寿随力供养三宝否？

佛子，汝从今已去，能舍诸懈怠，发精进勤求佛道否？

佛子，汝从今已去，能舍一切所有，难舍能舍否？

佛子，汝从今已去，于五尘境，烦恼生时，能制伏心否？（如是问竟）

仰启十方一切诸佛，及大地诸菩萨僧。此诸佛子，求比丘某甲，欲从诸佛、菩萨僧，乞授菩萨戒。此诸佛子已是真实能生深信，成菩提种。诸佛慈愍故，施与菩萨戒。（三说）

诸圣为师，为证明竟。十方诸佛神通道眼，皆得见我，如对目前。夫戒是白净之法，身器清净，乃可堪受。先须忏悔，洗涤身心，如浣故衣，方受染色。然如来示灭，向二千余年，正法沉沦，邪风广扇，众生薄福，生遇此时，纵有听闻，莫能信受。良由烦爱情重，见执坚强，若不改往修来，罪无由灭。若罪不灭，戒品不发。戒品不发，解脱难期。今请十方诸佛诸大菩萨为作证明。诸佛菩萨弘誓，令众生如佛无异。

弟子某甲等，从某年月日，于南瞻部洲某国某乡里某寺某，受菩萨戒。

（应教忏悔三业，语云：）

我某甲等，从无始以来，至于今日，身业不善，行杀、盗、淫；口业不善，妄言、绮语、两舌、恶口；意业不善，贪、嗔、邪见。如是三业，多作众罪，自作教他，无量无边。今日惭愧，发露忏悔。愿罪灭福生，见佛闻法，发菩提心。（三说）

复告言：汝已忏竟，三业清净，犹如琉璃，内外清净，堪受菩萨戒。更问遮难，方受净戒。故经云："若有七遮，现身不得受戒。"我今问汝，一一如实答。

佛子，汝还曾出佛身血否？（答云：无。向下依此答。）还曾杀父否？还曾杀母否？还曾杀和尚否？还曾杀阿阇梨否？还曾破羯磨转法轮僧否？还曾杀圣人否？若总得无，堪与受戒。

（请诸俗弟子，若男若女，起披袈裟，大有因果，更不具述，临时为说也。）

诸佛子，应须起专注心，发殷重心。今欲授汝等戒，若心专志，如仰完器，即有所克。一念有违，如同覆器，终无所盛。此戒无形色，而能流注汝等身心，尽未来际，成就大果，而于尔时，无所觉知。若有形色，入汝身时，当作天崩地裂之声。当须系念，不得余觉及一切余思惟。（既缘觉，为发戒。[1]）

次正受戒者，先略示三相。三相者，一谓摄律仪戒，二摄善法戒，三饶益有情戒。

（次秉法者白三羯磨，应语云：）

---

[1] "既缘觉，为发戒"，唐·湛然《授菩萨戒仪》作"须具为说缘境，为发戒缘也"。

今为秉宣三回羯磨。汝当发取上上心，求受上上品戒。上上品戒者，受此戒已，一心作佛去，是名上上品心。汝等今当谛听。

第一回羯磨时，十方法界一切境上微妙戒法悉皆动转，不久应当入汝身中。佛子谛听，汝等今于我所求受菩萨戒，谓摄律仪戒，摄善法戒，摄众生戒。佛子，此戒是诸佛菩萨所行径路。过去诸佛已说，未来诸佛当说，现在诸佛今说。过去一切菩萨已受、已学、已解、已行、已成，未来一切菩萨当受、当学、当解、当行、当成，现在一切菩萨今受、今学、今解、今行、今成，当来作佛。

第二回羯磨时，此妙戒法即法界诸法之上起，遍虚空中，集汝顶上，妙可承受。佛子谛听，（至）当来作佛。

第三回羯磨时，此妙戒法入汝身中，清净圆满。正在此时，领纳戒法，不得余觉余思，令戒不圆满。佛子谛听，（至）当来作佛。

佛子，三回羯磨已竟。汝等即今是真菩萨，名真佛子。故《大悲经》云："发心毕竟二不别，如是二心前心难。"《璎珞经》云："律仪戒者，即是十重戒。正法戒者，即是八万四千法门。摄众生戒者，即是四摄法也。"向来所问，皆言能，吾今为汝授十无尽戒，汝当一心一一谛听。

佛子，汝从今身至佛身，尽未来际，于其中间，不得故断众生命。若有犯杀生者，非菩萨行，失四十二位贤圣法。不得犯，能持否？

（答云：能持。向下依此。）

佛子，汝从今身至佛身，尽未来际，于其中间，不得偷盗。若有犯者，非菩萨行，失四十二位贤圣法。不得犯，能持否？

佛子，汝从今身至佛身，尽未来际，于其中间，不得淫欲。若有犯者，非菩萨行，失四十二位贤圣法。不得犯，能持否？

佛子，汝从今身至佛身，尽未来际，于其中间，不得妄语。若有犯者，非菩萨行，失四十二位贤圣法。不得犯，能持否？

佛子，汝从今身至佛身，尽未来际，于其中间，不得酤酒。若有犯者，非菩萨行，失四十二位贤圣法。不得犯，能持否？

佛子，汝从今身至佛身，尽未来际，于其中间，不得说在家出家菩萨过失。若有犯者，非菩萨行，失四十二位贤圣法。不得犯，能持否？

　　佛子，汝从今身至佛身，尽未来际，于其中间，不得悭贪。若有犯者，非菩萨行，失四十二位贤圣法。不得犯，能持否？

　　佛子，汝从今身至佛身，尽未来际，于其中间，不得嗔恚。若有犯者，非菩萨行，失四十二位贤圣法。不得犯，能持否？

　　佛子，汝从今身至佛身，尽未来际，于其中间，不得称己好，道他恶。若有犯者，非菩萨行，失四十二位贤圣法。不得犯，能持否？

　　佛子，汝从今身至佛身，尽未来际，于其中间，不得毁谤三宝。若有犯者，非菩萨行，失四十二位贤圣法。不得犯，能持否？

　　佛子，汝持如此[1]十重戒，即[2]具足十波罗蜜，成就佛身，具足功德，得大神通，放大光明，得一切种智。何以故？

　　汝持不杀戒，得金刚身不可坏，寿命无量劫，不可穷尽。

　　持不盗戒，具足檀波罗蜜，分身满十方界，作释梵四天王及诸小王沙门等身，财施度脱众生。

　　持不淫戒，得马阴藏相、金色之身，众生见者，怖畏即除，舍欲断烦恼，名称普闻，闻者欢喜。

　　持不妄语戒，得四无碍辩——法无碍辩，义无碍辩，词无碍辩，乐说无碍辩。一音演说，众生闻者，皆得解脱。

　　持不酤酒戒，得大聪明，于一念中闻十方诸佛语及一切众生语，亦知佛心及一切众生心，得诸佛集三昧。

　　持不说在家出家菩萨罪过戒，得漏尽、五眼、六通，备三明等法。

　　持不悭贪戒，得一切种智，具足无碍。众生见者，无不发心。

　　持不嗔恚戒，得三十二相、八十种好。众生见者，发菩提心。

　　持不自赞毁他戒，得生生之处十方凡圣欢喜赞叹。闻汝名者，皆住不退转地。

---

[1]　底本原注："此"，一本作"是"。

[2]　底本原注："即"下，一本有"是"字。

持不毁谤三宝戒，得具足三乘圣道，一音说法，声满十方，令一切众生一时悟道，皆得成佛。

（请戒师为受戒者作白云：）

仰启十方尽虚空界一切诸佛。于此世界南瞻部洲大元[1]国某州某县某乡里某处伽蓝佛像前，有众多弟子来于我所，求受菩萨戒竟，惟愿诸佛为作证明。（三遍）

诸佛子，即今十方佛土，或有凉风、异香、异声、光明等相。彼诸菩萨睹其异相，而各问佛："有何因缘而现此瑞？"彼佛告之："今某国某处有众多佛子，于某师求受菩萨戒竟，今请我作证明，故有此相。"诸菩萨咸赞言："于此极恶世界，能发如是无上之心，甚为希有！"深生怜愍。是故汝等志心守护。汝诸佛子，已受菩萨戒竟，过度四魔，越三界苦。若能受持，如教修行，是天人丈夫。汝若破犯不持，非菩萨，亦非天人丈夫，是名畜生、邪见外道。此戒名无尽，唯得重受，不可舍。誓度一切众生，众生无尽，此戒无尽。说法劫数不可尽故，此戒无尽。《璎珞经》云："一切凡圣菩萨戒，皆以心为体。心无尽故，戒亦无尽。"

次当礼谢诸佛菩萨

志心敬礼和尚释迦牟尼佛。

志心敬礼羯磨阿阇梨龙种上尊王佛。

志心敬礼教授阿阇梨弥勒尊佛。

志心敬礼证戒尊师十方诸佛。

志心敬礼同学等侣十方诸大菩萨。

---

[1] 底本原注："大元"，一作"某"。

次更胡跪合掌

《菩萨戒经》云："受菩萨戒者，虽未即得阿耨三菩提，已得具是五事功德：一者常为诸佛菩萨之所护念，二者生生世世常受胜妙快乐，三者临命终无有悔欲[1]，四者舍身之后生诸佛世界，五者庄严阿耨多罗三藐三菩提。"

诸善男子善女人等，吾今已为说无[2]尽戒竟。汝今受无尽戒法已竟，是真菩萨，发菩提心，真是佛子，从佛口生，从正法生，戒行具足，正向佛道，超度四魔，越三界苦，是真精进，是真勇猛，是真回向佛道，是真度众生。以此受戒功德果报，生生世世，不求粟散小王、转轮圣王、释梵天王三界之乐。若能如是受持，如说修行者，是名菩萨、天人丈夫。用此功德，回向十方法界众生，同趣菩提，俱成佛道。若破戒不持，即非菩萨，亦非天人丈夫，是名外道，当堕三涂八难之处。然[3]愿受戒诸佛子，九代亡灵同生净土，六亲眷爱咸长善芽，九有四生悉证真如之理，三途八难俱登解脱之门，八部龙天、满空贤圣咸赴胜会，三涂同结良缘，负识含灵齐成佛道。

诸佛子等，愿受此戒后，此身在法界，凡有心者，见我与汝，泊在会诸菩萨，皆发无上菩提之心，乃至山河大地、草木丛林亦发此心，念念无有间断，直至成佛，究竟圆满。未发心者，现恐怖相，逼令发心，终登觉岸。

诸佛子等，受此戒后，此身遍法界中，尽未来际，于四威仪中，常说心地法门，乃至应身为旁生异类及树木山林，常演此法，念念不绝，震动魔宫，摧伏外道，令一切邪见众生舍诸邪著，入于正见，得旨忘言。普令一切众生悉入圆常唯心境界，递相传受，无有间断，令一体三宝常现世间。然愿此身常弘大教，解义释经，称可佛心，冥合玄旨。如有世谛语言，皆

---

[1] 底本原注："欲"，一作"叹"。

[2] 底本原注："无"上，一本有"十"字。

[3] 底本原注："然"，一作"并"。

顺正法；治生产业，悉入圆宗。建大法幢，续佛慧命。一灯能传百千灯，灯灯无尽，普令闻者顿了自心，登究竟解脱之门，入灵知般若之海。然后法界一切含识，称我名者，见我形者，皆住本位，不退真常，应迹十方，火不能烧，水不能溺，药不能中，毒不能害，横不能侵，冤不能结。所有盲者得见，聋者得闻，哑者能言，跛者能行。然后此身变作无量身，遍历十方，侍奉诸佛，供养诸佛。然后以此身向镬汤炉炭之中，代一切众生受苦，或向狱门振锡，或于狱里放光，剑树摧锋，刀山落刃，各悔先业，尽悟佛乘。

戒文已终，普请在会男女弟子，同诚念摩诃般若波罗蜜，愿得如所愿。

受菩萨戒法（终）

思大祖坐禅铭 [1]

　　的思忍，秘口言，除内结，息外缘。心欲攀，口莫语，意愿诠，口莫言。除秤弃斗，密室净坐，成佛不久。

---

[1]　见敦煌文献 S. 2165（收于《敦煌宝藏》第十六册）背面，为慧思大师禅修之心要。

附　录

附录一：

《大乘止观法门》释要 [1]

明·蕅益智旭　撰

刻《大乘止观释要》序

夫大乘者，心性之异名也。止观者，寂照之异名也。世乃离心性别觅大乘，离止观别谈寂照，何异骑牛觅牛、丙丁童子来求火乎！儒者之道，有见而知之，有闻而知之。佛道亦然。北齐大师悟《中论》四句偈义，直接龙树心印。一传南岳，再传天台。天台述为《摩诃止观》等书，由是止观法门盛闻于世，顿、渐、不定，三辙并圆。顾南岳所示《曲授心要》，世皆罔闻。今试细读，实为圆三止观总纲，文不繁而义已备。独慈云忏主于五百年后，序而行之。迄今又将五百余年，微言将绝。予愧不敏，未能闻道，姑效盲人摸象，述为《释要》，以助其传。脱稿已经二载，适因弘法留都，李石兰、张孺含二居士始集众缘而付诸梓，有以知此方人士夙植大乘种子不浅也。故复序其缘起，以弁简端。

崇祯甲申季春望日，蕅益智旭书于普德讲堂。

---

[1] 底本为《嘉兴藏》本（新文丰版第 19 册，经号 67），参校《蕅益大师全集》本、《卍续藏》本（第 55 册，经号 905）及相关佛教典籍，并适当参考了《中华大藏经》本（第 104 册，经号 1906）的校记。

南岳禅师大乘止观原序

天竺寺沙门遵式述

　　止观，用也，本乎明静。明静，德也，本乎一性。性体本觉谓之明，觉体本寂谓之静，明静不二谓之体。体无所分，则明静安寄？体无不备，则明静斯在。语体则非一而常一，语德乃不二而常二，只分而不分，只一而不一耳。体德无改，强名为万法之性。体德无住，强名为万法之本。万法者复何谓也？谓举体明静之所为也。何其然乎？良由无始本觉之明强照，照生而自惑，谓之昏；无始无住之本随缘，缘起而自乱，谓之动。昏动既作，万法生焉。捏目空花，岂是他物？故云：不变随缘名之为心，随缘不变名之为性。心，昏动也；性，明静也。若知无始即明而为昏，故可了今即动而为静。于是圣人见其昏动可即也，明静可复也，故因静以训止，止其动也；因明以教观，观其昏也。使其究一念即动而静，即昏而明。昏动既息，万法自亡，但存乎明静之体矣。是为圆顿，是为无作，是如来行，是照性成修，修成而用废，谁论止观？体显而性泯，亦无明静，豁然谁寄，无所名焉。为示物旨归，止成谓之解脱，观成谓之般若，体显谓之法身。是三即一，是一即三，如伊三点，如天三目，非纵横也，非一异也。是为不思议三德，是为大般涅槃也。

　　呜呼！此法自鹤林韬光，授大迦叶。迦叶授之阿难。阿难而下，灯灯相属，至第十一马鸣，鸣授龙树，树以此法寄言于《中观论》。论度东夏，独淮河慧文禅师解之，授南岳大师。南岳从而照心，即复于性，获六根清净，位邻乎圣。斯止观之用验矣。我大师惜其无闻后代，从大悲心，出此数万言，目为大乘止观，亦名一乘，亦名曲示心要。分为二卷，初卷开止观之解，次卷示止观之行。解行备矣，犹目足焉，俾我安安不迁而运到清凉池。

噫！斯文也，岁月辽远，因韬晦于海外。道将复行也，果咸平三祀，日本国圆通大师寂照，锡背扶桑，杯泛诸夏，既登鄮岭，解箧出卷。天竺沙门遵式首而得之。度支外郎朱公頔冠首序，出俸钱模板，广而行之。大矣哉！斯法也，始自西传，犹月之生。今复东返，犹日之升，素影圆晖，终环回于我土也。因序大略，以纪显晦耳。

大乘止观法门释要卷第一

明古吴沙门智旭述

夫佛祖授受，不过以心印心。此心之体即是大乘。欲证大乘，莫若止观。止则不随妄想而一相永净，观则不滞空寂而妙用恒兴，顿了诸法，触处皆通。可谓成菩提于弹指，功越僧祇；入法界于微尘，理绝分量者也。粤自大师曲授之后，韬晦海东。逮夫咸平复归之时，重晖斯土。不谓延至今时，又将置诸高阁。习台宗者尚多逐流而迷源，禀异传者宁知探本而摄末？自惟暗昧，解行俱荒，窃仰灵文，饥渴方甚，是以辄忘固陋，略辨旨归。

将释法门，大文为二：初题目，二入文。

（甲）初中又二：初正释题，二出师号。

（乙）今初

大乘止观法门

总题六字，具有能起所起、能依所依、能通所通、能由所由、能简所简、能成所成、能诠所诠、能解所解，八双十六只义。

初能起者，所谓大乘，梵语名摩诃衍，即是众生自性清净心，依此能起止观法门。盖众生心性本来寂照，由寂义故能起妙止，由照义故能起妙观也。

二所起者，即止观法门，乃三世诸佛背尘合觉之要术。良以众生心性本来寂照，然但有性德，未有修德，不觉念起而有无明。念起便成动相，违于本寂。无明便成昧相，违于本照。遂举心性之全体而为阿梨耶识，名为业相。此则全真成妄，妄分能所，能名转相，所名现相。三细既呈，六粗随具，惑、业、苦三，连环不息。苦极思本，返察苦源，知苦无性，由于惑业。惑业无性，有而非有，惟是一心，诸妄永寂，名之为止。知无性苦及与惑业，非有而有，差别万殊，洞明缘起，亦惟一心，大用繁兴，名之为观。此二皆依大乘自性清净心而得起也。

三能依者，即是止观，谓由意识能知名义故，闻说诸法自性寂静，本来无相，但以虚妄因缘，非有似有，然复有即非有，惟是一心，亦无心相可取。如是意识能解了故，攀缘永息，说名为止。如理观察，说名为观。当知修止观者，则是意识之功能也。

四所依者，谓以大乘自性清净心为依止故，依本寂义而修于止，依本照义而修于观。当知修止观者，必以心性为所依也。

五能通者，谓止观法门，此复有三。以教为门，能成闻慧。以行为门，能成思慧。以理为门，能成修慧。是中约分别性以修止观，一往是教为门；约依他性以修止观，一往是行为门；约真实性以修止观，一往是理为门也。

六所通者，谓大乘自性清净心。此亦有三，所谓理乘、随乘、得乘。一往为语，随乘是观门所通，得乘是止门所通，理乘是止观不二门所通也。

复次大乘亦可名能通，止观亦可名所通。以教为乘，通至相似止观。以行为乘，通至分真止观。以理为乘，通至究竟止观也。

七能由者，谓大乘止观。此复三义。大三义者，谓大、多、胜。乘三义者，谓理、随、得。止三义者，谓止息义、停止义、不止止义。观三义者，谓观穿义、观达义、不观观义。众生现前一念自性清净心，体绝对待故大，具足诸法故多，无法可比故胜。性具三义名理乘，悟达三义名随乘，契合三义名得乘。体此三义一心，遍能息灭见思、尘沙、无明幻惑，名止息义；安住三谛不思议境，名停止义；实无能息所息、能停所停之殊，名不止止义。了此一心三义，遍能穿彻三惑蔽障，名观穿义；具知一境三谛平等差别因缘，名观达义；实无能穿所穿、能达所达之殊，名不观观义。惟此大乘止观，能由圆教、圆行、圆理之门也。

八所由者，谓大乘法门。三千性相，俱名为法，即法能通，复名为门。诸法之性非有、非无、非亦有无、非非有无，四句圆离，亡泯清净。悉檀说之，得具四门。四非定四，一一圆融，通为止观之所由也。若欲粗点示者，约染分分别性修止观是由空门，约染分依他性修止观是由有门，约染分真实性修止观是由亦有亦空门，约净分三性修止观是由非有非空门。亦可约分别性是有门，约依他性是双亦门，约真实性是空门。亦可一一性各论四门，以三性咸离四句，咸得四句说之故也。又修止是由空门，修观是由有门，止观双行是由双亦门及双非门。为令易解，作此分别。得意为言，一门一切门，一切门一门，方是所由大乘门也。

九能简者，谓大乘二字，简非诸余止观法门。

十所简者，谓止观法门有于多种，若体真止，入空观，但能自度，不能度人，不名大乘。若方便随缘止，出假观，虽能度人，不到究竟。若二止为方便，得入息二边分别止；二观为方便，得入中道第一义观，一往说是大乘。然次第历别，则前二不高，后一不广，亦不名大；在因能运，至果休息，复不名乘。今依自性清净心而为依止，即动而静，即昏而明，定慧力庄严，以此度众生，尽未来际，无二际想，方是大乘之止观也。

十一能成者，谓由妙止观力，克证大乘自性清净平等一实之心。

十二所成者，谓本源自性清净心、大乘无上极果，为妙止观之所证得，因该果海，果彻因源也。

十三能诠者，总此六字，皆是能诠。大能诠于体、相、用三绝待之义，乘能诠于从因至果自度度他之义，止能诠于会妄归真之义，观能诠于即体起用之义，法能诠于轨物任持之义，门能诠于就路通家之义。

十四所诠者，谓即此字下所显之义，能起吾人闻、思、修慧。

十五能解者，谓识心明利故，因文得义，不同牛羊眼视，莫辨旨归。

十六所解者，谓名句文身是闻慧所行之境，乃至慧力殊胜故，则能广历一切六尘诸境，悉于其中得见大乘止观法门也。

若欲五重说者，即是以法为名，自性清净心为体，止观为宗，除障得益为用，无上醍醐为相。

（乙）二出师号

南岳思大禅师曲授心要

师讳慧思，姓李氏，元魏南豫州武津人也。儿童时梦梵僧，勉令入道。尝于空冢及移托古城，凿穴栖身。除乞食缘，昼夜读《法华经》，顶礼精勤，不事寝息。久雨湿蒸，举身浮肿，忍心向经，忽尔消磨。又梦普贤乘白象王摩顶，所摩顶上隐起肉髻。年十五，出家受具，梦二十四僧为加羯磨，圆满戒法。因读《妙胜定经》，见赞美禅定，乃遍亲禅学。后谒北齐慧文大师，咨受口诀，授以观心之法。坐禅达旦，遂动八触，因见三生行道之迹。夏竟，将受岁，放身倚壁，豁然大悟法华三昧。此后弘通大乘，初河南兖州，次郢州，次光州开岳寺，次大苏山。每讲《大般若经》，时为诸恶论师竞以毒药欲断师命。师一心念般若，毒即为消。由此发愿，造金字《大品般若经》及《法华经》。造毕，制《愿文》一卷。命弟子智顗代讲，至一心具万行，忽有所疑。师曰："如汝疑者，乃《大品》次第意耳，未是《法华》圆顿旨也。吾昔于夏中一念顿证，诸法现前。吾既身证，不必有疑。"顗问："所证是十地耶？"曰："吾一生望入铜轮，以领徒太早，损己益他，但居铁轮耳。"后避地居南岳，登祝融峰，遇岳神会棋。神诣师曰："师何来此？"师曰："求檀越一坐具地。"神曰："诺。"师飞锡以定其处（今福严寺是）。神曰："师已占福地，弟子当何所居？"师即转一石鼓下，逢平地而止（今岳君塑像犹在石鼓之上）。岳神乞戒，师即为说法要。师将顺世，大集门学，连日说法，苦切寒心。乃曰："若有十人不惜身命常修法华、般舟、方等忏悔，常坐苦行者，随有所须，吾自供给。如无此人，吾当远去。"竟无答者。即屏众敛念，将入寂。弟子灵辨不觉号哭。师诃之曰："恶魔，出去！众圣相迎，方论受生处，何惊吾耶？"即端坐，唱佛来迎，合掌而逝，颜色如生，异香满室。陈大建九年六月二十二日也。寿六十三，夏四十九。师身相挺特，耳有重轮，顶有肉髻，牛行象步，不倚不斜。平昔御寒，惟一艾衲。缯纩之属，一切不受。所居之处灵瑞重沓，供物严备，瓶水自满。有诸天童以为侍卫，或现形大小，或寂尔藏身。异香胜迹，不可胜记（已上出《天台山方外志》）。

今言思大禅师者，后人尊称之辞。言曲授心要者，以观心之要不过止观体状，今为遍决众疑，故说前后诸文。又初文略说止观，义无不了，次文广作分别，皆是曲垂开示也。按此法门，唐末流散海外。有宋咸平三年，日本国寂照持此本至四明，慈云师得之，为作序流通云。

（甲）入文为三：初略标大纲，二广作分别，三历事指点。

（乙）初中三：初一番问答泛标正法，第二番问答标宗大乘，第三番问答标示止观。

（丙）初中又二：初问，二答。

（丁）今初

有人问沙门曰：夫禀性斯质，托修异焉。但匠有殊雕，故器成不一。吾闻大德洞于究竟之理，鉴于玄廓之宗，故以策修，冀闻正法尔。

沙门以勤息为义，乃出家之都名。不改名性，即指自性清净心。一期果报五阴名质。有其质者必禀其性，所谓性相近也。所缘名托，造进为修。随于染净缘，成逆顺二修，遂有十界差别之果，所谓习相远也。匠喻师友，雕喻训诲，器喻学人。秉教修行，所克之果不一者，三乘七方便等种种差别也。究竟之理，指本性言。玄廓之宗，指妙修言。玄则不滞于浅近，廓则不局于偏隅。不滞不局，乃名正法，盖已密请大乘止观法门矣。

（丁）二答

沙门曰：余虽幼染缁风，少餐道味，但下愚难改，行理无沾。今辱子之问，莫知何说也。

此谦退以观机也。染缁风，餐道味，是明其习于正教。下愚难改，是谦言未臻行理。由行理无沾，所以不能悬鉴他心，莫知问者欲何所说。然大师示居铁轮，已属行位，今言无沾，实谦辞耳。

（丙）第二番问答亦二：初问，二答。
（丁）今初

外人曰：唯然大德，愿无惮劳，为说大乘行法。谨即奉持，不敢遗忘。

未达惟心，心游理外，名为外人。发大乘心，求大乘法，斯可与言大乘矣。

（丁）二答

沙门曰：善哉佛子！乃能发是无上之心，乐闻大乘行法。汝今即时已超二乘境界，况欲闻而行乎？然虽发是胜心，要藉行成其德。但行法万差，入道非一，今且依经论，为子略说大乘止观二门。依此法故，速能成汝之所愿也。

能发大心便名佛子，以其堪绍佛位故也。昔有罗汉畜一沙弥，沙弥忽发大心，师即让令前行，故知一念发心实超二乘境界。然既发胜心，尤须胜行。行虽万别，止观为要，以止观二门能摄能生一切行故。

（丙）第三番问答亦二：初问，二答。
（丁）今初

外人曰：善哉愿说，充满我意，亦使余人展转利益，则是传灯不绝，为报佛恩。

佛以度生为事，惟有传法能报佛恩，此正大乘自利利他之深心也。

（丁）二答

沙门曰：谛听善摄，为汝说之。所言止者，谓知一切诸法从本已来性自非有，不生不灭，但以虚妄因缘故，非有而有。然彼有法，有即非有，唯是一心，体无分别。作是观者，能令妄念不流，故名为止。所言观者，虽知本不生、今不灭，而以心性缘起，不无虚妄世用，犹如幻梦，非有而有，故名为观。

先诫谛听，令生闻慧。又诫善摄，令生思慧，以阶修慧也。梵语奢摩他，此翻为止，而有三别：一体真止，二方便随缘止，三息二边分别止。就一一止各有三义。体真止，止息见思，停止真谛。见思、真谛，如水与冰同一湿性，性则不当止与不止也。方便随缘止，止息尘沙，停止俗谛。尘沙、俗谛，亦如冰水，性非止与不止也。息二边分别止，止息无明，停止中谛。无明、中谛，亦如冰水，性非止与不止也。

"谓知一切诸法"等者，知之一字，即所谓作是观之观字，乃由观以入止也。"一切诸法"，遍指十界十如、权实性相，所谓"因缘所生法"也。"从本已来性自非有，不生不灭"，所谓"我说即是空"也。十界俱空，不同但空而已。"但以虚妄因缘故非有而有"，所谓"亦名为假名"也。十界互具，不同偏假而已。"然彼有法有即非有，唯是一心，体无分别"，所谓"亦名中道义"也。法法皆中，不同但中而已。观即空故，令界内外见思妄念不流。观即假故，令界内外尘沙妄念不流。观即中故，令界内外无明妄念不流。为令易解，次第分别。得意为语，三止圆在一心之中，故为大乘止门。

梵语毗钵舍那，此翻为观，亦有三别：一从假入空观，二从空入假观，三中道第一义观。就一一观，亦各三义。从假入空，观穿见思，观达真谛。见思、真谛，性元非二，不当观与不观。从空入假，观穿尘沙，观达俗谛。尘沙、俗谛，性元非二，不当观与不观。中道妙观，观穿无明，观达中谛。无明、中谛，性元非二，不当观与不观也。

此示观文与止稍别。前约因缘所生即空、假、中，以明妙止，则三妙观已在其中，但是就事显理，摄末归本，譬如《大佛顶经》所明，阴、入、处、界皆如来藏也。今言"虽知本不生今不灭"，即牒上文全事即理言之，所谓随缘即不变也。"而以心性缘起，不无虚妄世用，犹如幻梦，非有而有"，乃即指彼一切诸法，随拈一法，无非缘起法界，所谓不变随缘，即性具相，俱体俱用，譬如《大佛顶经》所明，如来藏中七大互融，方为大乘观门也。

夫以背尘合觉，所有三止三观总名为止。全体起用，所有即寂即照总名为观。既非敌对之功，永异偏小之旨。得此意已，广历下文染净三性，若竖若横，种种止观，从始至终，罔非圆极。方知智者大师遍立十境，备论十乘，要不出于此矣！只缘根有利钝，致使说有详略，何容重子而反轻父哉！

初略标纲要竟。

（乙）二广作分别二：初重问，二详答。
（丙）今初

外人曰：余解昧识微，闻斯未能即悟，愿以方便，更为开示。

（丙）二详答三：初许说，二立科，三解释。
（丁）今初

沙门曰：然。更当为汝广作分别，亦令未闻寻之取悟也。

（丁）二立科

就广分别止观门中，作五番建立：一明止观依止，二明止观境界，三明止观体状，四明止观断得，五明止观作用。

一明止观依止，有两卷半文，即慈云所谓初卷开止观之解者也。二明止观境界至五明止观作用，有卷半文，即慈云所谓次卷示止观之行者也。次第者，依止即迷悟之源。由迷故有三性境界差别。由有所观境故，得辨止观体状。由修止观，便有断得。由得体故，便有作用也。

（丁）三解释，即为五：初明止观依止，至五明止观作用。

（戊）初中二：初分科，二各释。

（己）今初

就第一依止中复作三门分别：一明何所依止，二明何故依止，三明以何依止。

（己）二各释，即为三：初明何所依止，至三明以何依止。

（庚）初中二：初标列，二释成。

（辛）今初

初明何所依止者，谓依止一心以修止观也。就中复有三种差别：一出众名，二释名义，三辨体状。

先标一心，次列三别也。一心即指吾人现前一念介尔之心，其性元与诸佛及众生等，所谓三无差别。盖既全真成妄，即复全妄是真，故名一心，非于妄心之外别立一真心也。譬如指即波之水性，即沤之海性耳。

（辛）二释成，即为三：初出众名，二释名义，三辨体状。

（壬）今初

初出众名者，此心即是自性清净心，又名真如，亦名佛性，复名法身，又称如来藏，亦号法界，复名法性。如是等名无量无边，故言众名。

此略列七种名，以为释义之本也。

（壬）二释名义三：初标章，二广释，三结成。
（癸）今初

次辨释名义。

（癸）二广释为七：初释自性清净心，至七释法性。
（子）今初

问曰：云何名为自性清净心耶？

答曰：此心无始以来虽为无明染法所覆，而性净无改，故名为净。何以故？无明染法本来与心相离故。云何为离？谓以无明体是无法，有即非有。以非有故，无可与心相应，故言离也。既无无明染法与之相应，故名性净；中实本觉，故名为心，故言自性清净心也。

言此现前一念心之自性，自从无始以来虽被无明染法所覆，而清净如故，性不可改。譬如虚空虽被狂花于中起灭，而空性无改，以彼狂花体非有故，不得言其与空相应，是名离也，非如两物异处而名离也。言中实本觉者，性非有无，名之为中，不同空之对有得名；理非虚谬，名之为实，不同空之因色显发；元无不觉，名为本觉，不同空之晦昧无知。故但可以空为喻，不可认空为心。

（子）二释真如

问曰：云何名为真如？

答曰：一切诸法依此心有，以心为体，望于诸法，法悉虚妄，有即非有。对此虚伪法故，目之为真。又复诸法虽实非有，但以虚妄因缘而为生灭之相，然彼虚法生时此心不生，诸法灭时此心不灭。不生故不增，不灭故不减。以不生不灭，不增不减，故名之为真。三世诸佛及以众生，同以此一净心为体。凡圣诸法自有差别异相，而此真心无异无相，故名之为如。又真如者，以一切法真实如是，唯是一心，故名此一心以为真如。若心外有法者，即非真实，亦不如是，即为伪异相也。是故《起信论》言："一切诸法从本已来离言说相，离名字相，离心缘相，毕竟平等，无有变异，不可破坏，唯是一心，故名真如。"以此义故，自性清净心复名真如也。

初两番释真，次一番释如，次一番合释真如也。真者不妄，如者不异。初释真者，一切诸法种种差别悉是虚妄伪相，心则即差别而非差别。如金即器，器有差别，金性无差，器相是伪，金体是真也。又释真者，诸法虚妄，因缘生灭，心则即生灭而不生灭。如金即器，器有成坏，金无成坏。成坏即是生灭增减之妄，无成坏者名为真也。次一番释如者，举凡圣之万殊，同真心之一体。体非有二，故言无异。相惟实相，故言无相。次合释真如者，心外无法，法惟是心，真实如是，故名真如。引论证成，在文易见。

（子）三释佛性二：初略释，二广辨。
（五）今初

问曰：云何复名此心以为佛性？
答曰：佛名为觉，性名为心，以此净心之体非是不觉，故说为觉心也。

（五）二广辨三：初约不觉辨，二约觉辨，三释余疑。
（寅）初中二：初直明心非不觉，二双显二佛性义。
（卯）今初

问曰：云何知此真心非是不觉？
答曰：不觉即是无明住地。若此净心是无明者，众生成佛无明灭时应无真心。何以故？以心是无明故。既是无明自灭，净心自在，故知净心非是不觉。又复不觉灭故方证净心，将知心非不觉也。

无明自灭，净心自在，乃约在缠真如以明非是不觉。不觉灭故方证净心，乃约出缠真如以明非是不觉。此心虽有在缠、出缠之异，而元非不觉则同也。

（卯）二双显二佛性义

问曰：何不以自体是觉名之为觉，而以非不觉故说为觉耶？

答曰：心体平等，非觉非不觉，但为明如如佛故，拟对说为觉也。是故经言："一切无涅槃，无有涅槃佛，无有佛涅槃，远离觉所觉，若有若无有，是二悉俱离。"此即偏就心体平等说也。若就心体法界用义以明觉者，此心体具三种大智，所谓无师智、自然智、无碍智。是觉心体本具此三智性，故以此心为觉性也。是故须知同异之义。云何同？谓心体平等即是智觉，智觉即是心体平等，故言同也。复云何异？谓本觉之义是用，在凡名佛性，亦名三种智性，出障名智慧佛也。心体平等之义是体，故凡圣无二，唯名如如佛也。是故言异，应如是知。

问意单取觉义，答则双非二边。然心体实非觉与不觉，亦得说为觉者，以具如如佛及智慧佛二义故也。约如如佛，则非觉非不觉。然既称佛，亦可强名为觉矣。约智慧佛，既具三智之用，便可直称为觉也。无师智即一切智，了达十界一相，不由他悟故。自然智即道种智，了达三千性相、无量差别，不由作意故。无碍智即一切种智，了达一相无相，无相无不相，一一相中具见一切诸法真实之相，究尽边底无障蔽故。又无师智者，谓一切智等三智一心中得，不从他授故。自然智者，谓一心法尔具足三智故。无碍智者，谓一切智三谛俱空，道种智三谛皆假，一切种智三谛并中，无隔碍故。夫如如佛与智慧佛，全体即用，全用即体，安得非同？但智慧佛凡夫但有其性，未彰其用，而如如佛在凡不减，在圣不增，安得非异？又复应知智慧佛性凡夫用虽不彰而性元无减，如如佛性凡夫体虽无减而迷不自觉，则异仍非异，直是非同非异，说有同异之义耳。

（寅）二约觉辨四：初辨智慧佛性，二辨报应佛性，三辨出障佛性，四辨平等佛性。智慧佛即自受用报身，报佛即他受用报身，应佛即胜劣二应及随类应身，出障即果头法身，平等即在缠法身。如此单复三身诸佛咸以净心为性，故皆得名为觉也。

（卯）初中三：初双许二义，二约修广释，三举喻结成。

（辰）今初

问曰：智慧佛者，为能觉净心故名为佛，为净心自觉故名为佛？

答曰：具有二义：一者觉于净心，二者净心自觉。虽言二义，体无别也。

（辰）二约修广释二：初约迷真起妄成不觉义，次约返妄归真具二觉义。

（巳）初中四：初明二熏，二出名相，三明互依，四结流转。

（午）今初

此义云何？谓一切诸佛本在凡时，心依熏变，不觉自动，显现虚状。虚状者即是凡夫五阴及以六尘，亦名似识、似色、似尘也。似识者，即六、七识也。由此似识念念起时，即不了知似色等法但是心作，虚相无实，以不了故，妄执虚相以为实事。妄执之时，即还熏净心也。

初言心依熏变等者，谓一真如心虽复体尝不变，然法尔有随缘之能。由其从未悟故，不免依熏而变。由其但有性德，未有修德，不觉念起，妄为明觉。此明觉者即是无明。无明一动，三细、六粗遂具，名为显现虚状，所谓五阴、六尘是也。受、想、行、识名似识，色阴名似色，六尘名似尘。皆言似者，一心所现虚妄影状无实体故。尘即是色，不言可知。识即前六识及第七识，此七皆无别体，依心而起，如水起波故也。此明根本无明熏变力也。

次言"由此似识念念"等者，妄执只是见、思，亦名枝末无明。由此无明增上熏力，令本净心锢蔽五浊，变作住地无明。此明枝末无明熏变力也。

（午）二出名相

然似识不了之义，即是果时无明，亦名迷境无明，是故经言"于缘中痴"故。似识妄执之义即是妄想，所执之境即成妄境界也。以果时无明熏心故令心不觉，即是子时无明，亦名住地无明也。妄想熏心故令心变动，即是业识。妄境熏心故令心成似尘种子，似识熏心故令心成似识种子。此似尘、似识二种种子，总名为虚状种子也。

先明似识不了之义，名为果时迷境无明，即界内十二因缘中无明支也。亦名为痴，以不了境虚故。于三漏中即无明漏，其余见惑及三界思惑名为欲漏、有漏。次明似识妄执之义即是妄想，所谓三界见思惑也。次明所执之境成妄境界，心若不执，境界本虚也。次明迷境无明还熏净心，令彼净心成不觉义。此以枝末无明转熏根本无明成现行也。次明见思妄想还熏净心，令彼净心举体变动，名为业识。此以六七识现行转熏阿梨耶识成现行也。又以妄境熏心即成似尘种子，谓阿梨耶中具有十一色法之种子故。以似识熏心即成似识种子，谓阿梨耶中具有前七识及诸心所之种子故。虽有二种种子，同一虚状，别无实体，不过全揽一心以为体耳。

（午）三明互依

然此果时无明等，虽云各别熏起一法，要俱时和合，故能熏也。何以故？以不相离，相藉有故。若无似识即无果时无明，若无无明即无妄想，若无妄想即不成妄境，是故四种俱时和合方能现于虚状之果。何以故？以不相离故。

又复虚状种子依彼子时无明住故。又复虚状种子不能独现果故。若无子时无明即无业识，若无业识即虚状种子不能显现成果，亦即自体不立，是故和合方现虚状果也。是故虚状果中还具似识、似尘，虚妄无明妄执。

此明枝末、根本二种无明，及前七、第八，若现、若种，皆必互依而互熏也。前云果时无明熏心以为子时无明，妄想熏心以为业识，似乎各别熏起。实必俱时和合方成熏义，以似识等四，相藉而有，不相离故，当知现行熏起非各别矣。又色心虚状种子必依根本无明而住，必依业识而成现行之果。既成果已，还具六七之似识，可以熏心，再成似识种子，还具十一色法之似尘，可以熏心，再成似尘种子，还具虚妄果时无明，可以转熏子时无明，还具妄执之妄想，可以转熏业识。当知现种更互相熏，亦必俱时和合，非各别矣。

（午）四结流转

由此义故，略而说之，云不觉故动，显现虚状也。如是果子相生，无始流转，名为众生。

本来无非不觉，无非妄动，无非虚状。果既生子，子复生果，无始流转，岂于心外有少许实法哉！
约迷真起妄成不觉义竟。

（巳）次约返妄归真具二觉义二：初明能觉净心义，二明净心自觉义。
（午）初中五：初名字觉，二观行觉，三相似觉，四分真觉，五究竟觉。
（未）今初

后遇善友，为说诸法皆一心作，似有无实。闻此法已，

（未）二观行觉

随顺修行，渐知诸法皆从心作，唯虚无实。

（未）三相似觉又二：初正明觉于通惑，二兼明渐除别惑。
（申）今初

若此解成时，是果时无明灭也。无明灭故，不执虚状为实，即是妄想及妄境灭也。尔时意识转名无尘智，以知无实尘故。

果时无明灭，即圆初信。妄想、妄境灭，通至十信，盖界内妄想妄境有正有习故也。无尘智，即妙观察智。

（申）二兼明渐除别惑又二：初出别惑之相，二明渐除之由。
（酉）今初

虽然知境虚故说果时无明灭，犹见虚相之有，有即非有，本性不生，今即不灭，唯是一心。以不知此理故，亦名子时无明，亦名迷理无明，但细于前迷事无明也。以彼粗灭故，说果时无明灭也。又不执虚状为实故，说妄想灭。犹见有虚相，谓有异心。此执亦是妄想，亦名虚相，但细于前。以彼粗灭故，言妄想灭也。又此虚境以有细无明妄想所执故，似与心异，相相不一，即是妄境，但细于前，以其细故，名为虚境。又彼粗相实执灭故，说妄境灭也。

"犹见虚相之有"，即界内见惑习气及界外见惑，故亦名子时无明，亦名迷理无明也。"犹见虚相谓有异心"，不知心无异相。及执虚境，似与心异，不知心外无境。此皆界内思惑习气及界外思惑，故亦是妄想妄境也。

（酉）二明渐除之由又三：初因末验本，二正明灭由，三例后结前。

（戌）今初

以此论之，非直果时迷事无明灭息，无明住地亦少分除也。若不分分渐除者，果时无明不得分分渐灭。但相微难彰，是故不说住地分灭也。今且约迷事无明灭后，以说住地渐灭因由，即知一念发修已来亦能渐灭也。

此明十信位中界外见思虽未永断，亦既圆伏，故云无明住地亦少分除。倘无明不分分除，则见思何由得灭？譬如树根不摇，则枝叶必不零落。但相微难彰，故不说耳。实则一念发修圆观之始，便已圆伏无明，何况十信位耶？

（戌）二正明灭由

此义云何？谓以二义因缘故，住地无明业识等渐已微薄。二义者何？一者知境虚智熏心故，令旧无明住地习气及业识等渐除也。何以故？智是明法，性能治无明故。二者细无明虚执及虚境熏心故，虽更起无明住地等，即复轻弱，不同前迷境等所熏起者。何以故？以能熏微细故，所起不觉亦即薄也。以此义故，住地无明业识等渐已损灭也。

知境虚智，即无尘智也。智治无明，令无明薄，是渐灭之缘。细无明熏所起轻弱，是渐灭之因。余可知。

（戌）三例后结前

如迷事无明灭后既有此义，应知一念创始发修之时，无明住地即分灭也。以其分分灭故，所起智慧分分增明，故得果时迷事无别灭也。

一念创始发修之时，谓从名字初入观行也。观行位中亦即能知境虚，即有知境虚智对治无明。又既知境虚，则不执虚状为实。尔时粗想粗境被制伏故，不复熏心，但有细无明虚执及虚境熏心而已，无明住地安得不分灭哉！又无明住地若不分灭，何由果时无明任运先灭而登圆信也。

（未）四分真觉

自迷事无明灭后，业识及住地无明渐薄故，所起虚状果报亦转轻妙，不同前也。以是义故，似识转转明利，似色等法复不令意识生迷。以内识生外色尘等俱细利故，无尘之智倍明，无明妄想极薄，还复熏心，复令住地无明业识习气渐欲向尽，所现无尘之智为倍明了。如是念念转转熏习故，无明住地垂尽，所起无尘之智即能知彼虚状果报体性非有，本自不生，今即无灭，唯是一心，体无分别，以唯心外无法故。此智即是金刚无碍智也。

"迷事无明灭"，正指十信位中三界见思正习俱尽也。从此"业识及住地无明渐薄"，即圆十住乃至十地分分断惑之相。"所起虚状果报亦转轻妙"，即实报国土所有变易生死之相，不同前三界中分段故也。"渐欲向尽"，即第十地相。"垂尽"，即等觉相。"金刚无碍智"，即金刚后心，妙觉之无间道也。

（未）五究竟觉

此智成已，即复熏心，心为明智熏故，即一念无明习气于此即灭。无明尽故，业识染法种子习气即亦随坏，是故经言"其地坏者，彼亦随坏"，即其义也。

"其地"，指无明习气。"彼"，指业识染法种子习气。金刚道后异熟空，此之谓也。

已上皆明能觉净心之义。

（午）次明净心自觉义

种子习气坏故，虚状永泯。虚状泯故，心体寂照，名为体证真如。何以故？以无异法为能证故，即是寂照。无能证所证之别，名为无分别智。何以故？以此智外无别有真如可分别故。此即是心显成智，智是心用，心是智体，体用一法，自性无二，故名自性体证也。

无分别智即大圆镜智也。余皆可知。
已上约修广释竟。

（辰）三举喻结成

如似水静内照，照润义殊而常湛一。何以故？照润、润照故。心亦如是，寂照义分而体融无二。何以故？照寂、寂照故。照寂顺体，寂照顺用。照自体名为觉于净心，体自照即名为净心自觉，故言二义一体。此即以无分别智为觉也。净心从本已来具此智性，不增不减，故以净心为佛性也。此就智慧佛以明净心为佛性。

"如似水静"下，先举喻。"心亦如是"下，次法合。"净心从本"下，结成净心名为佛性。
从"问曰智慧佛者"至此，是第二约觉辨中初辨智慧佛性竟。

（卯）二辨报应佛性

又此净心自体具足福德之性及巧用之性，复为净业所熏，出生报、应二佛，故以此心为佛性也。

福德性出生报佛，通于自他受用；巧用性出生应佛，具足胜劣形仪，皆由净业所熏。此报、应佛性不外于净心也。

（卯）三辨出障佛性

又复不觉灭故以心为觉，动义息故说心不动，虚相泯故言心无相。然此心体非觉非不觉，非动非不动，非相非无相。虽然，以不觉灭故说心为觉，亦无所妨也。此就对治出障心体以论于觉，不据智用为觉。

虽复非觉非不觉等，而以不觉灭故不妨说觉。此果头法身佛性不外于净心也。

（卯）四辨平等佛性

又复净心本无不觉，说心为本觉；本无动变，说心为本寂；本无虚相，说心本平等。然其心体非觉非不觉，非动非不动，非相非无相。虽然，以本无不觉故说为本觉，亦无所失也。此就凡圣不二以明心体为如如佛，不论心体本具性觉之用也。

虽复非觉非不觉等，而以本无不觉故，亦不妨说为本觉。此在缠法身佛性，凡圣不二，亦惟一净心也。
已上广辨佛性中二约觉辨竟。

（寅）三释余疑四：初释执性废修疑，二释本有不觉疑，三释自然因缘疑，四释无明心性疑。
（卯）今初

问曰：若就本无不觉名为佛者，凡夫即是佛，何用修道为？
答曰：若就心体平等，即无修与不修、成与不成，亦无觉与不觉。但为明如如佛故，拟对说为觉也。又复若据心体平等，亦无众生诸佛与此心体有异，故经偈云："心佛及众生，是三无差别。"然复心性缘起法界法门法尔不坏故，常平等、常差别。常平等故，心、佛及众生，是三无差别。常差别故，流转五道说名众生，反流尽源说名为佛。以有此平等义故，无佛无众生。为此缘起差别义故，众生须修道。

此蹑上平等法身义而起疑也。答中先明拟对说觉，则如如佛但是修之所显，非是修之所成。次明平等不碍差别。由有平等、差别二义，方成心性缘起法界法门。平等则六而常即，差别则即而常六。知平等故不生退屈，知差别故不生上慢也。

（卯）二释本有不觉疑

问曰：云何得知心体本无不觉？

答曰：若心体本有不觉者，圣人证净心时应更不觉，凡夫未证得应为觉。既见证者无有不觉，未证者不名为觉，故定知心体本无不觉。

问曰：圣人灭不觉故得自证净心，若无不觉，云何言灭？又若无不觉，即无众生。

答曰：前已具释，心体平等，无凡无圣，故说本无不觉；不无心性缘起，故有灭有证，有凡有圣。又复缘起之有，有即非有，故言本无不觉，今亦无不觉。然非不有，故言有灭有证，有凡有圣。但证以顺用入体即无不觉，故得验知心体本无不觉。但凡是违用，一体谓异，是故不得证知平等之体也。

前问云何知此真心非是不觉，将谓真心全体不觉，故以无明灭时应无真心答之。此问云何得知心体本无不觉，将谓真心具有不觉，觉与不觉二体并存，故以圣应不觉、凡夫应觉答之。

次复蹑起一问，意谓圣已灭不觉故应无更起不觉之理，然因中若无不觉，何须言灭？又既无不觉，何名众生？答中共有三番释疑。初一番约心体说平等，约缘起说差别。次一番单约缘起中即具平等、差别二义。第三番明平等中差别之由，由于违顺二用而体实平等也。

（卯）三释自然因缘疑

问曰：心显成智者，为无明尽故自然是智，为更别有因缘？

答曰：此心在染之时本具福智二种之性，不少一法，与佛无异，但为无明染法所覆故，不得显用。后得福智二种净业所熏故，染法都尽。然此净业除染之时，即能显彼二性，令成事用，所谓相好、依报、一切智等。智体自是真心性照之能，智用由熏成也。

问中具有双计，"自然是智"即计自然，"别有因缘"即计因缘。答中二番双破。初云本具福智二性，即非因缘。染覆不显，即非自然。次云二种净业所熏，即非自然。显彼二性，令成事用，即非因缘也。体是性照之能，用由熏成，可谓全性起修，全修在性，超诸戏论者矣！

（卯）四释无明心性疑

问曰：心显成智，即以心为佛性。心起不觉，亦应以心为无明性。

答曰：若就法性之义论之，亦得为无明性也。是故经言："明与无明，其性无二。"无二之性，即是实性也。

智如水，无明如冰。水以湿为性，冰亦以湿为性。若知湿性无二，则水与冰徒有名字，惟湿为实性耳。然就取用义强，但云水湿可耳，何必言冰湿哉！又既知冰性元湿，则决不离冰觅水，亦决不执冰为水矣。

已上释佛性竟。

（子）四释法身

问曰：云何名此心以为法身？

答曰：法以功能为义，身以依止为义。以此心体有随染之用，故为一切染法之所熏习。即以此心随染，故能摄持熏习之气，复能依熏显现染法。即此心性能持能现二种功能，及所持所现二种染法，皆依此一心而立，与心不一不异，故名此心以为法身。此能持之功能与所持之气和合，故名为子时阿梨耶识也。依熏现法之能与所现之相和合，故名为果报阿梨耶识。此二识体一用异也。然此阿梨耶中即有二分：一者染分，即是业与果报之相；二者净分，即是心性及能熏净法，名为净分。以其染性即是净性，更无别法故。由此心性为彼业果染事所依故，说言生死依如来藏，即是法身藏也。又此心体虽为无量染法所覆，即复具足过恒河沙数无漏性功德法。为无量净业所熏故，此等净性即能摄持熏习之气，复能依熏显现诸佛功德之用。即此恒沙性净功德，及能持能现二种功能，并所持所现二种净用，皆依此一心而立，与心不一不异，故名此心为法身也。

答中先明随染法身，后明随净法身，中乃具明染净二分性元非二，以结前起后也。染法净法俱名为法，以俱有功能故；俱名为身，以俱为依止故。以此心性能持能现二种功能，及所持所现染净二法，与心不一不异故。能持即业识种子，能现即业识现行。所持即染法种子，所现即染法现行。种不是现，现不是种，能不是所，所不是能，故言不一。离心无种，离心无现，离心无能，离心无所，故言不异。既法法皆心，故心是法身也。能持持于所持之气，即是种子，故名子时阿梨耶识。气者，气类也。能现现于所现之相，即是现行，故名果报阿梨耶识。相者，相状也。现行亦熏种子，种子亦熏现行。约熏现义，名为种子；约熏种义，名为现行，故曰体一用异。已上但约随染明法身也。然阿梨耶中不惟具足染分，亦复具足净分。以染净二性更无别法，染性即净性故。但迷时则为业果染事所依，妄成二死；悟时显发无漏性功德法，具足净用耳。净法种现互熏，例前可知。

（子）五释如来藏

问曰：云何复名此心为如来藏？

答曰：有三义：一者能藏名藏，二者所藏名藏，三者能生名藏。所言能藏者，复有二种，一者如来果德法身，二者众生性德净心，并能包含染净二性及染净二事无所妨碍，故言能藏名藏。藏体平等名之为如，平等缘起目之为来。此即是能藏名如来藏也。第二所藏名藏者，即此真心而为无明縠藏所覆藏故，名为所藏也。藏体无异无相名之为如，体备染净二用目之为来，故言所藏名藏也。第三能生名藏者，如女胎藏能生于子，此心亦尔，体具染净二性之用故，依染净二种熏力能生世间出世间法也。是故经云："如来藏者是善不善因。"又复经言："心性是一，云何能生种种果报？"又复经言"诸佛正遍知海从心想而生"也。故染净平等名之为如，能生染净目之为来，故言能生名如来藏也。

能藏、所藏、能生并是藏义。能藏双约在缠出缠言之，所藏单约在缠言之，能生直约现前一念言之，文并易知。

（子）六释法界

问曰：云何复名净心以为法界？
答曰：法者法尔故，界者性别故。以此心体法尔具足一切诸法，故言法界。

（子）七释法性

问曰：云何名此净心以为法性？
答曰：法者一切法，性者体别义。以此净心有差别之性故，能与诸法作体也。又性者体实不改义。以一切法皆以此心为体，诸法之相自有生灭，故名虚妄。此心真实，不改不灭，故名法性也。

初一释约不变随缘差别性，次一释约随缘不变真实性也。

（癸）三结成

其余实际、实相等无量名字，不可具释。上来释名义竟。

实者真实，际者边际。心外无法，法唯是心，无边际故名为实际，无妄想故名为实相。等者，等余法住、法位及中实理心、一实境界等诸名字也。

大乘止观法门释要卷第二

明古吴沙门智旭述

（壬）三辨体状二：初标科略指，二依科广释。

（癸）今初

次出体状。所言体状者，就中复有三种差别：一举离相以明净心，二举不一不异以论法性，三举二种如来藏以辨真如。虽复三种差别，总唯辨此净心体状也。

"复有三别"等是标科，"总唯辨此"句是略指也。

或问：何意三种差别以辨净心体状？

答曰：净心体状不可名言。诸相即是非相，故明离相。若计有相可离则非不异，若计相即是心又非不一。今言不一不异，即是离于一异相也。然虽离一异相，不得再计非一非异之相。须知净心不一不异，而一亦净心，异亦净心。约一即是如实空义，约异即是如实不空义也。以此三义求之，而净心体状庶可会矣。

（癸）二依科广释三：初举离相以明净心，二举不一不异以论法性，三举二种如来藏以辨真如。

（子）初中二：初正明净心离相，二巧示顺入方便。

（丑）今初

第一明离相者，此心即是第一义谛真如心也，自性圆融，体备大用。但是自觉圣智所知，非情量之能测也，故云"言语道断，心行处灭"。不可以名名，不可以相相。何以故？心体离名相故。体既离名，即不可设名以说其体；心既绝相，即不可约相以辨其心。是以今欲论其体状，实亦难哉！唯可说其所离之相、反相、灭相而自契焉。所谓此心从本已来离一切相，平等寂灭，非有相非无相，非非有相非非无相，非亦有相非亦无相，非古来今，非上中下，非彼非此，非静非乱，非染非净，非常非断，非明非暗，非一非异等一切四句法，总说乃至非一切可说可念等法。亦非不可说不可念法。何以故？以不可说不可念对可说可念生，非自体法故，即非净心。是故但知所有可说可念、不可说不可念等法，悉非净心，但是净心所现虚相。然此虚相各无自实，有即非有。非有之相亦无可取。何以故？有本不有故，若有本不有，何有非有相耶？是故当知，净心之体不可以缘虑所知，不可以言说所及。何以故？以净心之外无一法故。若心外无法，更有谁能缘能说此心耶？是以应知所有能缘能说者，但是虚妄不实故有，考实无也。能缘既不实故，所缘何得是实耶？能缘所缘皆悉不实故，净心既是实法，是故不以缘虑所知也。譬如眼不自见，以此眼外更有他眼能见此眼，即有自他两眼。心不如是，但是一如，如外无法。又复净心不自分别，何有能分别取此心耶？而诸凡惑分别净心者，即如痴人大张己眼还觅己眼，复谓种种相貌是己家眼，竟不知自家眼处也。是故应知，有能缘所缘者，但是己家净心，为无始妄想所熏故，不能自知己性，即妄生分别，于己心外建立净心之相，还以妄想取之以为净心。考实言之，所取之相正是识相，实非净心也。

自性圆融，则不可以诸相取。体备大用，又不可以寂灭求。"所离之相"，谓四句百非。"反相"，谓即流以寻源。"灭相"，谓停波以得水也。眼不自见，犹有他眼能见我眼。心不自知，更无他心能知我心。以凡属方隅形相皆是妄想所取，即更拟一无方隅无形相者以为净心之相，亦是妄想所取，不过俱属识情分别之相，决非净心故也。余文易知。

（丑）二巧示顺入方便

问曰：净心之体既不可分别，如诸众生等云何随顺而能得入？

答曰：若知一切妄念分别体是净心，但以分别不息说为背理。作此知已，当观一切诸法一切缘念有即非有，故名随顺。久久修习，若离分别，名为得入，即是离相体证真如也。

此明第一离相以辨体状竟。

知一切妄念分别体是净心，譬如知波是水也。但以分别不息说为背理，譬如波浪不息，说为背水之止性也。"作此知已"，是从名字起观行。"当观一切诸法"等，是从观行入相似。"久久修习，若离分别"等，是由相似入分真。圆顿止观之要，尽在是矣！

（子）二举不一不异以论法性

次明不一不异以辨体状者，上来虽明净心离一切分别心及境界之相，然此诸相复不异净心。何以故？此心体虽复平等而即本具染净二用，复以无始无明妄想熏习力故，心体染用依熏显现。此等虚相无体，唯是净心，故言不异。又复不一。何以故？以净心之体虽具染净二用，无二性差别之相，一味平等，但依熏力，所现虚相差别不同。然此虚相有生有灭，净心之体常无生灭，常恒不变，故言不一。此明第二不一不异以辨体状竟。

先明不异，则不于相外别觅净心，如全水成波，则全波即水也。次明不一，则不计差别之相以为净心，如波虽生灭，不可谓水有生灭也。

（子）三举二种如来藏以辨真如二：初明空义，二明不空义。虽云二种如来藏，只是一体具二义耳。以其随缘即不变故，十界染净诸法性自非有，名为空如来藏。以其不变能随缘故，具足染净性相，一异难思，名不空如来藏。体实非空非不空，故能双照空与不空。

（丑）初中二：初正明空，二问答遣疑。

（寅）今初

次明第三二种如来藏以辨体状者，初明空如来藏。何故名为空耶？以此心性虽复缘起建立生死涅槃违顺等法，而复心体平等，妙绝染净之相。非直心体自性平等，所起染净等法亦复性自非有。如以巾望兔，兔体是无，但加以幻力，故似兔现，所现之兔有即非有。心亦如是，但以染净二业幻力所熏故，似染似净二法现也。若以心望彼二法，法即非有。是故经言："流转即生死，不转是涅槃。生死及涅槃，二俱不可得。"又复经言："五阴如幻，乃至大般涅槃如幻。若有法过涅槃者，我亦说彼如幻。"又复经言："一切无涅槃，无有涅槃佛，无有佛涅槃，远离觉所觉，若有若无有，是二悉俱离。"此等经文皆据心体平等，以泯染净二用。心性既寂，是故心体空净。以是因缘，名此心体为空如来藏，非谓空无心体也。

以平等心会差别法，但有平等之体，元无差别之实，名之为空。犹《大佛顶经》所谓一非一切非，十界俱非，非但空也。

（寅）二问答遣疑五：初遣众生现有疑，二遣何因迷妄疑，三遣无明有体疑，四遣能熏为体疑，五遣因果一异疑。

（卯）今初

问曰：诸佛体证净心，可以心体平等，故佛亦用而常寂，说为非有。众生既未证理，现有六道之殊，云何无耶？

答曰：真智真照尚用即常寂，说之为空，况迷暗妄见何得不有有（疑衍有字）即非有。

（卯）二遣何因迷妄疑

问曰：既言非有，何得有此迷妄？

答曰：既得非有而妄见有，何为不得无迷而横起迷？空花之喻，于此宜陈。

无迷而横起迷，所谓迷本无因者也。既无花而妄见有花，亦可例知无劳而妄瞪成劳矣。

（卯）三遣无明有体疑

问曰：诸余染法可言非有，无明既是染因，云何无耶？

答曰：子果二种无明本无自体，唯以净心为体，但因熏习因缘，故有迷用。以心往摄，用即非有，唯是一心。如似粟麦本无自体，唯以微尘为体，但以种子因缘，故有粟麦之用。以尘往收，用即非有，唯是微尘。无明亦尔，有即非有。

（卯）四遣能熏为体疑

问曰：既言熏习因缘故有迷用，应以能熏之法即作无明之体，何为而以净心为体？

答曰：能熏虽能熏他令起，而即念念自灭，何得即作所起体耶？如似麦子但能生果，体自烂坏，归于微尘，岂得春时麦子即自秋时来果也。若得尔者，劫初麦子今仍应在。过去无明亦复如是，但能熏起后念无明，不得自体不灭，即作后念无明也。若得尔者，无明即是常法，非念念灭。既非常故，即如灯焰前后相因而起，体唯净心也。是故以心收彼，有即非有。彼有非有，故名此净心为空如来藏也。

能熏指过去子果二种无明，无明指现在子果二种无明也。余文可知。

（卯）五遣因果一异疑

问曰：果时无明与妄想为一为异？子时无明与业识为一为异？

答曰：不一不异。何以故？以净心不觉故动，无不觉即不动；又复若无无明，即无业识；又复动与不觉和合俱起，不可分别，故子时无明与业识不异也。又不觉自是迷暗之义，过去果时无明所熏起故，即以彼果时无明为因也。动者自是变异之义，由妄想所熏起故，即以彼妄想为因也。是故子时无明与业识不一。此是子时无明与业识不一不异也。

果时无明与妄想不一不异者，无明自是不了知义，从子时无明生故，即以彼子时无明为因。妄想自是浪生分别之义，从业识起故，即以彼业识为因。是故无明妄想不一。复以意识不了境虚故即妄生分别，若了知虚即不生妄执分别；又复若无无明即无妄想，若无妄想亦无无明；又复二法和合俱起，不可分别，是故不异。此是果时无明与妄想不一不异也。

以是义故，二种无明是体，业识、妄想是用。二种无明自互为因果，业识与妄想亦互为因果。若子果无明互为因者，即是因缘也。妄想与业识互为因者，亦是因缘也。若子时无明起业识者，即是增上缘也。果时无明起妄想者，亦是增上缘也。

上来明空如来藏竟。

答中先明不一不异义，次明体用、因果及因缘、增上缘义。以此诸义惟依一心虚妄建立，有即非有，故得结成空如来藏也。子时无明与业识先明不异，次明不一。果时无明与妄想先明不一，次明不异。由根本无明得有业识之用，由枝末无明得有妄想之用，故以二种无明为体也。由子时无明得生果时无明，复由果时无明熏成子时无明，故二种自互为因果，名亲因缘。由业识得起妄想，复由妄想熏成业识，故二种亦互为因果，亦名亲因缘。若子时无明起业识，果时无明起妄想，但是异法相成，只名增上缘也。

（丑）二明不空义，犹《大佛顶经》所谓一即一切即，十界俱即，非偏假也。文为二：初总立诸科，二随科各释。

（寅）今初

次明不空如来藏者，就中有二种差别：一明具染净二法以明不空，二明藏体一异以释实有。

第一明染净二法中，初明净法，次明染法。初明净法中，复有二种分别：一明具足无漏性功德法，二明具足出障净法。

（寅）二随科各释即为二：初明具染净法，二明藏体一异。

（卯）初中二：初明净法，二明染法。

（辰）初又二：初明具足无漏性功德法，二明具足出障净法。

（巳）今初

第一具无漏性功德者，即此净心虽平等一味，体无差别，而复具有过恒沙数无漏性功德法，所谓自性有大智慧光明义故，真实识知义故，常、乐、我、净义故。如是等无量无边性净之法，唯是一心具有，如《起信论》广明也。净心具有此性净法，故名不空。

《起信论》云：不觉起念，见诸境界，故说无明。心性不起，即是大智慧光明义。若心有动，非真识知，非常非乐，非我非净。心性无动，即真实识知等义。此性净法不约德用言也。

（巳）二明具足出障净法二：初明果性惟心所具，二明能熏亦惟心所具。

（午）今初

第二具出障净德者，即此净心体具性净功德，故能摄持净业熏习之力，由熏力故，德用显现。此义云何？以因地加行般若智业，熏于三种智性，令起用显现，即是如来果德三种大智慧也。复以因地五波罗蜜等一切种行，熏于相好之性，令起用显现，即是如来相好报也。然此果德之法虽有相别，而体是一心。心体具此德故，名为不空，不就其心体义明不空也。何以故？以心体平等，非空不空故。

（午）二明能熏亦惟心所具

问曰：能熏净业为从心起，为心外别有净法以为能熏耶？

答曰：能熏之法悉是一心所作。此义云何？谓所闻教法悉是诸佛菩萨心作，诸佛心、菩萨心、众生心是一故，教法即不在心外也。复以此教熏心解性，性依教熏以起解用，故解复是心作也。以解熏心行性，性依解熏以起行用，故行复是心作也。以行熏心果性，性依行熏起于果德，故果复是一心作也。以此言之，一心为教，乃至一心为果，更无异法也。以是义故，心体在凡之时本具解行果德之性，但未为诸佛真如用法所熏，故解等未显用也。若本无解等之性者，设复熏之，德用终不显现也。如是真金本有器朴之性，乃至具有成器精妙之性，但未得椎锻而加，故器朴等用不现。后加以钳椎，朴器、成器次第现也。若金本无朴器成器之性者，设使加以功力，朴用、成用终难显现。如似压沙求油，钻冰觅火，锻冰为器，铸水为瓶，永不可成者，以本无性故也。是故论言："若众生无佛性者，设使修道亦不成佛。"以是义故，净心之体本具因行果德性也。依此性故起因果之德，是故此德唯以一心为体。一心具此净德，故以此心为不空如来藏也。

能熏所熏，若果若因，无不以一心为体。心具此德，故名不空。

（辰）二明染法二：初立科，二各释。

（巳）今初

次明具足染法者，就中复有二种差别：一明具足染性，二明具足染事。

（巳）二各释二：初明具染性，二明具染事。

（午）初又二：初正明，二释疑。

（未）今初

初明具足染性者，此心虽复平等离相，而复具足一切染法之性，能生生死，能作生死。是故经云"心性是一，云何能生种种果报"，即是能生生死。又复经言"即是法身流转五道说名众生"，即是能作生死也。

从此有彼名之为生，举体成彼名之为作。如水生波，举体作波也。

（未）二释疑七：初释性不可转疑，二释两性相违疑，三释两业起灭疑，四释性不相除疑，五释互论相违疑，六释本末同灭疑，七释相违不熏疑。

（申）今初

问曰：若心体本具染性者，即不可转凡成圣。

答曰：心体若唯具染性者，不可得转凡成圣。既并具染净二性，何为不得转凡成圣耶？

（申）二释两性相违疑

问曰：凡圣之用既不得并起，染净之性何得双有耶？

答曰：一一众生心体、一一诸佛心体，本具二性，而无差别之相，一味平等，古今不坏。但以染业熏染性故，即生死之相显矣；净业熏净性故，即涅槃之用现矣。然此一一众生心体依熏作生死时，而不妨体有净性之能。一一诸佛心体依熏作涅槃时，而不妨体有染性之用。以是义故，一一众生、一一诸佛悉具染净二性，法界法尔，未曾不有。但依熏力起用先后不俱，是以染熏息故称曰转凡，净业起故说为成圣。然其心体二性实无成坏。是故就性说故染净并具，依熏论故凡圣不俱。是以经言"清净法中不见一法增"，即是本具性净，非始有也；"烦恼法中不见一法灭"，即是本具性染，不可灭也。然依对治因缘，清净般若转胜现前，即是净业熏故成圣也；烦恼妄想尽在于此，即是染业息故转凡也。

（申）三释两业起灭疑

问曰：染业无始本有，何由可灭？净业本无，何由得起？

答曰：得诸佛真如用义熏心故，净业得起。净能除染故，染业即灭。

（申）四释性不相除疑

问曰：染净二业皆依心性而起，还能熏心，既并依性起，何得相除？

答曰：染业虽依心性而起，而常违心。净业亦依心性而起，常顺心也。违有灭离之义，故为净除。顺有相资之能，故能除染。法界法尔有此相除之用，何足生疑。

（申）五释互论相违疑

问曰：心体净性能起净业，还能熏心净性。心体染性能起染业，还能熏心染性。故乃可染业与净性不相生相熏，说为相违。染业与染性相生相熏，应云相顺，若相顺者即不可灭。若染业虽与染性相顺，由与净性相违故得灭者，亦应净业虽与净性相顺，由与染性相违故亦可得除。若二俱有违义故，双有灭离之义，而得存净除染，亦应二俱有顺义故，并有相资之能，复得存染废净。

答曰：我立不如是，何为作此难？我言净业顺心故，心体净性即为顺本。染业违心故，心体染性即是违本。若偏论心体，即违顺平等。但顺本起净，即顺净心不二之体，故有相资之能。违本起染，便违真如平等之理，故有灭离之义也。

（申）六释本末同灭疑

问曰：违本起违末，便违不二之体，即应并有灭离之义也。何故上言法界法尔具足二性不可破坏耶？

答曰：违本虽起违末，但是理用，故与顺一味，即不可除。违末虽依违本，但是事用故，即有别义，是故可灭。以此义故，二性不坏之义成也。

问曰：我仍不解染用违心之义，愿为说之。

答曰：无明染法实从心体染性而起，但以体暗故，不知自己及诸境界从心而起，亦不知净心具足染净二性而无异相，一味平等。以不知如此道理故，名之为违。智慧净法实从心体而起，以明利故，能知己及诸法皆从心作，复知心体具足染净二性而无异相，一味平等。以如此称理而知，故名之为顺。如似穷子实从父生，父实追念，但以痴故不知己从父生，复不知父意，虽在父舍，不认其父，名之为违。复为父诱说，经历多年，乃知己从父生，复知父意，乃认家业，受父教敕，名之为顺。众生亦尔，以无明故，不知己身及以诸法悉从心生。复遇诸佛方便教化故，随顺净心，能证真如也。

违本即染性，违末即染事也。染性是理用，即与净性体融一味，故不可除。染事是事用，招感生死，故须灭除。穷子喻无明染性，父喻本觉真心。诸佛先证我之真心，即是同体之父。方便教化，令顺净心，则无明转为智慧，即染性而成净性。但除染事，不除染性，明矣。

（申）七释相违不熏疑

问曰：既说无明染法与心相违，云何得熏心耶？

答曰：无明染法无别有体故，不离净心。以不离净心故，虽复相违而得相熏。如木出火炎，炎违木体而上腾，以无别体，不离木故，还烧于木。后复不得闻斯譬喻，便起灯炉之执也。此明心体具足染性，名为不空也。

木喻净心，炎喻无明染法，烧木喻还熏净心。借喻本欲明理，执喻便成戏论，故诫令不得起执，谓灯炉出火，何故不烧灯炉？

（午）二明具染事

次明心体具足染事者，即彼染性为染业熏故，成无明住地及一切染法种子，依此种子现种种果报。此无明及与业果即是染事也。然此无明住地及以种子、果报等，虽有相别显现，说之为事，而悉一心为体，悉不在心外。以是义故，复以此心为不空也。譬如明镜所现色像，无别有体，唯是一镜，而复不妨万像区分不同。不同之状皆在镜中显现，故名不空镜也。是以《起信论》言："因熏习镜，谓如实不空，一切世间境界悉于中现，不出不入，不失不坏，常住一心，以一切法即真实性故。"以此验之，具足世间染法亦是不空如来藏也。

上来明具足染净二法以明不空义竟。

（卯）二明藏体一异为三：初立科，二详释，三总结。
（辰）今初

次明藏体一异以释实有义，就中复有六种差别：一明圆融无碍法界法门，二明因果法身名别之义，三明真体在障出障之理，四明事用相摄之相，五明治惑受报不同之义，六明共不共相识。

圆融无碍，谓一不碍异，异不碍一，非一非异，而异而一，乃如来藏真实法性也。约一而异，故因果二种法身名别。约异而一，故真体在障出障理同。然事理互相融摄尚为易解，以事摄事尤为难知，故须以巧便示之。既知法界无碍，须明治惑受报不同之致，乃不执性废修。既知凡圣同而复异，须知共相不共相识，夫然后纤疑毕尽而常同常异，法界法门罄无余蕴矣。

（辰）二详释即为六：初明圆融无碍法界法门，至六明共不共相识。

（巳）初中三：初直明法界体一，二具明染净性事，三正明无碍圆融。

（午）今初

第一明圆融无碍法界法门者。

问曰：不空如来藏者，为一一众生各有一如来藏，为一切众生、一切诸佛唯共一如来藏耶？

答曰：一切众生、一切诸佛唯共一如来藏也。

空与不空，其体无二。今欲辨法界非一非异、即异即一、圆融无碍之理，故约不空藏为问也。佛及众生尚只一如来藏，岂令空与不空反有二耶？惟一藏体，一切生佛各得其全。是故佛圆融，生亦圆融；佛无碍，生亦无碍。净性与染性圆融无碍，净事与染事亦圆融无碍。净性与净事、染性与染事圆融无碍，净性与染事、染性与净事亦圆融无碍。以要言之，一一佛、一一生，一一净性、一一净事，一一染性、一一染事，无非如来藏之全体大用。非分如来藏以为染净性事，亦不因一一染净性事遂成多多如来藏也。帝网之珠，仅可为片喻而已。

（午）二具明染净性事二：初标章，二释示。

（未）今初

问曰：所言藏体具包染净者，为俱时具，为始终具耶？

答曰：所言如来藏具染净者，有其二种：一者性染性净，二者事染事净，如上已明也。若据性染性净，即无始以来俱时具有。若据事染事净，即有二种差别：一者一一时中俱有染净二事，二者始终方具净染二事。

（未）二释示二：初释性染性净俱时具有，二释事染事净有二差别。

（申）今初

此义云何？谓如来藏体具足一切众生之性，各各差别不同，即是无差别之差别也。然此一一众生性中，从本已来复具无量无边之性，所谓六道四生、苦乐好丑、寿命形量、愚痴智慧等一切世间染法，及三乘因果等一切出世净法。如是等无量差别法性，一一众生性中悉具不少也。以是义故，如来之藏从本已来俱时具有染净二性。以具染性故，能现一切众生等染事，故以此藏为在障本住法身，亦名佛性。复具净性故，能现一切诸佛等净德，故以此藏为出障法身，亦名性净法身，亦名性净涅槃也。

如来藏具足一切众生之性，而一一众生皆以如来藏之全体为性，非是藏性之少分故，故仍具足一切十界染净法性也。具染仍名本住法身，亦名佛性者，欲令众生标心于极果故。若就法性之义论之，亦得名无明性、生死性等。

（申）二释事染事净有二差别又二：初明一时俱具，二明始终方具。

（酉）今初

然诸一一众生无始已来虽复各各具足染净二性，但以造业不同故，熏种子性，成种子用，亦即有别。种子用别故，一时之中受报不同，所谓有成佛者，有成二乘果者，有入三涂者，有生天人中者，复于一一趣中无量差别不同。以此论之，如来藏心之内俱时得具染净二事。如一时中，一切时中亦复如是也。

此总约一切众生元无二性，故一时具足染净二事也。

（酉）二明始终方具

然此一一凡圣虽于一时之中受报各别，但因缘之法无定故，一一凡圣无始以来具经诸趣无数回返，后遇善友，教修出离，学三乘行，及得道果。以此论之，一一众生始终乃具染净二事。何以故？以一众生受地狱身时无余趣报，受天报时亦无余趣报，受一一趣中一一身时亦无余身报。又受世间报时不得有出世果，受出世果时无世间报。以是义故，一众生不得俱时具染净二事，始终方具二事也。一切众生亦如是。是故如来之藏有始终方具染净二事之义也。

此别约一一众生迷本藏性，幻起染净二事，由情执故，不得言一时俱具也。

（午）三正明无碍圆融三：初法说，二喻说，三引证。

（未）初中五：初明无差而差之理，二明全理成事，三明全事摄理，四明全事摄事，五结成差即无差。

（申）今初

问曰：如来之藏具如是等无量法性之时，为有差别，为无差别？

答曰：藏体平等，实无差别，即是空如来藏。然此藏体复有不可思议用故，具足一切法性，有其差别，即是不空如来藏。此盖无差别之差别也。此义云何？谓非如泥团具众微尘也。何以故？泥团是假，微尘是实，故一一微尘各有别质，但以和合成一团泥，此泥团即具多尘之别。如来之藏即不如是。何以故？以如来藏是真实法，圆融无二故。

答中先明正义，次以喻反显。约平等名空，约差别名不空。体实非空不空，双照空与不空者也。但会用归体，则差即无差，而体亦不名无差，以用非体外故。全体起用，则无差而差，而用亦不名差，以体非用外故。"此义云何"下，恐人以泥团喻藏性，以众尘喻诸法。设尔，则诸法反为实有，藏性反是假成，岂其然哉！言"泥团是假，微尘是实"者，乃随情说假实耳。若随智说，则泥团、众尘并皆无性，一切惟心。既一切惟心，则微尘之藏性不少，泥团之藏性不多，一一皆是圆融无碍之真实法性矣。

（申）二明全理成事

是故如来之藏全体是一众生一毛孔性，全体是一众生一切毛孔性。如毛孔性，其余一切所有世间一一法性亦复如是。如一众生世间法性，一切众生所有世间一一法性、一切诸佛所有出世间一一法性亦复如是，是如来藏全体也。

此明如来藏不变随缘作一切世出世法时，乃至一毛孔性皆是举全体而成之，非是少分藏性，以藏性真实圆融，不可割裂，非有分剂故也。

（申）三明全事摄理

是故举一众生一毛孔性，即摄一切众生所有世间法性，及摄一切诸佛所有出世间法性。如举一毛孔性即摄一切法性，举其余一切世间一一法性亦复如是，即摄一切法性。如举世间一一法性即摄一切法性，举一切出世间所有一一法性亦复如是，即摄一切法性。

此明一切法随缘不变，全事即理，无有一毛孔许而非藏性全体。既是藏性全体，即是一切世出世法性之全体，以无事外之理故也。

（申）四明全事摄事

又复如举一毛孔事，即摄一切世出世事。如举一毛孔事即摄一切事，举其余世间出世间中一切所有随一一事亦复如是，即摄一切世出世事。何以故？谓以一切世间出世间事，即以彼世间出世间性为体故，是故世间出世间性体融相摄，故世间出世间事亦即圆融相摄无碍也。

此明随一一事既全揽藏性之理，必尽摄藏性所具世出世间之事，以既无事外之理，尤必无理外之事故也。以一事遍摄法界之事，是名事事无碍法界。

（申）五结成差即无差

是故经言：心、佛及众生，是三无差别。

前云藏体具足一切法性，即是无差别之差别。今随举一毛孔事即具世出世事，则一一毛孔皆是藏性全体大用，当知差别即无差别矣。是故心则具佛法及众生法，佛则具心法及众生法，众生则具心法及与佛法。俱是能具，俱是所具。俱是能造，俱是所造。不可谓心但是能具能造，佛及众生但是所具所造也。

（未）二喻说亦五：初喻无差而差之理，二喻全理成事，三喻全事摄理，四喻全事摄事，五结显差即无差。

（申）今初

譬如明镜，体具一切像性，各各差别不同，即是无差别之差别也。若此镜体本无像性差别之义者，设有众色来对，像终不现。如彼炽火虽复明净，不能现像者，以其本无像性也。既见镜能现像，定知本具像性。以是义故，此一明镜于一时中俱能现于一切净秽等像，而复净像不妨于秽，秽像不妨于净，无障无碍，净秽用别。虽然有此像性像相之别，而复圆融不异，唯是一镜。

明镜中像性像相元无差别，以喻空如来藏。体具像性，能现像相，以喻不空如来藏也。余可知。

（申）二喻全理成事

何以故？谓以此镜全体是一毛孔像性故，全体是一切毛孔像性故。如毛

孔像性，其余一一微细像性、一一粗大像性、一净像性、一秽像性等亦复如是，是镜全体也。

若非镜之全体，不能现于一毛。故随现一毛，皆即镜之全体功能，非少分镜体也。

（申）三喻全事摄理

是故若举一毛孔像性，即摄其余一切像性。如举一毛孔像性即摄一切像性，举其余一一像性亦复如是，即摄一切像性也。

既一一毛孔皆举镜之全体所现，则以镜之全体为性。既以镜之全体为性，则以能现一切群像之性为性矣。

（申）四喻全事摄事

又若举一毛孔像相，即摄一切像相。如举一毛孔像相即摄一切像相，举其余一一像相亦复如是，即摄一切像相。何以故？以一切像相即以彼像性为体故，是故一切像性体融相摄，故一切像相亦即相融相摄也。

像相别无自体，即以镜性而成其相。镜性本具一切像相，则此全揽镜性所成之一毛像相，安得不全摄一切像相哉！

（申）五结显差即无差

以是譬故，一切诸佛、一切众生同一净心如来之藏，不相妨碍，即应可信。

如一一像各揽全镜之性，各摄群像之相，则一切诸佛、一切众生各揽全体如来藏性，各具法界差别之事，复何疑哉！

（未）三引证又三：初引《杂花》，二引《起信》，三引契经。
（申）今初

　　是故经言："譬如明净镜，随对面像现，各各不相知，业性亦如是。"此义云何？谓明净镜者，即喻净心体也。随对者，即喻净心体具一切法性故，能受一切熏习，随其熏别，现报不同也。面者，即喻染净二业也。像现者，即喻心体染净二性依熏力故现染净二报也。各各不相知者，即喻净心与业果报各不相知也。业者，染净二业，合上面也。性者，即是真心染净二性，合上明镜具一切像性也。亦如是者，总结成此义也。又复长行问云"心性是一"者，此据法性体融说为一也；"云何能生种种果报"者，谓不解无差别之差别，故言云何能生种种果报也。

　　此偈出《华严经》。先引偈，次释，复引长行证成，文并可知。

（申）二引《起信》

　　此修多罗中喻意偏明心性能生世间果报，今即通明能生世出世果，亦无所妨也。是故论云："三者用大，能生世间出世间善恶因果故。"以此义故，一切凡圣一心为体，决定不疑也。

　　先牒《华严》喻意，但说能生世间果报，然实藏性具生世出世果，故再引《起信》以证成之。

（申）三引契经

　　又复经言"一切诸佛法身，唯是一法身"者，此即证知一切诸佛同一真心为体。以一切诸佛法身是一故，一切众生及与诸佛即同一法身也。何以故？修多罗为证故。所证云何？谓"即此法身流转五道说名众生，反流尽源说名为佛。"以是义故，一切众生、一切诸佛唯共一清净心如来之藏平等法身也。

此明第一圆融无碍法界法门竟。

既言一切诸佛唯一法身，又言法身流转说名众生，则众生与佛决非二体，明矣！不二而二，生佛宛然；二而不二，互融互摄，故名圆融无碍法界法门。

（巳）二明因果法身名别之义二：初正明，二释疑。

（午）初中二：初标章，二解释。

（未）今初

次明第二因果法身名别之义。

问曰：既言法身唯一，何故上言众生本住法身，及云诸佛法身耶？

答曰：此有二义：一者以事约体，说此二名；二者约事辨性，以性约体，说此二名。

事者，十界染净之事。体者，如来藏也。藏体无别，但以染净之事皆从藏体而起，故约事以名体，即有因法身、果法身之别也。性者，十界染净之性。藏体既能成染净事，便可验知具染净性，故云约事辨性。体实非染非净，但以染净之性皆即藏体所具，故约性以名体，亦有因法身、果法身之别也。约事即约事造三千，约性即约理具三千。事理两重三千同居一念，故知二种法身义别，总一如来藏心。

（未）二解释二：初释约事，二释约性。

（申）今初

所言以事约体说二法身名者，然法身虽一，但所现之相凡圣不同，故以事约体，说言诸佛法身、众生法身之异。然其心体平等，实无殊二也。若复以此无二之体收彼所现之事者，彼事亦即平等，凡圣一味也。譬如一明镜能现一切色像。若以像约镜，即云人像体镜、马像体镜，即有众镜之名。若废像论镜，其唯一焉。若复以此无二之镜体收彼人马之异像者，人马之像亦即同体无二也。净心如镜，凡圣如像，类此可知。以是义故，常同常别，法界法门。以常同故，论云："平等真法界，佛不度众生。"以常别故，经云："而常修净土，教化诸众生。"此明约事辨体也。

文中先正明，次立喻，三法合。正明中先不二而二，次二而不二。喻合可知。

（申）二释约性

所言约事辨性，以性约体，说有凡圣法身之异名者，所谓以此真心能现净德故，即知真心本具净性也。复以真心能现染事故，即知真心本具染性也。以本具染性故，说名众生法身。以本具净性故，说名诸佛法身。以此义故，有凡圣法身之异名。若废二性之能以论心体者，即非染非净，非圣非凡，非一非异，非静非乱，圆融平等，不可名目。但以无异相故，称之为一。复是诸法之实，故名为心。复为一切法所依止故，名平等法身。依此平等法身有染净性，故得论凡圣法身之异，然实无有别体为凡圣二种法身也。是故道一切凡圣同一法身亦无所妨。何以故？以依平等义故。道一一凡、一一圣各别法身亦无所失。何以故？以依性别义故。

文中"以此真心能现"等，正约事以辨性也。"以本具染净性"等，乃以性而约体也。"若废二性之能"等，融拂凡圣二性，明其无二体也。"是故道一切凡圣"等，明其圆融无碍，不妨说同说别也。

（午）二释疑三：初释习性疑，二释有性疑，三释立名疑。
（未）今初

问曰：如来之藏体具染净二性者，为是习以成性，为是不改之性耶？
答曰：此是理体用不改之性，非习成之性也，故云佛性大王非造作法，焉可习成也。佛性即是净性，既不可造作，故染性与彼同体，是法界法尔，亦不可习成。

性有二义：一者始终不改义，二者熏习成种义。今约理体之用名之为性，非约习成也。佛性名为大王者，以具自在统摄之全能故。

（未）二释有性疑

问曰：若如来藏体具染性能生生死者，应言佛性之中有众生，不应言众生身中有佛性。
答曰：若言如来藏体具染性能生生死者，此明法性能生诸法之义。若言众生身中有佛性者，此明体为相隐之语。如说一切色法依空而起，悉在空内，复言一切色中悉有虚空。空喻真性，色喻众生，类此可知。以是义故，如来藏性能生生死，众生身中悉有佛性，义不相妨。

（未）三释立名疑

问曰：真如出障既名性净涅槃，真如在障应名性染生死，何得称为佛性耶？
答曰：在缠之实虽体具染性，故能建生死之用，而即体具净性，故毕竟有出障之能，故称佛性。若据真体具足染净二性之义者，莫问在障出障，俱得称为性净涅槃，并合名性染生死。但名涉事染，化仪有滥，是故在障出障俱匿性染之义也。又复事染生死唯多热恼，事净涅槃偏足清凉，是以单彰性净涅槃，为欲起彼事净之泥洹；便隐性染轮回，冀得废斯事染之生死。若孤题性染，惑者便则无羡于真源。故偏导清升，愚子遂乃有欣于实际。是故在障出障法身俱隐性染之名，有垢无垢真如并彰性净之号。

此明第二因果法身名别之义竟。

若论法性平等，名字性空，不惟在障可名性染生死，纵令出障亦可名性染生死也。但以称为佛性，可引物情；名为染性，徒增惑结。喻如荀卿性恶之论无益斯民，孟轲性善之称有裨世道多矣。

（巳）三明真体在障出障之理二：初正明，二释疑。

（午）初中三：初明体性本融，二明约用差别，三明用不违体。

（未）今初

次明第三在障出障之义。

问曰：既言真如法身平等无二，何得论在障出障、有垢无垢之异耶？

答曰：若论心体平等，实无障与不障，不论垢与不垢。若就染净二性，亦复体融一味，不相妨碍。

（未）二明约用差别

但就染性依熏起故，有障垢之名。此义云何？谓以染业熏于真心违性故，性依熏力起种种染用。以此染用违隐真如顺用之照性，故即说此违用之暗以为能障，亦名为垢。此之垢用不离真体故，所以即名真如心为在障法身，亦名为有垢真如。

若以净业熏于真心顺性故，性依熏力起种种净用，能除染用之垢。以此净用顺显真心体照之明性故，即说此顺用之照以为圆觉大智，亦即名大净波罗蜜。然此净用不离真体故，所以即名真心为出障法身，亦名无垢真如。

以是义故，若总据一切凡圣以论出障在障之义，即真如法身于一时中并具在障出障二用。若别据一一凡圣以论在障出障之义，即真如法身始终方具在障出障二事也。

（未）三明用不违体

然此有垢无垢、在障出障之别，但约于染净之用说也，非是真心之体有此垢与不垢、障与不障。

用分染净而体自平等，是故染亦不名垢障，净亦不名不垢不障也。初正明竟。

（午）二释疑

问曰：违用既论为垢障，违性应说为碍染。

答曰：具是障性垢性，亦得名为性障性垢。此盖平等之差别，圆融之能所。然即唯一真心，勿谓相碍不融也。

问曰：既言有平等之差别能所，亦应有自体在障出障耶？

答曰：亦得有此义。谓据染性而说，无一净性而非染，即是自体为能障，自体为所障，自体为在障。就净性而论，无一染性而非净，即是自体为能除，自体为所除，自体为出障。是故染以净为体，净以染为体，染是净，净是染，一味平等，无有差别之相。此是法界法门常同常别之义。不得闻言平等便谓无有差别，不得闻言差别便谓乖于平等也。

此明第三在障出障之义竟。

初一番问答，许其性障性垢之名，而无相碍不融之义，以惟一真心故。次一番问答，许其自体在障出障之义，而无平等差别互乖之情，以常同常别故。

（巳）四明事用相摄之相二：初以理曲明，二以事巧示。

（午）初中二：初正明相摄，二兼破余疑。

（未）初又二：初相摄，二相即。

（申）今初

次明第四事用相摄之相。

问曰：体性染净既得如此圆融，可解少分。但上言事法染净亦得无碍相摄，其相云何？

答曰：若偏就分别妄执之事，即一向不融。若据心性缘起依持之用，即可得相摄。所谓一切众生悉于一佛身中起业招报，一切诸佛复在一众生毛孔中修行成道，此即凡圣多少以相摄。若十方世界内纤尘而不迮，三世时劫入促念而能容，此即长短大小相收。是故经云"一一尘中显现十方一切佛土"，又云"三世一切劫，解之即一念"，即其事也。又复经言："过去是未来，未来是现在。"此是三世以相摄。其余净秽好丑、高下彼此、明暗一异、静乱有无等一切对法及不对法，悉得相摄者，盖由相无自实，起必依心，心体既融，相亦无碍也。

第一章中具明性染性净、事染事净及全理成事、全事摄理、全事摄事圆融无碍法界法门，但理事互摄犹可依通，以事摄事诚难思议，故蹑前而起问也。答中先拂妄情所执，次以缘起依持之用而融摄之。盖既全心起相，全相即心，安得不一相即一切相耶？

（申）二相即

问曰：我今一念即与三世等耶？所见一尘即共十方齐乎？

答曰：非但一念与三世等，亦可一念即是三世时劫。非但一尘共十方齐，亦可一尘即是十方世界。何以故？以一切法唯一心故。是以别无自别，别是一心；心具众用，一心是别。常同常异，法界法尔。

以别是一心故常同，以一心是别故常异。常同故言相即，常异故言相摄。同异俱不思议，相摄相即岂复有二体哉！初正明相摄竟。

（未）二兼破余疑五：初破凡圣不同疑，二破圣无别相疑，三破世谛差别疑，四破世谛摄事疑，五破滥同神我疑。

（申）今初

问曰：此之相摄既理实不虚，故圣人即能以自摄他，以大为小，促长演短，合多离一。何故凡夫不得如此？

答曰：凡圣理实同尔圆融，但圣人称理施作，所以皆成；凡夫情执乖理，是故不得。

（申）二破圣无别相疑

问曰：圣人得理，便应不见别相，何得以彼小事以包纳大法？

答曰：若据第一义谛，真如平等，实无差别。不妨即寂缘起，世谛不坏而有相别。

此明圣人既悟第一义谛，不坏世谛，不同凡夫二谛俱迷。

（申）三破世谛差别疑

问曰：若约真谛，本无众相，故不论摄与不摄。若据世谛，彼此差别，故不可大小相收。

答曰：若二谛一向异体，可如来难。今既以体作用名为世谛，用全是体名为真谛，宁不相摄？

（申）四破世谛摄事疑

问曰：体用无二，只可二谛相摄，何得世谛还摄世事？

答曰：今云体用无二者，非如揽众尘之别用，成泥团之一体。但以世谛之中一一事相即是真谛全体，故云体用无二。以是义故，若真谛摄世谛中一切事相得尽，即世谛中一一事相亦摄世谛中一切事相皆尽。如上已具明此道理竟，不须更致余诘。

（申）五破滥同神我疑

问曰：若言世谛之中一一事相即是真谛全体者，此则真心遍一切处，与彼外道所计神我遍一切处义有何异耶？

答曰：外道所计心外有法，大小远近、三世六道历然是实，但以神我微妙广大故，遍一切处，犹如虚空。此即见有实事之相异神我，神我之相异实事也。设使即事计我，我与事一，但彼执事为实，彼此不融。佛法之内即不如是。知一切法悉是心作，但以心性缘起，不无相别。虽复相别，其唯一心为体。以体为用，故言实际无处不至，非谓心外有其实事，心遍在中，名为至也。

外道神我之计复有二别：一者计异物是我，二者计即物是我。虽有二计，总不达一切惟心，心外无物，故与大乘法门不同。初以理曲明竟。

（午）二以事巧示二：初许示，二正示。
（未）今初

此事用相摄之义难知，我今方便令汝得解，汝用我语不？
外人曰：善哉受教。

事事无碍法界，不离众生日用之间。迷者不觉，高推圣境，故今更就事以巧示之也。

（未）二正示二：初示大小相摄相即，二示时劫相摄相即。
（申）今初

沙门曰：汝当闭目忆想身上一小毛孔，即能见不？

外人忆想一小毛孔已，报曰：我已了了见也。

沙门曰：汝当闭目忆想作一大城，广数十里，即能见不？

外人想作城已，报曰：我于心中了了见也。

沙门曰：毛孔与城大小异不？

外人曰：异。

沙门曰：向者毛孔与城但是心作不？

外人曰：是心作。

沙门曰：汝心有小大耶？

外人曰：心无形相，焉可见有大小？

沙门曰：汝想作毛孔时，为减小许心作，为全用一心作耶？

外人曰：心无形段，焉可减小许用？是故我全用一念想作毛孔也。

沙门曰：汝想作大城时，为只用自家一念作，为更别得他人心神共作耶？

外人曰：唯用自心作城，更无他人心也。

沙门曰：然则一心全体唯作一小毛孔，复全体能作大城。心既是一，无大小故，毛孔与城俱全用一心为体，当知毛孔与城体融平等也。以是义故，举小收大，无大而非小；举大摄小，无小而非大。无小而非大，故大入小而大不灭；无大而非小，故小容大而小不增。是以小无异增，故芥子旧质不改；大无异减，故须弥大相如故。此即据缘起之义也。若以心体平等之义望彼，即大小之相本来非有，不生不灭，唯一真心也。

全举心体而成一毛孔，全举心体而成一大城，此不变随缘之用也。大亦唯心，大无大相；小亦唯心，小无小相。大小生时心不生，大小灭时心不灭。心既不生不灭，则唯心之大小全体即心，故亦即不生不灭。此随缘不变之体也。既全体起用，全用即体，宁不全用摄一切用耶？

（申）二示时劫相摄相即

我今又问汝：汝尝梦不？

外人曰：我尝有梦。

沙门曰：汝曾梦见经历十年、五岁时节以不？

外人曰：我实曾见历涉多年，或经旬月时节，亦有昼夜，与觉无异。

沙门曰：汝若觉已，自知睡经几时？

外人曰：我既觉已，借问他人，言我睡始经食顷。

沙门曰：奇哉！于一食之顷而见多年之事。以是义故，据觉论梦，梦里长时便则不实。据梦论觉，觉时食顷亦则为虚。若觉梦据情论，即长短各论，各谓为实，一向不融。若觉梦据理论，即长短相摄，长时是短，短时是长，而不妨长短相别。若以一心望彼，则长短俱无，本来平等一心也。正以心体平等，非长非短，故心性所起长短之相即无长短之实，故得相摄。若此长时自有长体，短时自有短体，非是一心起作者，即不得长短相摄。又虽同一心为体，若长时则全用一心而作，短时即减少许心作者，亦不得长短相摄。正以一心全体复作短时，全体复作长时，故得相摄也。是故圣人依平等义故，即不见三世时节长短之相；依缘起义故，即知短时长时体融相摄。又复圣人善知缘起之法唯虚无实，悉是心作。是心作故，用心想彼七日以为一劫，但以一切法本来皆从心作故，一劫之相随心即成，七日之相随心即谢。演短既尔，促长亦然。若凡夫之辈，于此缘起法上妄执为实，是故不知长短相摄，亦不能演短促长也。

此明第四事用相摄之相竟。

唯心之长可以作唯心之短，唯心之短可以作唯心之长，故得相摄。长亦唯心，长无长相；短亦唯心，短无短相，故得相即也。余例上可解。

大乘止观法门释要卷第三

明古吴沙门智旭述

（巳）五明治惑受报不同之义三：初正明，二释疑，三破执。

（午）初中二：初明治惑不同，二明受报不同。

（未）今初

次明第五治惑受报同异所由。

问曰：如来之藏既具一切世法出世法种子之性及果报性，若众生修对治道，熏彼对治种子性，分分成对治种子事用时，何故彼先所有惑染种子事即分分灭也？即能治所治种子皆依性起，即应不可一成一坏。

答曰：法界法尔，所治之法为能治之所灭也。

问曰：所治之事即为能治之事所灭者，所治之性亦应为能治之性所灭。

答曰：不然。如上已说事法有成有败，故此生彼灭。性义无始并具，又复体融无二，故不可一灭一存也。是故众生未修治道之前，双有能治所治之性，但所治染法之性依熏起用，能治净法之性未有熏力，故无用也。若修治道之后，亦并具能治所治之性，但能治之性依熏力故分分起于净用，所治之性无所熏力，被对治故，染用分分损减。是故经言："但治其病而不除法。"法者法界法尔，即是能治所治之性，病即是所治之事。

（未）二明受报不同

问曰：能治所治可尔。其未修对治者即无始已来具有一切故业种子，此种子中即应备有六道之业。又复一一众生各各本具六道果报之性，何不依彼无始六道种子，令一众生俱时受六道身耶？

答曰：不得。何以故？以法界法尔故。但可具有无始六道种子在于心中，随一道种子偏强偏熟者先受果报。随是一报之中，不妨自杂受苦乐之事，要不得令一众生俱受六道之身。后若作菩萨自在用时，以悲愿力故，用彼故业种子，一时于六道中受无量身教化众生也。

（午）二释疑二：初释凡圣同时受报疑，二释凡圣同时治惑疑。

（未）今初

问曰：据一众生即以一心为体，心体之中实具六道果报之性，复有无始六道种子，而不得令一众生一时之中俱受六道之报者，一切诸佛、一切众生亦同以一心为体故，虽各各自具六道果报之性及六道种子，亦应一切凡圣次第先后受报，不应一时之中有众多凡圣。

答曰：不由以一心为体故，便不得受众多身。亦不由以一心为体故，要须一时受众多身。但法界法尔，若总据一切凡圣，虽同一心为体，即不妨一时俱有一切凡圣。若别据一众生，虽亦一心为体，即不得一时俱受六道报也。若如来藏中唯具先后受报之法，不具一时受报之法者，何名法界法尔具一切法耶？

（未）二释凡圣同时治惑疑

问曰：上言据一众生即以一心为体，心体虽具染净二性，而净事起时能除染事者，一切诸佛、一切众生既同以一心为体，亦应由佛是净事故，能治余众生染事。若尔者，一切众生自然成佛，即不须自修因行。

答曰：不由以一心为体故染净二事相除，亦不由以一心为体故染净二法不得相除，亦不由别心为体故凡圣二事不得相除。但法界法尔，一切凡圣虽同一心为体而不相灭。若别据一众生，虽亦一心为体，即染净二事相除也。若如来之藏唯有染净相除之法，无染净不相除法者，何名法界法尔具一切法？

（午）三破执二：初破正计，二破转计。

（未）初中二：初起计，二破斥。

（申）今初

问曰：向者两番都言法界法尔，实自难信。如我意者所解，谓一一凡圣各自别有净心为体。何以故？以各各一心为体，故不得于一心中俱现多身，所以一一凡圣不俱受无量身。又复各各依心起用，故不妨俱时有众多凡圣。此义即便。又复一一众生各以别心为体，故一一心中不容染净二法，是故能治之法熏心时自己惑灭，以与他人别心故，不妨他惑不灭。此义亦便。何为辛苦坚成一切凡圣同一心耶？

（申）二破斥二：初约共相法身直破，二引事例破。

（酉）今初

答曰：痴人！若一切凡圣不同一真心为体者，即无共相平等法身。是故经言：由共相身故，一切诸佛毕竟不成佛也。

（酉）二引事例破二：初引多身无二心为例，二引染净无二心为例。

（戌）今初

汝言一一凡圣各各别心为体，故于一心中不得俱现多身，是故一众生不俱受无量身者，如《法华》中所明无量分身释迦俱现于世，亦应不得以一法身为体。若彼一切释迦唯以一心为法身者，汝云何言一心不得俱现多身耶？若一心既得俱现多身者，何为汝意欲使一一凡圣各别一心为体故方得俱时有凡圣耶？又复经言："一切诸佛身，唯是一法身。"若诸众生法身不反流尽源即是佛法身者，可言一切众生在凡之时各各别有法身。既众生法身即是诸佛法身，诸佛法身既只是一，何为一一凡圣各各别有真心为法身耶？又复善财童子自见遍十方佛前悉有己身，尔时岂有多心为体耶？又复一人梦中一时见无数人，岂可有无数心与彼梦里诸人为体耶？又复菩萨以悲愿力用故业受生之时，一念俱受无量种身，岂有多净心为体耶？

（戌）二引染净无二心为例

又复汝言——凡圣各以一心为体，一心之中不得容于染净二法故，所以能治之法熏心时自己惑灭，以与他别心故，不妨他惑不灭，此义为便者，一人初修治道时，此人惑染心悉应灭尽。何以故？以一心之内不容染净二法故。若此人净法熏心，心中有净法时仍有染法者，此人应有二心。何以故？以他人与我别心故，我修智时他惑不灭，我今修智自惑亦复未灭，定知须有二心。若使此人唯有一心而得俱有染净二法者，汝云何言以一心之内不容染净二法故净生染灭耶？是故诸大菩萨留随眠惑在于心中，复修福智净法熏心而不相妨。又复随眠之惑与对治之智同时而不相碍。何为一心之内不得容染净二法耶？以是义故，如来之藏一时具包一切凡圣，无所妨碍也。

（未）二破转计二：初转计，二破斥。
（申）今初

问曰：既引如此道理，得以一心为体不妨一时有多凡圣者，何为一众生不俱受六道报耶？又复修行之人一心之中俱有解惑种子不相妨者，有何道理得以智断惑耶？

初领一心具包众多凡圣，仍转计一人俱受杂报。次领一心具包解惑种子，遂转疑智不断惑也。

（申）二破斥二：初正破，二结成。

（酉）今初

答曰：蠓虫！如上已言：法界法尔，一心之中具有一切凡圣。法界法尔，一一凡圣各各先后随自种子强者受报，不得一人俱受六道之身。法界法尔，一心之中一时具有凡圣不相除灭。法界法尔，一切凡圣虽同一心，不妨一一凡圣各自修智自断其惑。法界法尔，智慧分起能分除惑，智慧满足除惑皆尽，不由一心之内不容染净故断惑也。法界法尔，惑未尽时解惑同体，不由别有心故双有解惑。

上文已曲明之，故但牒上义而为破斥也。

（酉）二结成

是故但知真心能与一切凡圣为体，心体具一切法性。如即时世间出世间事得成立者，皆由心性有此道理也。若无道理者终不可成。如外道修行不得解脱者，由不与心性解脱道理相应也。法界法尔，行与心性相应，所作得成；行若不与心性相应，既所为不成就。

此明第五治惑受报不同所由竟。

（巳）六明共相不共相识三：初总明，二别解，三结示。
（午）今初

次明第六共相不共相识。
问曰：一切凡圣既唯一心为体，何为有相见者，有不相见者，有同受用者，有不同受用者？
答曰：所言一切凡圣唯以一心为体者，此心就体相论之有其二种：一者真如平等心，此是体也，即是一切凡圣平等共相法身。二者阿梨耶识，即是相也。就此阿梨耶识中复有二种：一者清净分依他性，亦名清净和合识，即是一切圣人体也。二者染浊分依他性，亦名染浊和合识，即是一切众生体也。此二种依他性虽有用别而体融一味，唯是一真如平等心也。以此二种依他性体同无二故，就中即合有二事别：一者共相识，二者不共相识。何故有耶？以真如体中具此共相识性不共相识性故。一切凡圣造同业，熏此共相性故，即成共相识也。若一一凡圣各各别造别业，熏此不共相性故，即成不共相识也。

真如平等心体，即所谓一心真如门也，乃全相之体，非于阿黎耶识相外别有体也。阿黎耶识相，即所谓一心生灭门也，乃全体之相，非于真如平等心体外别有相也。清净分依他性，即所谓生灭门中觉义也。染浊分依他性，即所谓生灭门中不觉义也。觉与不觉用虽有别，而惟以一心为体。譬如澄水、波澜，同一湿性。约凡圣有体同之义，即为共相识性。约染净有相别之义，即为不共相识性。由有此二相识性故，随熏成二相识也。

（午）二别解四：初解共相识，二解不共相识，三解共中不共，四解不共中共。

（未）今初

何者？所谓外诸法五尘器世界等一切凡圣同受用者，是共相识相也。如一切众生同修无量寿业者，皆悉熏于真心共相之性，性依熏起显现净土，故得凡圣同受用也。如净土由共相成，其余杂秽等土亦复如是。然此同用之土唯是心相，故言共相识。又此同用之土虽一切凡圣共业所起，而不妨一一众生、一一圣人一身造业即能独感此土，是故无量众生余处托生，不废此土常存不缺。又虽一一凡圣皆有独感此土之业，而不相妨唯是一土，是故无量众生新生而旧土之相更无改增。唯除其时一切众生同业转胜，土即变异；同业转恶，土亦改变。若不尔者，即土常一定也。

（未）二解不共相

所言不共相者，谓一一凡圣内身别报是也。以一一凡圣造业不同，熏于真心，真心不共之性依熏所起，显现别报各各不同，自他两别也。然此不同之报唯是心相，故言不共相识。

（未）三解共中不共

就共相中复有不共相识义。谓如饿鬼等与人同造共业故，同得器世界报，及遥见恒河，即是共相故。复以彼等别业尤重为障故，至彼河边，但见种种别事，不得水饮，即是共中不共也。复据彼同类同造饿业故，同于恒河之上不得水饮，复是共相之义。于中复所见不同，或见流火，或见枯竭，或见脓血等，无量差别，复是共中不共。若如是显现之时，随有同见同用者即名为共相识，不同见闻不同受用者即是共不共相识。随义分别，一切众生悉皆如是，可知也。

（未）四解不共中共

就不共相中复有共义。谓眷属知识乃至时顷同处、同语、同知、同解，或暂相见，若怨若亲，及与中人，相识及不相识，乃至畜生、天道互相见知者，皆由过去造相见知等业，熏心共相性故，心缘熏力显现如此相见相知等事，即是不共相中共相义也。或有我知见他、他不知见我者，即于我为共，于他为不共。如是随义分别可知。又如一人之身即是不共相识，复为八万户虫所依故，即此一身复与彼虫为共相识，亦是不共中共相义也。

（午）三结示

以有此共相不共相道理故，一切凡圣虽同一心为体，而有相见不相见，同受用不同受用也。是故灵山常曜而睹林树潜辉，丈六金躯复见土灰众色，莲花妙刹反谓丘墟，庄严宝地倒言砂砾。斯等皆由共不共之致也。

已上二详解六科竟。

（辰）三总结。

此明不空如来藏中藏体一异六种差别之义竟。上来总明止观依止中何所依止讫。

（庚）二明何故依止二：初正明，二释疑。
（辛）初中二：初明修心依本义，二明全性起修义。
（壬）今初

次明何故依止。
问曰：何故依止此心修止观？
答曰：以此心是一切法根本故。若法依本，则难破坏，是故依止此心修止观也。人若不依止此心修于止观则不得成。何以故？以从本以来未有一法心外得建立故。

此明全修须在性也。心为法本，心外无法，安得不依止此心而修止观耶？

（壬）二明全性起修义又二：初正明，二释成。
（癸）今初

又此心体本性具足寂用二义，为欲熏彼二义令显现故。何以故？以其非熏不显故。显何所用？谓自利利他故。有如是因缘故，依此心修止观也。

本具寂义，依之修止。本具用义，依之修观。由止观故性德显现，成二利行，又安得不依一心耶？

（癸）二释成

问曰：何谓心体寂用二义？

答曰：心体平等，离一切相，即是寂义。体具违顺二用，即是用义。是故修习止行，即能除灭虚妄纷动，令此心体寂静离相，即为自利。修习观行，令此心用显现繁兴，即为利他。

通论止观，皆具二利。今以背尘合觉即三观之三止束为自利止行，而以从体起用即三止之三观束为利他观行，略如最初标示止观中所明也。

（辛）二释疑

问曰：修止观者为除生死，若令显现繁兴，此即转增流浪。

答曰：不然，但除其病而不除法。病在执情，不在大用，是故炽然六道，权现无间，即是违用显现，而复毕竟清净，不为世染，智慧照明故，相好圆备，身心安住胜妙境界，具足一切诸佛功德，即是顺用显现也。

此明止观依止中何故依止竟。

此别释观行中疑也。体既并具违顺二用，观则熏彼二用令得显现，不几流浪生死耶？然迷者被违顺所用，达者能用违用顺。用违则示现恶趣，用顺则示现佛身，所谓君子不器，善恶皆能者也。无间即阿鼻地狱，不闲不住，故名无间。或即无闲古字，闲、间每互用故。

（庚）三明以何依止三：初分科，二解释，三总结。

（辛）今初

次明以何依止，就中复有三门差别：一明以何依止体状，二明破小乘人执，三明破大乘人执。

意识为能依，一心为所依。小乘知意识而不知一心，大乘执一心而欲废意识，故并须破也。

（辛）二解释三：初明以何依止体状，至三破大乘人执。

（壬）初中二：初总标，二别释。

（癸）今初

初明以何依止体状者：

问曰：以何依止此心修止观？

答曰：以意识依止此心修行止观也。

（癸）二别释二：初明止行体状，二明观行体状。

（子）初又二：初正明，二释疑。

（丑）今初

此义云何？谓以意识能知名义故，闻说一切诸法自性寂静，本来无相，但以虚妄因缘故有诸法，然虚妄法有即非有，唯一真心，亦无别真相可取。闻此说已，方便修习，知法本寂，唯是一心。然此意识如此解时，念念熏于本识，增益解性之力。解性增已，更起意识，转复明利，知法如实。久久熏心故，解性圆明，照己体本唯真寂，意识即息。尔时本识转成无分别智，亦名证智。以是因缘故，以意识依止真心修止行也。是故论言：以依本觉故有不觉。依不觉故而有妄心，能知名义，为说本觉，故得始觉即同本觉，如实不有始觉之异也。

"意识能知名义"，闻慧也。"方便修习"，思、修二慧也。"一切诸法因缘所生"，十界法也。"自性寂静，本来无相"，即空也。"但以虚妄因缘故有诸法"，即假也。"有即非有，惟一真心，亦无别真相可取"，即中也。

又"一切诸法自性清净，本来无相"，除分别性入无相性也。"有即非有"，除依他性入无生性也。"惟一真心，亦无别真相可取"，除真实性入无性性也。"惟一真心"即无无性，"无别真相可取"即无真性，具如下文所明也。

"意识如此解时"，观行位也。"增益解性"，相似位也。"意识转复明利，知法如实"，分真位也。"解性圆明"，金刚后心也。"意识即息"，妙觉位也。第八识转成大圆镜智，亲证真如，名为证智。尔前皆是妙观察智之功，故以意识为能依止也。

次复引《论》证成。"依本觉有不觉"，故净心亦名本识。"依不觉有妄觉"，故意识能知名义。转意识成无尘智，故为始觉。意识即息，成无分别智，故始觉即同本觉也。

（丑）二释疑

问曰：上来唯言净心、真心，今言本识，意有何异？

答曰：本识、阿黎耶识、和合识、种子识、果报识等，皆是一体异名。上共不共相中已明真如与阿梨耶同异之义，今更为汝重说。谓真心是体，本识是相，六七等识是用。如似水为体，流为相，波为用，类此可知。是故论云"不生不灭与生灭和合，说名阿黎耶识"，即本识也。以与生死作本，故名为本。是故论云"以种子时阿黎耶识与一切法作根本种子故"，即其义也。又复经云"自性清净心"，复言"彼心为烦恼所染"，此明真心虽复体具净性，而复体具染性，故而为烦恼所染。以此论之，明知就体偏据一性说为净心，就相与染事和合说为本识。以是义故，上来就体性以明，今就事相说，亦无所妨。

问曰：熏本识时即熏真心以不？

答曰：触流之时即触于水。是故向言增益解性者，即是益于真心性净之力也。是故论云："阿黎耶识有二分：一者觉，二者不觉。"觉即是净心，不觉即是无明。此二和合，说为本识。是故道净心时更无别有阿黎耶，道阿黎耶时更无别有净心，但以体相义别，故有此二名之异。

（子）二明观行体状

问曰：云何以意识依止净心修观行？

答曰：以意识知名义故，闻说真心之体虽复寂静，而以熏习因缘故，性依熏起显现世间出世间法。以闻此说故，虽由止行知一切法毕竟无相，而复即知性依熏起，显现诸法，不无虚相。但诸凡惑无明覆意识故，不知诸法唯是心作，似有非有，虚相无实，以不知故，流转生死，受种种苦。是故我当教彼知法如实。以是因缘，即起慈悲，乃至具行四摄六度等行。如是观时，意识亦念念熏心，令成六度四摄慈悲等种子，复不令心识为止所没，即是用义渐显现也。以久久熏故，真心作用之性究竟圆兴，法界德备，三身摄化，普门示现。以是因缘，以意识依止净心修观行也。

"真性之体虽复寂静"，所谓因缘即空、假、中，全事即理，理具三千也。"性依熏起显现世出世法"，所谓不变随缘，全理成事，事造三千也。于止行中具知理具事造两重三千，悯诸凡惑而起慈悲，具行四摄六度，如是观时，观行位中利他行也。用义渐显，相似位中利他行也。久久熏故，分真位中利他行也。究竟圆兴，极果位中利他行也。从始至终，罔非意识之功。

初明以何依止体状竟。

（壬）二破小乘人执二：初正破，二释疑。
（癸）今初

次明破小乘人执。

问曰：但以意识修习止观岂不成耶？何故要须依止净心。

答曰：意识无体，唯以净心为体，是故要须依止。又复意识念念生灭，前非其后，若不以净心为依止者，虽修诸行，无转胜义。何以故？以其前念非后念故。如前人闻法，后人未闻，后人若闻，无胜前人之义。何以故？俱始一遍闻故。意识亦尔，前后两异，前虽曾闻，随念即灭，后若重闻，亦不增胜。何以故？前后二念俱始一遍闻故。又复如似前人学得甲字，后已命终。后人更学乙字，即唯解乙字，不识甲字。何以故？前后人异故。意识亦尔，前灭后生，不相逐及，是故不得所修增广。若以净心为体，意识念念引所思修熏净心性，性依熏起以成种子，前念虽灭，后念起时，即与前念所修种子和合而起，是故更修彼法，即胜于前。一念如是，念念转胜，是故所修成就。若不久熏，尚自种子力劣，便自废失，所修不成，何况全无依止，直莫前后相熏而得成就也。以是因缘，唯用意识，不假依止，无有是处。

（癸）二释疑

问曰：小乘法中不明有本识，何得所闻所思皆得成就？

答曰：博地凡夫乃至闻教畜生等，有所修习得成者，尚由本识为体故成，何况二乘。但彼自不知此义，非彼不假净心也。

问曰：不闻教畜生岂无净心为体？

答曰：造作痴业尤重，熏心起报亦即极钝，虽有黠慧之性及有宿生黠慧种子，但以现报所障故，不得有用，故不闻教，非是无净心也。

（壬）三破大乘人执二：初破名言，二破暗证。
（癸）今初

次明破大乘人执。

问曰：但用净心修行止观即足，何用意识为？

答曰：已如上说，由意识能知名义，能灭境界，能熏本识令惑灭解成，故须意识也。

问曰：净心自性寂静即名为止，自体照明即名为观。彼意识名义及以境界体性非有，何论意识寻名知义、灭自心境界耶？

答曰：若就心体而论，实自如此。但无始已来为无明妄想熏故，不觉自动，显现诸法。若不方便寻名知义，依义修行，观知境界有即非有者，何由可得寂静照明之用。

问曰：净心自知己性本寂，即当念息，何用意识为？

答曰：净心无二，复为无明所覆，故不得自知本寂。要为无尘智熏，无明尽灭，方得念息。

问曰：但息于念，心即寂照，何故要须智熏，寂照始现？

答曰：若无无尘智熏，心里无明终不可灭。无明不灭，念即叵息。

四番问辞皆从名言而起计度，由其秉大乘教，不知大乘实义故也。初二问泛约道理，次二问泛约功夫。心识粗净者必多此计。答文如次破斥，可知。叵，不可也。

（癸）二破暗证二：初问，二答。

（子）今初

问曰：我今不观境界，不念名义，证心寂虑，泯然绝相，岂非心体寂照真如三昧？

"不观境界，不念名义"，是出其盲修之功夫。"证心寂虑，泯然绝相"，是呈其暗证之妄境。"岂非心体寂照真如三昧"，是错认驴鞍桥作阿爷下颌也。故下文先约证破，次约修破，则知其终不离于意识矣。

（子）二答中二：初约证破，次约修破。

（丑）初又二：初标徵，二逐破。

（寅）今初

答曰：汝证心时，为心自证，为由他证，为证于他？

（寅）二逐破三：初破自证，二破他证，三破证他。
（卯）初中三：初直破，二破转计，三结破。
（辰）今初

若心自证，即是不由功用而得寂静。若尔，一切众生皆不作心求于寂静，亦应心住。

（辰）二破转计五：初破作意，二破自止，三破能知，四破自知，五破七识能见。
（巳）今初

若言非是自然而证，盖由自心作意自证名为自证者，作意即是意识，即有能所，即名为他，云何得成心自证也？

（巳）二破自止

若非他证，但心自止故名自证者，若不作意，即无能所，云何能使心证？若当作意，即是意识，即是他证。

（巳）三破能知

若言众生体实皆证，但由妄想不知体证故有其念，能知心体本性证寂，不念诸法故念即自息，即是真如三昧者，为是意识能知本寂，为是净心能知本寂？若是净心自知本寂，不念诸法者，一切众生皆有净心，应悉自知本寂，故自息灭妄识，自然而得真如三昧。以不修不得，故知净心不得名自知也。若言意识能知净心本证，即自息灭故，但是意识自灭，非是意识能证净心，是故说言心自证者，意识知心本证之时，为见净心故知本证，为不见净心能知证也？若言不见净心能知证者，不见佛心，应知佛证。若见净心故知证者，净心即是可见之相，云何论言"心真如者离心缘相"？又复经言："非识所能识，亦非心境界。"以此验之，定知意识不见心也。以见与不见，无有道理知心本寂故。设使心体本证，妄念之心不可息也。

"为是意识能知本寂，为是净心能知本寂"，此双征也。先破净心能知，如文可解。次破意识能知者，若云意识转成无尘智故，知法无实，惟一净心，亦无别心相可取，如是久久熏心，转成证智，则双超见与不见两关。但彼不肯用无尘智，妄计意识知证，随即息灭，名为净心自证，故立见净心、不见净心二义难之。若意识不见净心而能知净心自证，喻如不见佛心，能知佛证，无有是处。若意识见净心故而知净心自证，则净心成可见相，非是真净心矣。若不用无尘智为方便，纵令心体本证，亦何能息灭妄念哉！

（巳）四破自知

若言妄识虽不见净心，而依经教知心本寂，故能知之智熏于净心，令心自知本证，即不起后念，名为自证者，汝依经教知心本寂之时，为作寂相而知，为不作寂相而知？若作寂相而知者，妄想之相云何名寂？若不作相，即心无所系，便更驰散。若言作意不令驰散者，即有所缘。既有所缘，即还有相，云何得言不作相也？

既不用意识转为无尘智，乃谓意识依教知心本寂，熏于净心，令心自知本证。则彼意识知本寂时，作寂相耶？不作寂相耶？作相则是妄想，不作便更驰散。纵谓不作相而但作意，作意即有所缘，何异于作相耶？

（巳）五破七识能见

若言七识能见净心，故知心本寂，知已熏心，令心自知本证，故不起后念，即名为自证者，是亦不然。何以故？以七识是我执识故，不能见心本寂。又复若为能缘之所缘者，即非净心，如上心体状中已说。既所缘非实，故熏心还生妄念也。

若计七识能证本寂，即同他证。今云知心本寂，熏心令知本证，故仍是自证之转计也。破有二义：一者我执之识不能见本寂故。二者纵许能见，所见非净心故。

（辰）三结破

以是义故，无有道理净心自证不起后念也。

既净心不能自证，安得不以无尘智为方便哉！

（卯）二破他证二：初正破，二转破。
（辰）今初

若言由他证者，是亦不然。何以故？心体自寂静故，但以有六七识等，名之为他。由有此他，故说他心不证。是故乃可证他，何须以他证心也。

六识若转成无尘智则不名他，以达自他无性故也，又即谓之他证亦可。今既不许用无尘智而云他证，他乃净心之幻翳，如何能证净心？喻如水可证波，何须以波证水也。

（辰）二转破

若言心体虽复本寂，但以无始无明妄念熏故，有此妄念习气在于心中，是故心体亦不证寂，故须他证者，何等方便能除心中习气令心证也？若言更不起新念故不熏益彼习气，彼即自灭者，彼未灭间，有何所以不起新念也？若无别法为对治者，彼诸习气法应起念，若起念者，更益彼力也。以是义故，由他所证亦无道理。

"何等方便"，"有何所以"，"若无别法"，三语皆暗指无尘智而言之。若不许无尘智，更有何等方便、更何所以、更将何法对治习气耶？

（卯）三破证他四：初明他不易证，二明心不证他，三明他不相止，四明嫌非方便。

（辰）今初

若言不须用他证心，但证于他，以证他故习气自灭者，是亦不然。他既有习气为根本，故念念常起。若不先除彼习气种子者，妄念何由可证也？

非无尘智不能除于习气种子。习种不除，他何可证？如不息风，波何由寂？

（辰）二明心不证他

又复净心无有道理能证于他。若能证他者，一切众生皆有净心，应悉自然除于妄念也。

前云"是故乃可证他"，喻如水能起波。今云"无能证他"，喻如水不能自灭其波也。

（辰）三明他不相止

若言妄念前后自相抑止，久久即息，故名为证他者，为前止后，为后止前？若言前念止后念者，前在之时后识未生，后若起时前念已谢，不相逐及，云何能止？若言后念止前念者，亦复如是，不相逐及，云何能止？

前之二文是破以自证他，此后二文乃破以他证他也，以前后妄念皆名他故。然前后既不相及，云何能相抑止？设非以意识依止本识而修止观，决无证入之方便矣。

（辰）四明嫌非方便

若前念起时即自嫌起，嫌起之心熏于本识，令不起后念者，心不自见，云何自嫌？若后念嫌前，故能嫌之心熏于本识，令不更起后念者，能嫌之心嫌前心时，为知前心是空故嫌，为不知是空故嫌？若知是空，即是无尘智也，汝云何言不须此智？又若知是空，则应不嫌。若不知前念空者，此心即是无明。何以故？以其前念实空而不能知故。又复不知前念空故，执有实念而生嫌心，即是妄想。何以故？以其于空妄起实有想故。此能嫌之心既是无明妄想故，即是动法，复言熏心，此乃亦增不觉，重更益动，生起之识于是云兴，而言能令后念不起者，盖是梦中之梦未醒觉也，故作斯说，仿佛不睡者，必应不言如此。

起时非嫌时，嫌时非起时，故云"心不自见，云何自嫌"？若后念嫌前，令不更起后念，是则可尔。然知空则应不嫌，嫌则转增不觉动法，云何舍无尘智而反堕无明窠臼耶？
先约证破竟。

（丑）次约修破二：初正破，二判简。

（寅）今初

又复若言不作心念诸法故念不起者，为净心不作心念，为是意识不作心念？若是净心不作心念者，本来何因作心念法，今忽何因不念法也？若是意识不念法者，意识即是其念。若言意识不作心念法者，为对见法尘而不念，为不对见法尘而不念？为对而不见而不念，为全不对尘名为不念？若不对尘，云何说为意识？何以故？以识者必识所识故。若对而不见，即是顽嚚之法。若见而不念，为何所因而得不念？为知空故所以不念，谓为有故所以不念？若知是空，是无尘之智，对而不见，见而不念，二俱无妨，何故汝言不须此智？若谓为有，即不能不念。又复谓有之时，即已是念。又复谓为有故，即是无明妄想，而复不念，譬如怯人闭目入暗通理。开眼而入，唯有外暗。倒生怕怖，闭目而入，内外俱黑，反谓安隐。此亦如是，念前法时唯有迷境无明，而生嫌心不念之时，心境俱暗，反谓为善。又复若不作意念法，心则驰散。若作意不念诸法，作意是乱动，非寂静法，云何得名证心也？

先双征，次双破。初破净心不作心念，可知。次破意识又二：初总破，谓意识即是念，云何名为不作心念？二别破，谓纵令意识不作心念法者，于四句中属何句耶？若不对尘，不名意识，先破第四句也。若对而不见，是顽嚚法，次破第三句也。此下总破前二句。知空则二俱无妨，谓有则二俱有过，并如文可知。

（寅）二判简

但以专心在此不念故，即以此不念为境。意识为此境所系故，于余境界无容攀缘。是故惑者不知此事，便谓于诸法无复攀缘，遂更深生宝玩，将为真法，是以策意，相续不休。以昼夜久习熟故，不须作意，自然而进，但不觉生灭常流，刹那恒起。起复不知，无明妄想未遣一毫，又不解自身居在何位，便言我心寂住，应是真如三昧。作如是计者，且好不识分量也！虽然，但以专心一境故，亦是一家止法，远与无尘之智为基，近与猿猴之躁为锁，比彼攀缘五欲、游戏六根者，此即百千万倍为殊为胜，但非心体寂照真如三昧耳。是故行者为而不执，即是渐法门。若欲成就出世之道，必藉无尘之智也。

"但以专心"等，是叙其修证之相。"但不觉生灭"等，是判其以妄滥真。"虽然但以"等，是收其不无胜力。"但非心体"等，是简非圆顿法门也。

上来分科解释以何依止竟。

（辛）三总结

此明止观依止中以何依止竟。上标五番建立中第一止观依止讫。

（戊）二明止观境界三：初标，二释，三结。
（己）今初

次明止观境界者，谓三自性法。就中复作两番分别：一总明三性，二别明三性。

若论自性清净如来藏心，不惟非分别及依他境界，并真实性亦无所施其名目。只因迷真成妄，今约返妄归真，故得以三性为所观境也。

（己）二释为二：初总明三性，二别明三性。
（庚）今初

所言总明三性者，谓出障真如及佛净德，悉名真实性。在障之真与染和合，名阿黎耶识，此即是依他性。六识、七识妄想分别，悉名分别性。此是大位之说也。

一往略判，故名大位之说。若欲委细，须别明也。

（庚）二别明三性二：初别明，二合辨。

（辛）初中三：初别辨真实性，二别辨依他性，三别辨分别性。

（壬）初又三：初标章，二各释，三合结。

（癸）今初

所言别明三性者，初辨真实性，就中复有两种：一者有垢净心以为真实性，二者无垢净心以为真实性。

（癸）二各释二：初释有垢净心，二释无垢净心。

（子）今初

所言有垢净心者，即是众生之体实，事染之本性，具足违用，依熏变现，故言有垢；而复体包净用，自性无染，能熏之垢本空，所现之相常寂，复称为净，故言有垢净心也。

（子）二释无垢净心

所言无垢净心者，即是诸佛之体性，净德之本实。虽具法尔违用之性，染熏息故，事染永泯。复备自性顺用之能，净熏满故，事净德显，故言无垢。虽从熏显，性净之用非增；假遣昏云，体照之功本具，复称净也。故言无垢净心。

设使净用有增，功非本具，则不得名为净矣。

234

（癸）三合结

然依熏约用，故有有垢、无垢之殊。就体谈真，本无无染、有染之异，即是平等实性大总法门，故言真实性。

问曰：既言有垢净，亦应称无垢染。

答曰：亦有此义。诸佛违用即是无垢染，但为令众生舍染欣净，是故不彰也。

初合明平等为真实性，次申明设化偏彰净名，并可知。

（壬）二别辨依他性二：初标章，二各释。

（癸）今初

二明依他性者，亦有二种：一者净分依他性，二者染分依他性。

（癸）二各释二：初释净分依他，二释染分依他。

（子）初中二：初正释，二料简。

（丑）今初

清净分依他性者，即彼真如体具染净二性之用，但得无漏净法所熏故，事染之功斯尽，名为清净。即复依彼净业所熏故，性净之用显现，故名依他。所现即是所证三身、净土、一切自利利他之德是也。

先释清净，由事染功尽故，当知非断性染也。次释依他，由净业所熏故，当知性不自显也。体显名证法身，智显名证报身，福德巧用显名证应身。约法身名常寂光土，约报身名实报庄严土，约应身名方便有余土及凡圣同居土。法、报为自利德，应身为利他德。粗判如此。若交融互摄，则三身不一不异，四土有竖有横，皆为净分依他。一依他一切依他，依他性外无余法也。

（丑）二料简二：初约性染义对简，二对真实性料简。

（寅）初中三：初正明性染有用，二释其名清净分，三释其名分别性。

（卯）今初

问曰：性染之用由染熏灭故不起生死。虽然，成佛之后，此性岂全无用？

答曰：此性虽为无漏所熏故不起生死，但由发心已来悲愿之力熏习故，复为可化之机为缘熏，示违之用亦得显现，所谓现同六道，示有三毒，权受苦报，应从死灭等，即是清净分别性法。

以可化之机为缘，熏于性染，显现示违之用，即所谓依他起性也。而名为清净分别性法，则如下释。

（卯）二释其名清净分

问曰：既从染性而起，云何名为清净分？

答曰：但由是佛德故，以佛望于众生，故名此德以为清净。若偏据佛德之中论染净者，此德实是示违染用。

天台性恶法门正本于此。若能即事恶而达性恶，性恶、性善体元无二，则大贪、大嗔、大痴法门，便可向现行日用无明烦恼中荐取矣！央掘、广额即其标榜也。

（卯）三释其名分别性

问曰：既言依他性法，云何名为分别性？

答曰：此德依于悲愿所熏起故，即是依他性法。若将此德对缘施化，即名分别性法也。

一切众生全堕分别性中，今随缘令见，与其同事，故即名为分别性也。

（寅）二对真实性料简

问曰：无垢真实性与清净依他性竟有何异？

答曰：无垢真实性者，体显离障为义，即是体也。清净依他性者，能随熏力净德差别起现为事，即是相也。清净分别性者，对缘施设为能，即是用也。

问中但约真实性简，答中兼对分别性简。体、相、用三不相舍离。约体则一切皆体，故名体大。约相则一切皆相，故名相大。约用则一切皆用，故名用大。镜体、光、照可为同喻也，思之。

（子）二释染分依他二：初正释，二料简。

（丑）今初

所言染浊依他性者，即彼净心虽体具违顺二用之性，但为分别性中所有无明染法所熏故，性违之用依熏变现虚状等法，所谓流转生死，轮回六趣，故言染浊依他性法也。

六趣虚状依熏变现，似有非实，故名染浊依他。凡夫不了，妄谓实我、实法，则成分别性耳。

（丑）二料简又二：初正简，二释疑。

（寅）今初

问曰：性顺之用未有净业所熏故不得显现，虽然，在于生死之中，岂全无用耶？

答曰：虽未为无漏熏故净德不现，但为诸佛同体智力所护念故，修人天

237

善，遇善知识，渐发道心，即是性净之用也。

对上净分中料简性染，如文可知。

（寅）二释疑

问曰：一切众生皆具性净，等为诸佛所护，何因发心先后，复有发不发？

答曰：无始已来造业差别，轻重不同，先后不一。罪垢轻者蒙佛智力，罪垢重者有力不蒙。

问曰：罪垢重者，性净之用岂全无能？

答曰：但有性净之体不坏，以垢重故更不有能也。

问曰：上言凡圣之体皆具顺违二性，但由染净熏力，有现不现。何故诸佛净熏满足而不妨示违之用有力，凡夫染熏尤重而全使性顺之用无能也？若以染重故性净无能，亦应净满故染用无力。既净满而有示违之功，定知染重亦有性顺之用。

答曰：诸佛有大悲大愿之熏，故性违起法界之染德，能令机感斯见。众生无厌凡欣圣之习，故性顺匿无边之净用，不使诸佛同鉴。无净器可鉴，故大圣舍之，以表知机。有染德可见，故下凡寻之，明可化也。是故净满不妨有于染德，染重不得有于净用。

此蹑性净之用而起疑也。三番问答，义并可知。

（壬）三别辨分别性二：初标章，二各释。
（癸）今初

三明分别性者亦有二种：一者清净分别性，二者染浊分别性。

（癸）二各释二：初释清净分别性，二释染浊分别性。

（子）今初

所言清净分别性者，即彼清净依他性法中所有利他之德，对彼内证无分别智故，悉名分别。所谓一切种智能知世谛种种差别，乃至一切众生心心数法无不尽知，及以示现五通三轮之相，应化六道四生之形，乃至依于内证之慧，起彼教用之智，说己所得，示于未闻，如斯等事，悉名清净分别性法。此义云何？谓虽起无边之事，而复毕竟不为世染，不作功用，自然成办，故言清净。即此清净之觉随境异用，故言分别。又复对缘摄化令他清净，摄益之德为他分别，故言清净分别性也。

初以对无分别智说名分别，即所谓后得智也。"一切种智"下，广出其相。"此义云何"下，重释其名。先一番约当体释，次一番约利他释，合结可知。

（子）二释染浊分别性

所言染浊分别性法者，即彼染浊依他性中虚状法内，有于似色、似识、似尘等法。何故皆名为似？以皆一心依熏所现故，但是心相，似法非实，故名为似。由此似识一念起现之时，即与似尘俱起，故当起之时，即不知似尘似色等是心所作，虚相无实。以不知故，即妄分别，执虚为实。以妄执故，境从心转，皆成实事，即是今时凡夫所见之事。如此执时，即念念熏心，还成依他性。于上还执，复成分别性。如是念念虚妄，互相生也。

问曰：分别之性与依他性既迭互相生，竟有何别？

答曰：依他性法者，心性依熏故起，但是心相，体虚无实。分别性法者，以无明故，不知依他之法是虚，即妄执以为实事。是故虽无异体相生而虚实有殊，故言分别性法也。

似识现时即与似尘俱起，仍是依他性也。不知虚相，妄执为实，乃名分别性法，又为依他种子。于彼依他不了，复成分别。如是展转，无有穷尽，所谓"惑、业、苦三，如恶叉聚"者也。妄执是惑，惑必起业，所成依他，即是三界苦报。于苦不了，又成惑业，所以更互相生也。问答释疑可知。

别明竟。

（辛）三合辨三：初约一心辨，二约依他辨，三释六识疑。
（壬）今初

更有一义以明三性。就心体平等，名真实性。心体为染净所系，依随染净二法，名依他性。所现虚相果报，名分别性。

心体圣凡平等，约圣即无垢净心，约凡即有垢净心也。心为染净所系，依随净法即清净依他性，依随染法即染浊依他性也。虚相果报有十界差别，四圣即清净分别性，六凡即染浊分别性；或佛界为清净，九界皆染浊也。此意稍细于前，以虚相即名分别，不惟执实为分别故。

（壬）二约依他辨

又复更有一义，就依他性中即分别为三性：一者净分，谓在染之真，即名真实性。二者不净分，谓染法习气种子及虚相果报，即是分别性。二性和合无二，即是依他性也。

由真如不守自性，不觉念起而有无明，生灭与不生灭和合而成阿黎耶识，则举凡一切众生无不现在依他性中，故即就依他性分别三性也。文义可知。

（壬）三释六识疑

问曰：似识妄分别时，为是意识总能分别六尘，为六识各各自分别一尘？

答曰：五识见尘时，各与意识俱时而起。如眼识见似色时，即是一意识俱时分别妄执也。余识亦如是。是故意识总能分别妄执六尘，五识但能得五尘，不生分别妄执。

问曰：妄执五尘为实者，为是五意识，为是第六意识？

答曰：大乘中不明五意识与第六别，但能分别者悉名意识。

两番问答皆明意识能起分别妄执也。以前五识但缘现量，不能生分别故。以大乘家但立同时意识，不立五意识故。故知现前一念，不善用之则为分别之本，善用之则为无尘之智，可谓生死涅槃更非他物矣。

（己）三结

上来是明第二止观所观境界竟。

或问：此立三性为所观境，与《摩诃止观》广立十境同耶异耶？

答曰：《摩诃止观》初观识阴，识阴即分别性也。识非实我实法，但依种子熏习力故有似识现，亦即依他性也。观此识阴即空、假、中，不可思议，即真实性。后之九境待发方观，不发不观。当其发时，若计为实即是分别，若不计实皆是依他，若达即中皆是真实也。两教二乘、三教菩萨，若计为实并是净分分别性，不计为实即净分依他。余可知。

大乘止观法门释要卷第四

明古吴沙门智旭述

（戊）三明止观体状三：初总标，二别解，三总结。

（己）今初

次明第三止观体状，就中复有二番明义：一就染浊三性以明止观体状，二就清净三性以明止观体状。

体状犹言相貌，乃正示下手功夫之方法也。

（己）二别解二：初约染浊三性，二约清净三性。

（庚）初中三：初分科，二各释，三通简。

（辛）今初

初就染浊三性中复作三门分别：一依分别性以明，二约依他性以显，三对真实性以示。

（辛）二各释三：初约分别性，二约依他性，三约真实性。

（壬）初中二：初从观入止，二从止复观。

（癸）初又二：初明观，二明止。

（子）今初

对分别性以明止观体状者，先从观入止。所言观者，当观五阴及外六尘，随一一法，悉作是念：我今所见此法谓为实有形质坚碍本来如是者，但是意识有果时无明故，不知此法是虚。以不知法是虚故，即起妄想，执以为实，是故今时意里确然将作实事。后当念言：无始已来由执实故，于一切境界起贪瞋痴，造种种业，招生感死，莫能自出。作此解者，即名观门。

五阴六尘本是依他起性，似有非实。妄想执实，乃是分别性也。由分别故，起惑造业，招生死苦。知其过患，即名观门，以是出世初方便故。

（子）二明止

作此观已，复作此念：我今既知由无明妄想非实谓实故流转生死，今复云何仍欲信此痴妄之心？是故违之，强观诸法唯是心相，虚状无实。犹如小儿爱镜中像谓是实人，然此镜像体性无实，但由小儿心自谓实，谓实之时即无实也。我今亦尔，以迷妄故，非实谓实。设使意里确然执为实时，即是无实，犹如想心所见境界无有实事也。复当观此能观之心亦无实念，但以痴妄，谓有实念，道理即无实也。如是次第以后念破前念，犹如梦中所有忆念思量之心无有实念也。作此解故，执心止息，即名从观入止也。

此中具有两重观察。先强观诸法惟是心相，以破实有境执。次复观此能观之心亦无实念，以破实有心执。二种实执既破，即名从观入止也。毗舍浮佛偈云"假借四大以为身，心本无生因境有"，正是此意。盖众生无始以来妄认四大为自身相，妄认六尘缘影为自心相。傥不以四大观身、四蕴观心，则实执何由可破？实执不破，生死浩然，故大小两乘通以此观此止为下手之处。但达依止一心而修即名大乘止观，不达依止一心而修乃成小乘止观耳。

夫强观诸法无实，复观能观无念，一往似属从假入空。然了达色心本空，非灭故空，亦是即随缘而观不变，如观波即水，波无波相，则非但空明矣。言"次第以后念破前念"者，先以能观破诸法，后复以观破能观，重重推破，不令一念稍执实故。然不可计前念为所观，后念为能观也。以后念起时前念已灭，不得成所观境。但借前念之本虚，以知后念之非有，仍是前念为能观，后念为所观。由能观故，令于所观不起实执。四运推简，正旨如此。若执重者，一一运中仍须四性简责，知其无生无灭，方成唯心识观之门。

（癸）二从止复观

复以知诸法无实故，反观本自谓为实时，但是无明妄想，即名从止起观。若从此止径入依他性观者，即名从止入观。

复局照俗，名为从止起观，以即分别性为境故。转入依他性观，名为从止入观，以境智俱增进故。

（壬）二约依他性二：初从观入止，二从止复观。
（癸）初中二：初明观，二明止。
（子）今初

次明依他性中止观体状者，亦先从观入止。所言观者，谓因前分别性中止行，知法无实故，此中即解一切五阴六尘随一一法悉皆心作，但有虚相，犹如想心所见，似有境界，其体是虚。作此解者，即名为观。

一切五阴六尘皆属因缘所生，正是依他性也。解其悉皆心作，所谓本如来藏。言"但有虚相"等，一往似属从空入假，然了达似有非有，全体作相，所谓不变随缘，则非偏假明矣。

（子）二明止

作此观已，复作是念：此等虚法但以无明妄想妄业熏心故，心似所熏之法显现。犹如热病因缘，眼中自现空花。然此花体相，有即非有，不生不灭。我今所见虚法亦复如是，唯一心所现，有即非有，本自无生，今即无灭。如是缘心遣心，知相本无故，虚相之执即灭，即名从观入止。

缘心遣心，谓缘唯心之旨，以遣执虚相之心也。前分别性中明止，但灭执实之心。今并止其谓有虚相之心，故得为真如观作方便也。

（癸）二从止复观

既知诸法有即非有，而复知不妨非有而有，似有显现，即名从止起观。若从此止行径入真实性观者，此即名从止入观也。

有即非有，幻有不碍真空。非有而有，真空不碍幻有。然皆以依他性为所观境，但是复局照俗，故名从止起观。若转入真实性观，则境智又俱进矣。

（壬）三约真实性有四重：初一重从观入止明无性性，第二重从观入止明无真性，第三重止观明根本真如三昧，第四重止观明双现前。

（癸）今初

次明第三真实性中止观体状者，亦先从观入止。所言观者，因前依他性中止行，知一切法有即非有故，所以此中即知一切法本来唯心，心外无法。复作是念：既言心外无法，唯有一心，此心之相何者是也？为无前二性故即将此无以为心耶？为异彼无外别有净心耶？作此念时，即名为观。即复念言：无是无法，对有而生。有尚本来不有，何有无法以为净心？又复无法为四句摄，净心即离四句，何得以此无法为净心也？作此念时，执无之心即灭，则名为止。

文中先明观，次明止。先明观中，既知法本唯心，则离分别、依他二相。然不得将此二相之无以为心相，譬如不将无兔以为手巾，以净心本性自有故也。次明止中，双遮有无，圆离四句，以灭执无之心，所谓止息根本无明，停止中道实谛。以其除妄空故，名无性性，当知非但中也。

（癸）第二重从观入止明无真性

又从此止更入观门，观于净心，作如是念：二性之无既非是心者，更有何法以为净心？又复此心为可见耶？为不可见耶？为可念耶？为不可念耶？作此分别时，即名为观。即复念言：心外无法，何有能见此心者？何有能念此心者？若更缘念此心，即成境界，即有能缘所缘，即是心外有智能观此心，何名为如？又复我觅心之心，体唯是净心，何有异法可缘可念也？但以妄想习气故自生分别，分别之相有即非有，体唯净心。又复设使分别，即知正是净心分别也。喻如眼见空花，闻言花是眼作，有即非有，唯有自眼，闻此语已，知花本无，不著于花，反更开眼，自觅己眼，竟不能见，复谓种种眼根是己家眼。何以故？以不知能觅之眼即是所觅眼故。若能知花本无，眼外无法，唯有自眼，不须更觅于眼者，即不以眼觅眼。行者亦尔，闻言心外无法，唯有一心故，即使不念外法，但以妄想习气故，更生分别，觅于净心。是故当知，能觅净心者即是净心。设使应生分别，亦即是净心，而净心之体常无分别。作此解者，名为随顺真如，亦得名为止门。

文中亦先明观，次明止。先明观中，只是简责以破异执。次明止中，有法、有喻、有合。法中，能觅即是所觅，举所成能，全能既所，所既即能，何可缘念？喻中，以眼喻真实性，花喻依他及分别性。即知花是眼作，何可更觅于眼？合中，以不更觅心，即是安心已竟，名为随顺真如。以其异执永息，了知本寂，名无真性，不于二性之外别觅真也。

（癸）第三重止观明根本真如三昧

久久修习，无明妄想习气尽故，念即自息，名证真如。亦无异法来证，但如息波入水，即名此真如为大寂静止门。复以发心已来观门方便，及以悲愿熏习力故，即于定中兴起大用，或从定起，若念若见，若心若境，种种差别，即是真如用义也，此名从止起观。

从圆初住，名为随顺真如。历尽四十一位，名为久久熏习。初成妙觉，所证根本实智，名为大寂静止门；所起后得智，尽未来际常然大用之门，名为从止起观也。又圆十信亦得名为随顺真如，初住已上亦得名为分证真如，分成就此止观二门，具如下文断得中辨。

（癸）第四重止观明双现前

又复炽然分别而常体寂，虽常体寂而即缘起分别，此名止观双行。

此摄上真如大寂静止门及真如用义，而明其非异时也。此双行平等止观，局惟佛果，通约性修。何以言之？二乘之人定多慧少，不见佛性；菩萨之人慧多定少，虽见佛性而不了了；乃至等觉菩萨见于佛性，犹如隔罗望月，故知局惟佛果也。然诸众生虽由迷理迷事二种无明炽然分别，而体本常寂，即于常寂体中具足一切缘起分别，是谓理即双行。若从知识及经卷闻此心性寂用之理，能解能知，是谓名字双行。从此念念体其本寂，善能分别缘起，是谓观行双行。能体寂故随顺奢摩他道，能分别故随顺毗婆舍那，是谓相似双行。止行现前名首楞严三昧，观行现前名摩诃般若，是谓分证双行。习气尽故法界一相，大用显故遍示三轮，是谓究竟双行。妙明明妙，寂照照寂，从始至终，罔非性德。理即位中名为逆修，名字已去悉名顺修。顺逆虽殊，在性则一，故悟性者方成妙修。得此第四止观双行意已，方知前约二性所修止观，及真实性中前三番止观，法尔亦是一一双行，但明昧有殊，致使浅深差别耳。

约染浊三性中分科并各释竟。

（辛）三通简三：初正简示，二约幻喻，三约梦喻。

（壬）初中四：初简止观功能，二简四重深义，三简修有次第，四简妄执须除。

（癸）今初

上来三番明止观二门，当知观门即能成立三性缘起为有，止门即能除灭三性得入三无性。入三无性者，谓除分别性入无相性，除依他性入无生性，除真实性入无性性。

观门成立三性缘起者，谓观五阴六尘等法本虚，但是妄想执实，即能成立分别性缘起，以知诸法惟分别性，无实法故。次观五阴六尘等法悉皆心作，其体是虚，即能成立依他性缘起，以知诸法悉依他起，但虚相故。次观一切诸法本来惟心，心外无法，不将二无以为心相，即能成立真实性缘起，以知诸法有即非有，唯净心故。

止门除灭三性入三无性者，谓强观诸法唯是心相，虚状无实，复观能观之心亦无实念，由此执心止息，故名除分别性入无相性。次观虚法唯心所现，有即非有，无生无灭，由此虚相执灭，故名除依他性入无生性。次观净心圆离四句，不属有无，亦非可缘可念，故名除真实性入无性性也。

（癸）二简四重深义

就真实性中所以有四番明止观者，但此穷深之处，微妙难知，是故前示妄空非实，除妄空以明止，即是无性性。次一显即伪是真，息异执以辨寂，即是无真性。是故无性性，或名无无性，或云无真性也。第三一重止观者，即是根本真如三昧。最后第四一重止观者，即是双现也。

何有无法以为净心，故云"示妄空非实"。执无之心即灭，故云"除妄空以明止"。设使分别，正是净心分别，故云"显即伪是真"。何有异法可缘可念，故云"息异执以辨寂"。余如上释可知。

（癸）三简修有次第

又复行者若利机深识，则不须从第一分别性修，但径依第二依他性修。此依他性亦得名分别性，以具有二性义也。若不能如是者，即须次第从第一性修，然后依第二性修，依次而进也，终不得越前二性径依第三性修也。又复虽是初行，不妨念念之中三番并学，资成第三番也。

利机谓智慧敏利，深识谓识见深远。利则触着便知，深则不泥情执。盖已先知一切唯心，诸法无实，故可径观本虚之法。以此本虚之法，不执便是依他，执乃妄成分别，元非二体二相。又虚妄果报亦即名为分别性法故也。若不能了达境虚，即须如前次第修习，此易可知。然纵令极利根机，亦不得径观真实性法。以众生无始以来全堕依他性中，离依他性无真实性，如离流无水。设使径观真实，真实反是分别，譬如舍流觅水非真水。故《圆觉经》云："未证无为而辨圆觉，彼圆觉性即同流转"，此之谓也。但能谛观分别及依他性，任运自得证真实性。如触波流，全触于水。智者大师的指现前一念识心为所观境，识心岂非依他性耶？观此即是不思议境，既不思议，岂非真实性耶？若不立事境，单言理观，极得意者，只是清净真如；其在初心，多属恶取邪执，可不慎哉！

又复应知所以观分别者，欲了分别无性以入依他。观依他者，欲了依他无性而证真实。是则前二以为方便，正欲资成第三番耳。若约大途，则分别性中止观一往从假入空，依他性中止观一往从空入假，真实性中止观正显中道妙定妙慧。然圆人初行，三止三观具在一心中修，故不妨于念念中三番并学。从观行三番入相似三番，从相似三番入分证三番，从分证三番入究竟三番。至于究竟，虽不妨仍说三性及三无性，而究竟统惟真实性矣。

（癸）四简妄执须除

问曰：既言真实性法，有何可除？若可除者，即非真实。

答曰：执二无以为真实性者即须除之，故曰无无性。妄智分别净心谓为可观者，亦须息此分别异相，示其无别真性可得分别，故言无真性。但除此等于真性上横执之真，非谓除灭真如之体。

正简示竟。

（壬）二约幻喻三：初标章，二正说，三例结。
（癸）今初

复更有譬喻能显三性止观二门，今当说之。

（癸）二正说三：初喻观门，二喻止门，三止观合辨。
（子）今初

譬如手巾，本来无兔，真实性法亦复如是，唯一净心，自性离相也。加以幻力，巾似兔现，依他性法亦复如是，妄熏真性，现六道相也。愚小无知，谓兔为实，分别性法亦复如是，意识迷妄，执虚为实，是故经言："一切法如幻。"此喻三性观门也。

此喻即同前文约一心辨三性之义也。文并可知。

（子）二喻三无性止门

若知此兔依巾似有，唯虚无实，无相性智亦复如是（除分别性），能知诸法依心似有，唯是虚状，无实相性也。若知虚兔之相唯是手巾，巾上之兔有即非有，本来不生，无生性智亦复如是（除依他性），能知虚相唯是真心，心所现相有即非有，自性无生也。若知手巾本来是有，不将无兔以为手巾，无性性智亦复如是（除真实性），能知净心本性自有，不以二性之无为真实性。此即喻三无性止门也。

（子）三止观合辨

是故若欲舍离世谛，当修止门，入三无性；若欲不坏缘起建立世谛，当修观门，解知三性。若不修观门，即不知世谛所以缘起；若不修止门，即不知真谛所以常寂。若不修观门，便不知真即是俗；若不修止门，即不知俗即是真。以是义故，须依幻喻通达三性、三无性。

世谛谓十界假名差别建立，事造三千也。真谛谓因缘生法空假即中，理具三千也。真则三谛俱真，俗则三谛俱俗。真即是俗，俗即是真。良由非真非俗，所以双照真俗，则三谛俱中。幻喻若此，余皆可知。
二正说幻喻竟。

（癸）三例结

如幻喻能通达三性三无性，其余梦、化、影、像、水月、阳焰、乾城、饿鬼等喻，但是依实起虚、执虚为实者，悉喻三性，类以可知。若直以此等诸喻依实起虚故偏喻依他性亦得也，但虚体是实即可喻真实性，虚随执转即可喻分别性，是故此等诸喻通譬三性。解此喻法次第无相，即可喻三无性也。

文中先例结。次"若直以此等"下，又将诸喻喻前文约依他辨三性之义也。例结中，所依之实喻真实性，所起之虚喻依他性，执虚为实喻分别性。三性既尔，三无性义例此可知。次文中，虚体是实，以喻在染之真，所谓净分；虚随执转，以喻习气种子及虚相果报，所谓染分也。

（壬）三约梦喻

又更分别梦喻以显三性三无性。譬如凡夫惯习诸法故，即于梦中心现诸法。依他性法亦复如是，由无始已来果时无明及以妄想熏习真实性故，真心依熏现于虚相果报也。彼梦里人为睡盖所覆故，不能自知己身他身皆是梦心所作，即便执为实事，是故梦里自他种种受用得成。分别性法亦复如是，意识为果时无明所迷故，不知自他咸是真心依熏所作，便即妄执为实，是故自他种种受用得成也。是以经言："是身如梦，为虚妄见。"虚者即是依他性，妄者即是分别性。此即缘起三性为观门也。

然此梦中所执为实者，但是梦心之相，本无有实。分别性法亦复如是，但是虚想，从心所起，本来无实，即是无相性也。又彼梦中虚相有即非有，唯是梦心，更无余法。依他性法亦复如是，自他虚相有即非有，唯是本识，更无余法，即是无生性也。又彼梦心即是本时觉心，但由睡眠因缘故名为梦心，梦心之外无别觉心可得。真实性法亦复如是，平等无二，但以无明染法熏习因缘故，与染和合，名为本识，然实本识之外无别真心可得，即是无性性法。此即除灭三性为止门也。以是喻故，三性三无性即可显了。

此明止观体状中约染浊三性以明止观体状竟。

上已通举梦等八喻，例如幻喻可知。今更分别，欲令止观转明故也。先喻三性中，不言真实性者，即指能梦之心为真实性也。依此起于梦中所见诸法，名依他性。梦中妄执为实，名分别性。三界无别法，惟是一心作。不了惟心，妄计我法。深观此喻，宁不泠然者哉！三止门喻，在文可知。

（庚）二约清净三性三：初分科，二各释，三通简。
（辛）今初

次明清净三性中止观体状，就中亦有三番：一明分别性中止观体状，二明依他性中止观体状，三明真实性中止观体状。

（辛）二各释三：初约分别性，二约依他性，三约真实性。

（壬）今初

第一分别性中止观体状者，谓知一切诸佛菩萨所有色身及以音声、大悲大愿、依报众具、殊形六道、变化施设，乃至金躯现灭、舍利分颁、泥水雕图、表彰处所，及以经教、威仪、住持等法，但能利益众生者，当知皆由大悲大愿之熏，及以众生机感之力，因缘具足，熏净心故，心性依熏显现斯事。是故唯是真性缘起之能，道理即无实也，但诸众生有无明妄想故，曲见不虚。行者但能观察，知此曲见执心是无明妄想者，即名为观。以知此见是迷妄故，强作心意，观知无实，唯是自心所作，如是知故，实执止息，即名为止。此是分别性中从观入止也。

先观后止，文并可知。住持三宝一切佛事，本皆真性缘起之能。真性即清净真实性，缘起即清净依他性也。但由众生不了，妄计为实，故名为分别性耳。既是无明妄想分别，复名为清净者，以所缘境是从大悲大愿出生，能与众生作增上缘，纵令不了唯心，亦不增长结业故也。然欲入大乘门，必须强作心意观知无实。否则心外计法，永违出要矣。

（壬）二约依他性

第二依他性中止观门者，谓因前止门故，此中即知诸佛净德唯心所作虚权之相也。以不无虚相缘起故，故得净用圆显，示酬旷劫之熏因；即复对缘摄化故，故得泽沾细草，表起无边之感力。斯乃净心缘起，寂而常用者哉！作此解者，名为观门。依此观门作方便故，能知净心所起自利利他之德，有即非有，用而常寂。如此解者，名为止门。此止及观应当双行，前后行之亦得。

利根者可以双行，钝根者前后亦得，义并可知。

（壬）三约真实性

次明真实性中止观门者，谓因前止行故，即知诸佛净德唯是一心，即名为观。复知诸佛净心是众生净心，众生净心是诸佛净心，无二无别。以无别故，即不心外观佛净心。以不心外觅佛心故，分别自灭，妄心既息。复知我心佛心本来一如，故名为止。此名真实性中止观门也。

义亦可知。

或问：此与上文染浊三性止观为先后修耶？俱时修耶？有次第耶？不次第耶？须具修耶？不须具修耶？

答曰：亦有先后，亦可俱时。亦次第，亦不次第。亦具修，亦不具修。何以言之？前约染浊三性修止观，是观身实相，念自佛三昧也。后约清净三性修止观，是观佛实相，念他佛三昧也。若惟念自佛，则不须具修后三止观。以染浊真实性中止行若成，习气既尽，体证真如，自于清净三性三无性法能通达故。若惟念他佛，则不须更修前三止观，以清净真实性中止行若成，我心佛心平等一如，不于染浊三性三无性法更生迷故。

复次清净分别性中止观，即是约唯心念应化佛。清净依他性中止观，即是约唯心念法门佛。清净真实性中止观，即是约唯心念实相佛。亦可名自他俱念，不惟念他佛也。

若泛论双念自他佛者，则须具修二种三性止观法门，于中复有先后、俱时、次及不次四义。言先后者，先约染浊分别性修，次约清净分别性修，然后染依他、净依他，染真实、净真实，一一次第修之，不得越次也。言俱时者，具约十界分别性修，次约十界依他性修，次约十界真实性修，则染净俱时无先后也。言次第者，如下断得中辨。言不次者，上云念念之中三番并学，亦可例云染净齐观，又如下文所云位位俱行三止也。故知圆融行布，横竖包罗，顿渐俱收，利钝悉被，法门之妙，无以加矣！

（辛）三通简六：初简寂用之相，二简生佛之名，三简同异之义，四简自他修益，五简佛德实虚，六简常住生灭。

（壬）初中二：初约以修显性，二约称性起修。

（癸）今初

上来清净三性中，初第一性中从观入止，复从此止行入第二性中观，复从此观入止，复从此止入第三性中观，复从此观入止，故得我心佛心平等一如，即是一辙入修满足。复以大悲方便，发心已来熏习心故，即于定中起用繁兴，无事而不作，无相而不为，法界大用无障无碍，即名出修也。用时寂，寂时用，即是双现前也。

一辙入修满足，谓念佛三昧，始从应化，终至法身，托外义成，唯心观立，是心作佛，是心是佛，自性究竟圆显也。此为根本智大寂静止门。复以大悲方便熏习力故，大用繁兴，即是差别智，法界常然大用之门。用寂、寂用，说有先后，体无先后，故名双现前也。

（癸）二约称性起修

乃至即时凡夫亦得作如是寂用双修。此义云何？谓知一切法有即非有，即是用时常寂；非有而有，不无似法，即名寂时常用。是故色即是空，非色灭空也。

"色即是空"，有即非有，法界法尔，本性寂义也。"非色灭空"，不无似法，法界法尔，本性用义也。由此性具寂用，本自不前不后，故照性成修，始从名字，终于究竟，无时不双现前，何俟成佛之后方名双现前哉！

（壬）二简生佛之名

问曰：既言佛心、众生心无二无别，云何说有佛与众生之异名？

答曰：心体是同，复有无障碍别性。以有别性故，得受无始已来我执熏习。以有熏力别故，心性依熏现有别相。以约此我执之相故，说佛与众生二名之异也。

同不障别，别不碍同，故名"无障碍别性"。余可知。

（壬）三简同异之义

问曰：诸佛既离我执，云何得有十方三世佛别也？

答曰：若离我执，证得心体平等之时，实无十方三世之异。但本在因地未离执时，各别发愿，各修净土，各化众生，如是等业差别不同，熏于净心，心性依别熏之力故，现此十方三世诸佛依正二报相别，非谓真如之体有此差别之相。以是义故，一切诸佛常同常别，古今法尔。是故经言："文殊法常尔，法王唯一法，一切无碍人，一道出生死。一切诸佛身，唯是一法身。"此即同异双论。若一向唯同无别者，何故经言"一切诸佛身"、"一切无碍人"？若一向唯别不同者，何故经言"唯是一法身"、"一道出生死"？以是义故，真心虽复平等而复具有差别之性。若解明镜一质即具众像之性者，则不迷法界法门。

（壬）四简自他修益又二：初明益，二释疑。
（癸）今初

问曰：真心有差别性故佛及众生各异不同，真心体无二故一切凡圣唯一法身者，亦应有别性故他修我不修，体是一故他修我得道。

答曰：有别义故他修非我修，体是一故修不修平等。虽然，若解此体同之义者，他所修德亦有益己之能。是故经言："菩萨若知诸佛所有功德即是己功德者，是为奇特之法。"又复经言："与一切菩萨同一善根藏。"是故行者当知，诸佛菩萨、二乘圣人、凡夫天人等所作功德，皆是己之功德，是故应当随喜。

答中先以修不修平等明体是一，所以破其他修我得之执。次复劝修随喜功德，若能于凡圣功德深生随喜，则他修我得之义亦成。盖能解体同即是妙慧，念念随喜，破嫉妒障，即是妙行，慧、行两具，即非一向倚他觅道者矣。

（癸）二释疑

问曰：若尔，一切凡夫皆应自然得道。

答曰：若此真心唯有同义者，可不须修行，藉他得道，又亦即无自他身相之别。真如既复有异性义故得有自他之殊者，宁须一向倚他觅道？但可自修功德，复知他之所修即是己德，故迭相助成，乃能殊胜，速疾得道，何得全倚他也！又复须知，若但自修，不知他之所修即是己有者，复不得他益。即如穷子，不知父是己父、财是己财故，二十余年受贫穷苦，止宿草庵，则其义也。是故藉因托缘，速得成办。若但独求，不假他者，止可但得除粪之价。

答中先明不得全倚他修，次明必须知他即己，文义可知。然此自他修益须约四句：一者惟求于自，不假于他，则成二乘，以不达自他同体故。二者惟倚于他，不求于自，则成人天，亦不知自他同体故。三者自既不修，亦不求他，则常在三涂，以因缘俱没故。四者知他即自，深生随喜，则速成佛道，以藉因托缘故。

（壬）五简佛德实虚又二：初示德相，二简实虚。
（癸）今初

问曰：上言诸佛净德者，有几种？

答曰：略言有其二种：一者自利，二者利他。自利之中复有三种：一者法身，二者报身，三者净土。利他之中复有二种：一者顺化，二者违化。顺化之中有其二种：一者应身及摩覔摩化身，二者净土及杂染土。此是诸佛净德。

法、报二身约能依言，净土约所依言，理实能所不二，为令众生得四益故，分别言之。法身者，所显自性清净理体也。报身者，所成一心三智四智及常乐我净无量功德法聚也。净土者，所依理智功德之性，即是三德秘藏也。顺化现佛身，违化现杂趣身。应身有胜有劣，胜依净土，劣依杂染。摩覔摩，亦云摩奴末那，此翻意生身，又翻意成身也。

（癸）二简实虚又二：初约修正简，二约性例简。

（子）今初

问曰：利他之德，对缘施设，权现巧便，可言无实，唯是虚相，有即非有。自利之德，即是法报二身，圆觉大智，显理而成，常、乐、我、净，云何说言有即非有？

答曰：自利之德实是常、乐、我、净，不迁不变，正以显理而成故，故得如是。复正以显理而成故，即是心性缘起之用。然用无别用，用全是心；心无别心，心全是用。是故以体体用，有即非有，唯是一心而不废常用；以用用体，非有即有，炽然法界而不妨常寂。寂即是用，名为观门；用即是寂，名为止行。此即一体双行，但为令学者泯相入寂故，所以先后别说止观之异，非谓佛德有其迁变。

显理而成，则全体是理，故得名有。复以显理而成，则成无别成，元只是理，故即非有也。但众生无始以来执有情重，今欲令学者泯相入寂，故先说止，后说观耳。本自一体双行，何尝有迁变哉！

（子）二约性例简

又复色即是空，名之为止；空非灭色，目之为观。世法尚尔，何况佛德而不得常用常寂者哉！

世间色法尚自即止即观，法尔性具寂用之理，何况佛德，乃称性成修、全修显性者，岂令寂用有异体哉！约寂则有而非有，约用则非有而有，夫复何疑。

·（壬）六简常住生灭

问曰：佛德有即非有，不妨常住者，众生亦有即非有，应不妨不灭。

答曰：佛德即理显以成顺用故，所以常住。众生即理隐以成违用故，所以生灭。常住之德虽有即非有，而复非有而有，故不妨常住。生灭之用亦虽有即非有，而复非有而有，故不妨生灭也。

此约清净三性以明止观体状竟。

止观体状中总标及别释竟。

（巳）三总结

第三番体状竟也。

或问：此止观体状与十乘观法为同为异？

答曰：十乘观法兼被三根，今此法门为上根说，故云上根惟用一，中根二之七，下根具用十。夫即分别性而入依他，即依他性而入真实，即三性而入三无性，即三无性而不坏三性缘起，正所谓第一观不思议境也。虽不具明余之九法，而一法中即具十法。何以言之？最初文云"善哉佛子，乃能发是无上之心"，岂非真正发菩提心。番番止观，岂非善巧安心。三性无性，岂非破法皆遍。止能知俗即真，观能知真即俗，岂非善识通塞。又三性止观即是无作四念处慧，从此灭二世恶，生二世善，出生神足、根、力、觉、道，岂非道品调适。下文历事止观，岂非对治助开。除障得益，差别不同，岂非次位。强心修之，岂非安忍。佛果为期，岂非离似道爱也。

（戊）四明止观断得三：初标科，二各释，三总辨。

（己）今初

次明第四止观除障得益，就中复有三门分别：一约分别性以明除障得益，二约依他性以明除障得益，三约真实性以明除障得益。

（己）二各释三：初约分别性，至三约真实性。

（庚）初中二：初明观行断得，二明止行断得。

（辛）初又三：初正明，二喻显，三法合。

（壬）今初

初明分别性中所除障者，谓能解不知境虚执实之心是无明妄想故，即是观行成。以观成故，能除无明妄想上迷妄。何谓迷妄之上迷妄？谓不知迷妄是迷妄，即是迷也。以迷故，即执为非迷，复是妄想。此一重迷妄，因前一重上起，故名迷妄之上迷妄也。是故行者虽未能除不了境虚执实之心，但能识知此心是痴妄者，即是能除痴妄之上迷妄也。此是除障。以除障故，堪能进修止行，即是得益。

除迷妄之上迷妄即是断，堪修止行即是得。此从名字初起观行也。文并可知。

（壬）二喻显

又此迷妄之上迷妄，更以喻显。如人迷东为西，即是妄执，此是一重迷妄也。他人语言："汝今迷妄，谓东为西。"此人犹作是念："我所见者非是迷妄。"以不知故，执为非迷者，复为妄想，此即迷妄之上重生迷妄。此人有何过失？谓有背家浪走之过。若此人虽未醒悟，但用他语，信知此心是迷妄者，即无迷妄之上迷妄。此人得何利益？谓虽复迷妄未醒，而得有向家之益。

（壬）三法合

虽未证知诸法是虚，但能知境虚是无明、执实是妄想者，即常不信己之所执，堪能进修止行，渐趣涅槃。若都不知此者，即当随流苦海，增长三毒，背失涅槃寂静之舍也。此明分别性中观行断得之义。

"能知境虚是无明"，应云"能知不了境虚是无明"，文缺"不了"二字，义须补也。"渐趣涅槃"，合上向家之益。"增长三毒"，追合上浪走之过。余可知。

（辛）二明止行断得

所言分别性中止行除障得益者，谓依彼观行作方便故，能知诸法本来无实，实执止故，即是能除果时迷事无明及以妄想。复于贪瞋渐已微薄，虽有罪垢，不为业系。设受苦痛，解苦无苦，即是除障。复依此止，即能成就依他性中观行故，无尘智用随心行故，即是得益。此明分别性中止行除障得益。

"除果时迷事无明"，即断缘生中痴。"及除妄想"，即总断三界见惑也。"贪瞋渐已微薄"，谓但有润生惑，无发业惑，虽未永断生缘，已与执实者迥然不同，堪起无尘智用矣。

（庚）二约依他性二：初明观行断得，二明止行断得。

（辛）今初

次明依他性中止观断得者，初明观门。此观门者与分别性中止门不异，而少有别义。此云何也？谓彼中止门者必缘一切法是虚故能遣无明，无明灭故执实妄心即止。然此缘虚之遣，即此依他性中观门，更无异法。是故彼止若成，此观亦就。但彼由缘虚故能灭实执，故名为止。此即由知无实故，便解诸法是虚，因缘集起不无心相，故名为观。彼以灭实破执为宗，此以立虚缘起为旨，故有别也。以是义故，除障义同，得益稍别。别者是何？谓依此观，方便进修，堪入依他性止门，又复分成如幻化等三昧，故言得益。此是依他性中观行断得也。

灭实破执，是从假入空。立虚缘起，是从空入假，故得分成如幻化等三昧也。余可知。

（辛）二明止行断得二：初正明，二料简。

（壬）今初

所言依他性中止门除障得益者，谓依前观行作方便故，能知一切虚相唯是一心为体，是故虚相有即非有。如此解故，能灭虚相之执，故名为止。以此止故，能除果时迷理无明及以虚相，又复无明住地渐已损薄，即名除障。又得成就如幻化等三昧，又无生智用现前，复即成就真实性中观行，即名得益。

果时迷理无明及以虚相，谓见思习气及界内尘沙也。无生智用，谓道种智。余可知。

（壬）二料简

问曰：观门之中亦成就如幻化等三昧，此止门中亦成就如幻化等三昧，有何别也？

答曰：观中分得，此中成就。又复观中知法缘起如幻化，此中知法缘起即寂亦如幻化，故有别也。

此明依他性中止行除障得益。

知法缘起如幻，但是从空入假。知法缘起即寂如幻，则双遮二边，亦得双照矣。

（庚）三约真实性二：初明观行断得，二明止行断得。

（辛）初中二：初正明，二料简。

（壬）今初

次明真实性中止观除障得益者，初明观门。此观门者，初与依他性中止门无异，而少有别义。此云何也？谓彼止门必缘一切法唯心所作，有即非有，体是一心，是故得灭虚相之执。然此能知诸法唯一心之体，即是此中观门，更无异法。是以彼止若成，此观即就，不相离也。然彼虽缘一心，但以灭相为宗；此中虽知虚相非有，但以立心为旨，故有别也。是故除障义同，得益稍别。别义是何？谓依此观作方便故，堪能胜进入止门也。

"灭相为宗"，是遮二边。"立心为旨"，正显中道也。

（壬）二料简

问曰：唯心所作与唯是一心，为一为异？

答曰：唯心所作者，谓依心起于诸法，非有而有，即是从体起相证也。

唯是一心者，谓知彼所起之相有即非有，体是一心，即是灭相入实证也。

此明真实性中观行断得也。

从体起相，仍是幻有。灭相入实，乃归中道矣。

（辛）二明止行断得

所言止行除障得益者，谓依前观行作方便故，知彼一心之体不可分别，从本已来常自寂静。作此解故，念动息灭，即名为止。以此止行，能灭无明住地及妄想习气，即名除障。大觉现前，具足佛力，即名得益。此明真实性中止行除障得益也。

止观断得中标科及各释竟。

（己）三总辨四：初辨除障之义，二辨熏心之由，三辨位地之相，四结略总明。

（庚）今初

问曰：除障之时，为敌对除，为智解熏除？

答曰：不得敌对相除。所以者何？以惑心在时未有其解，解若起时惑先已灭，前后不相见故，不得敌对相除。如是虽由一念解心起故惑用不起，然其本识之中惑染种子仍在未灭，故解心一念灭时还起惑用。如是解惑念念迭兴之时，解用渐渐熏心，增益解性之力，以成解用种子。即彼解用熏成种子之时，即能熏彼惑染种子分分损减。如似以香熏于臭衣，香气分分着衣之时，臭气分分而灭。惑种亦尔，解种分成，惑即分灭也。以惑种分分灭故惑渐弱，解种分分增故解用转强，如是除也。非如小乘说敌对除，但有语无义。然彼小乘亦还熏除，而不知此道理也。

答中文分为四。初直明不得敌对相除，以解惑不同时故。次恐难云：既说解时无惑，何故解者仍未断惑尽耶？今释之曰：以其惑种仍在，故解灭时还起惑用也。三恐疑云：既解惑迭兴，如何得以解除惑？今释之曰：解用渐渐熏心令成解种，故能损灭惑种，喻如香熏臭衣也。四恐疑云：既是分分熏除，何故小乘说敌对除，彼亦能断惑耶？今释之曰：小乘亦是熏除，彼自不达，故妄计为敌对除耳。解惑无敌对理，故但有语无义也。

（庚）二辨熏心之由

问曰：解熏心时，为见净心故得熏心，为更有所由得熏心？
答曰：一切解惑之用，皆依一心而起。以是义故，解惑之用悉不离心。以不离心故，起用之时即自熏心，更无所由。如似波浪之用不离水故，波动之时即动水体，是以前波之动动于水故，更起后波也。解惑之熏亦复如是，类此可知。

解熏心时亦非见于净心，亦非更有所由，以净心非可见相故，以心外更无他法可由故。但解惑皆依心起，还熏于心，譬如依水起波，还动于水耳。

（庚）三辨位地之相

问曰：此三性止观，为有位地，为无位地？
答曰：不定。若就一相而言，十解，分别性中止行成；十回向，依他性中止行成；佛果满足，真实性中止行成。若更一解，地前，分别性中止行成；地上，依他性中止行成；佛果，真实性中止行成。又复地前随分具三性止行，地上亦具三性止行，佛地三性止行究竟满足。又复位位行行俱行三止。即时凡夫始发心者亦俱行三性止行，但明昧有殊，托法无别也。

以三性止观对菩萨位地，有竖有横，有收有简，故不定也。初"就一相而言"，即约竖论。十解谓别十住，以永断见思惑故。十回向谓别十向，亦圆十信，以永断尘沙兼伏无明惑故。佛果，谓别地、圆住，皆名分证佛果；至究竟位，名为满足，以永断无明惑故。

次"更一解"者，竖而兼横。地前为缘修故，染净二种分别性止行成。地上为真修故，染净二种依他性止行成。佛果为满证故，染净二种真实性止行成。

次"又复地前"等，横而兼竖。盖只依他一性便具三性，所以修止观者亦必通修。但地前名随分具，以无明伏而未断故。地上名具，以三惑俱断，三德现前故。佛地名究竟满足，以分别止行究竟满足，成应身解脱德；依他止行究竟满足，成报身般若德；真实止行究竟满足，成如如法身德故。

次"又复位位"等，非竖非横，亦横亦竖。初从名字位中了知现前一念介尔之心，及十界十如权实诸法，随见有一法当情，悉是分别性法。此法当体无实，即是依他性法。依他亦复无性，但是法界实相，即为真实性法。故始发心时，便得俱行三止。但观行位中尚昧，相似位中则明。相似位中尚昧，分证位中愈明。分证位中犹带昧相，究竟位中方为极明。然从始至终，无不以三性法为所观境，故言托法无别也。

（庚）四结略总明

又复总明三性止观除障得益，谓三性止行成故离凡夫行，三性观行成故离声闻行，此名除障。三性止行成故得寂灭乐，为自利；三性观行成故缘起作用，为利他，此为得益。

斯辨第四止观断得竟。

或问：止成离凡夫行，只是入空意耳；观成离声闻行，只是出假意耳，盖在通别之间，而释为圆顿，不太甚乎？

答曰：若但约染浊分别性论止观者，可得但是通教。若但约分别、依他二性论止观者，可得是别接通。若但约染浊三性次第论止观者，可得但是别教。今既具约染净二种三性，又具论次与不次二种修法，又一一性中皆是先观后止，不是先止后观，又即时凡夫亦得双修止观，安得非圆顿耶？须知凡夫、声闻，皆有界内、界外之殊。分段生死，界内凡夫行也；变易生死，界外凡夫行也。滞于但空，界内声闻行也；滞于但中，界外声闻行也。是故经云："有声闻乘声闻，有声闻乘缘觉，有声闻乘菩萨。有缘觉乘声闻，有缘觉乘缘觉，有缘觉乘菩萨。有菩萨乘声闻，有菩萨乘缘觉，有菩萨乘菩萨。"智者大师释之，谓初三即藏教三乘，次三即通教三乘，次三即别教地前及地上也。今之行人初心便行三止三观，便离凡夫及声闻行，所谓圆五品位，圆伏五住烦恼，虽是肉眼，即名佛眼，已超别教十回向矣。须知上文四番约位，正意只在第四非横非竖论横竖耳。

（戊）五明止观作用三：初正明，二偈颂，三结。

（己）初中三：初备显作用，二重明所依，三再示方便。

（庚）初又四：初克证全体大用作用，二明双遮双照作用，三明离过具德作用，四明融即离微作用。

（辛）今初

次明第五止观作用者，谓止行成故，体证净心，理融无二之性，与诸众生圆同一相之身，三宝于是混尔无三，二谛自斯莽然不二，泊兮凝湛渊渟，恬然澄明内寂，用无用相，动无动相，盖以一切法本来平等故，心性法尔故。此则甚深法性之体也。谓观行成故，净心体显法界无碍之用，自然出生一切染净之能，兴大供具，满无边刹，奉献三宝，惠施四生，及以吸风藏火，放光动地，引短促长，合多离一，殊形六道，分响十方，五通示现，三轮显化，乃至上生色界之顶，下居兜率之天，托影于智幻之门，通灵于方便之道。挥二手以表独尊，蹈七步而彰唯极。端坐琼台，思惟宝树。高耀普眼于六天之宫，遍转圆音于十方之国。莲花藏海帝网以开张，娑婆杂土星罗而布列。乃使同形异见，一唱殊闻，外色众彰，珠光乱彩，故有五山永耀，八树潜辉，玉质常存，权形取灭。斯尽大悲大愿熏习力故，一切法法尔一心作故，即是甚深

缘起之用也。

由止行成，克证全体。由观行成，能兴大用。此总明作用之大端也。能证三谛之智名为佛宝，所证三性之理名为法宝，理外无智，智外无理，名为僧宝，故混尔无三也。分别、依他二性名俗谛，真实之性名真谛；又三性俱名俗谛，三性无性名真谛；又三性三无性名言建立俱名俗谛，三性三无性本惟一心名真谛，故莽然不二也。余可知。

（辛）二明双遮双照作用

又止行成故，其心平等，不住生死；观行成故，德用缘起，不入涅槃。又止行成故住大涅槃，观行成故处于生死。

不住、不入是双遮，能住、能处是双照也。

（辛）三明离过具德作用

又止行成故不为世染，观行成故不为寂滞。又止行成故即用而常寂，观行成故即寂而常用。

不染、不滞是离过，用寂、寂用是具德也。

（辛）四明融即离微作用

又止行成故知生死即是涅槃，观行成故知涅槃即是生死。又止行成故知生死及涅槃二俱不可得，观行成故知流转即生死、不转是涅槃。

诸法从本来，常自寂灭相，不复更灭，故生死即是涅槃。二乘所证涅槃，仍是真常流注，故即是变易生死。此对待论融即也。二种生死元无生死之相，如举波即水，故生死即是涅槃三德。涅槃亦无涅槃之相，如全水在波，故涅槃即是生死。此绝待论融即也。随缘常不变故，生死涅槃二俱平等，无有一相可得，所谓其入离也。不变常随缘故，随流转缘名为生死，随不转缘名为涅槃，所谓其出微也。

初备显作用竟。

（庚）二重明所依

问曰：菩萨即寂兴用之时，三性之中依于何性而得成立？

答曰：菩萨依依他性道理故，能得即寂兴用，兼以余性助成化道。此义云何？谓虽知诸法有即非有，而复即知不妨非有而有，不无似法显现。何以故？以缘起之法法尔故。是故菩萨常在三昧而得起心悯念众生。然复依分别性观门故，知一切众生受大苦恼。依依他性观门故，从心出生摄化之用。依真实性观门故，知一切众生与己同体。依分别性止门故，知一切众生可除染得净。依依他性止门故，不见能度所度之相。依真实性止门故，自身他身本来常住大般涅槃。

答中先标二义，次别释成。"谓虽知诸法"下，释依依他性道理也。"然后依分别"下，释余性助成化道也。

（庚）三再示方便

又若初行菩萨欲有所作，先须发愿，次入止门，即从止起观，然后随心所作即成。何故须先发愿？谓指克所求，请胜力加故。复何须入止？谓欲知诸法悉非有故，是故于一切有碍之法随念即通。何故即从止起观？谓欲知一切法皆从心作故，是故于一切法有所建立随念即成也。若久行菩萨即不如是，但发意欲作，随念即成也。诸佛如来复不如是，但不缘而照，不虑而知，随机感所应见闻，不发意而事自成也。譬如摩尼无心欲益于世，而随前感，雨宝差别。如来亦尔，随所施为，不作心意，而与所益相应。此盖由三大阿僧祇劫熏习淳熟，故得如是，更无异法也。

先明初行方便，次明久行及佛之不同。然非因初行，安有久行？非有久行，安得成佛？故知欲成佛者，须学初行之方便矣。

（己）二偈颂三：初颂理谛，二颂观法，三颂劝修。

（庚）今初

> 心性自清净，　　诸法唯一心。
> 此心即众生，　　此心菩萨佛。
> 生死亦是心，　　涅槃亦是心。
> 一心而作二，　　二还无二相。
> 一心如大海，　　其性恒一味，
> 而具种种义，　　是无穷法藏。

初一句总颂真体。次一句摄事归理，无一法而非全心也。次四句全理成事，无一法之全理不还具众生、佛、菩萨、生死、涅槃种种法也。一心作二，即不变常随缘义。二无二相，即随缘常不变义。海喻可知。

（庚）二颂观法三：初法说，二喻说，三合结。

（辛）今初

> 是故诸行者，　　应当一切时，　　观察自身心，
> 知悉由染业，　　熏藏心故起。
> 既知如来藏，　　依熏作世法，
> 应解众生体，　　悉是如来藏。
> 复念真藏心，　　随熏作世法，

若以净业熏， 藏必作佛果。

"观察自身心"，谓约染浊分别性修止观也。"知悉由染业，熏藏心故起"，是约染浊依他性修止观也。"应解众生体，悉是如来藏"，是约染浊真实性修止观也。"复念真藏性"等四句，是以染例净，即约清净三性修止观也。又如来藏依熏作世法，是知不变常随缘也。众生体悉是如来藏，是解随缘常不变也。世法既尔，佛果例然。约性则一真平等，约修则因满果圆。所以必须依止一心，勤行妙止观也。

（辛）二喻说

譬如见金蛇， 知是打金作，
即解于蛇体， 纯是调柔金。
复念金随匠， 得作蛇虫形，
即知蛇体金， 随匠成佛像。

蛇喻染浊分别性，打喻染浊依他性，蛇体纯是调柔金，即喻染浊真实性。又打金作蛇喻不变随缘，蛇体纯金喻随缘不变也。蛇体金喻现前一念心性，匠喻止观法门，成佛像喻成出障净法身也。

（辛）三合结

藏心如真金， 具足违顺性，
能随染净业， 显现凡圣果。

金可为蛇为像，即是具足蛇像二性，故能随匠打作蛇像。藏心亦尔，本具违顺二性，故能随染净二业显现凡圣二果。然正为蛇时像性仍在，故可转蛇作像。则知正在染时净性仍在，故可转凡成圣也。蛇像非佛像，故须修证。佛金即蛇金，故常平等。彼执性废修、执修昧性者，安知常同常别法界法门哉！

二颂观法竟。

（庚）三颂劝修

以是因缘故，　　速习无漏业，
熏于清净心，　　疾成平等德。
是故于即时，　　莫轻御自身，
亦勿贱于他，　　终俱成佛故。

净心为因，净业为缘。因必藉缘，故须速习无漏业缘，熏于清净心之真因，令成本来平等之妙德也。我心既即佛性，安可轻御？御者，用也。一切众生皆有佛性，安可贱他！既不自轻，亦不贱他，是名平等佛德。

（己）三结

此明止观作用竟。上来总明五番建立止观道理讫。

已上第二大科广作分别竟。

（乙）三历事指点三：初明礼佛时止观，二明食时止观，三明便利时止观。

（丙）初中三：初观门，二止门，三双行。

（丁）初又二：初实事观，二假想观。

（戊）初又三：初法，二喻，三合。

（己）今初

凡礼佛之法亦有止观二门。所言观门礼佛者，当知十方三世一切诸佛悉与我身同一净心为体，但以诸佛修习净业熏心故，得成净果，差别显现，遍满十方三世。然一一佛皆具一切种智，是正遍知海，是大慈悲海，念念之中尽知一切众生心心数法，尽欲救度一切众生。一佛既尔，一切诸佛皆悉如是。是故行者若供养时，若礼拜时，若赞叹时，若忏悔时，若劝请时，若随喜时，若回向时，若发愿时，常作是念：一切诸佛悉知我供养，悉受我供养，乃至知我发愿。

此依法性及与佛德称实而观，《行愿品》所谓起深信解如对目前者也。

（己）二喻

犹如生盲之人于大众中行种种惠施，虽不见大众诸人，而知诸人皆悉见己所作，受己所施，与有目者行施无异。

无始无明未破，喻如生盲。然能作此信解，则功德与菩萨等矣。

（己）三合

行者亦尔，虽不见诸佛，而知诸佛皆悉见己所作，受我忏悔，受我供养。如此解时，即时现前供养，与实见诸佛供养者等无有异也。何以故？以观见佛心故。佛心者，大慈悲是也。

虽不见诸佛而见诸佛大慈悲心，所谓虽是肉眼名为佛眼也。

（戊）二假想观二：初佛身观，二供具观。
（己）初中二：初直示，二释疑。
（庚）今初

又若能想作一佛身相严好，乃至能得想作无量诸佛，一一佛前皆见己身供养礼拜者，亦是现前供养。何以故？以是心作佛、是心是佛故。

"是心作佛"者，能作他方应佛，能作自己果佛也。"是心是佛"者，心即他方应佛，心即自己果佛也。又是心作佛，故非自然；是心是佛，故非因缘。即中之空假名"作"，能破三惑，能立三法，故能感他佛三身圆应，能成我心三身当果。即空假之中名"是"，则全惑即智，全障即德，故心是应佛，心是果佛也。又始学名作，终成即是佛。又诸佛法身与己同体，现观佛时，心中现者即是诸佛法身之体，名心是佛。望己当果由观而成，名心作佛。若欲悉知，具如《妙宗钞》。

（庚）二释疑二：初明假想非妄，二明感应俱成。

（辛）初中三：初直明非妄，二远胜二乘，三径齐菩萨。

（壬）今初

问曰：前之一番供养实有道理，可与现前供养无异。此后一番想作佛身者则无道理。何以故？以实不见佛身，假想作见，即是妄想相故。

答曰：佛在世时，所有众生现前所见佛者，亦是众生自心作也。是故经言："心造诸如来。"以是义故，即时心想作佛，则与彼现前见佛一也。

（壬）二远胜二乘

又复乃胜二乘现见佛者。何以故？以彼二乘所见之佛实从心作，由无明故，妄想曲见，谓从外来，非是心作，故即是颠倒，不称心性缘起之义。是故经言："声闻曲见。"又复经言："是人行邪道，不能见如来。"所言如来者，即是真如净心依熏缘起，果报显现，故名如来。彼谓心外异来，故言不能见也。我今所见诸佛，虽是想心所作，但即能知由我想念熏真心故，心中现此诸佛。是故所见之佛不在心外，唯是真心之相，有即非有，非有即有，不坏真寂，不坏缘起，是故胜彼二乘现前见也。

二乘不达唯心，此达唯心，一胜也。二乘入寂便坏缘起，此则不坏缘起，二胜也。

（壬）三径齐菩萨

又若我以想心熏真心故，真心性起，显现诸佛，而言是妄想者，道场会众皆以见佛之业熏真心故，卢舍那佛在于真心中现，彼诸菩萨亦是妄想。若彼菩萨所见之佛实从心起，见时即知不从外来，非是妄想者，我今所见诸佛亦从心起，亦知不从外来，何为言是妄想？又复彼诸菩萨所修见佛之业悉是心作，还熏于心。我今念佛之想亦是心作，还熏于心。彼此即齐，是故彼若非妄，我即真实。

初明假想非妄竟。

（辛）二明感应俱成四：初重明同体心性，二明依想得见真佛，三生佛互论熏心，四结成感应不二。

（壬）今初

问曰：若一切诸佛唯由众生自心所作者，即无有实佛出世。

答曰：不妨一切诸佛出世而即是众生自心所作。何以故？谓由一切诸佛、一切众生同一净心为体故。然此净心全体唯作一众生，而即不妨全体复作一切凡圣。如一众生是净心全体所作，其余一一凡圣悉皆如是，一时一体，不相妨碍。是故若偏据一人以论心者，此人之体即能作一切凡圣，如藏体一异中释此义也。由此义故，一切诸佛唯是我心所作。但由共相不共相识义故，虽是我心能作诸佛，而有见不见之理，如共相不共相识中具明。

众生自心所作即是实佛，实佛即是众生自心所作，以一切诸佛、一切众生同一净心为体故。若达前文藏体一异之义，则不计实佛在我心外。若达共相不共相识之义，则不疑众生有见有不见矣。

（壬）二明依想得见真佛

以是义故，若能方便假想者，此想即熏真心，与诸佛悲智之熏相应故，于真心中显现诸佛，自得见之。此所现之佛，以我假想见佛之业与佛利他之业相应熏心起故，此佛即是我共相识也。是共相识故，即是真实出世之佛，为我所见。若无见佛之业与佛利他之德相应熏心者，一切诸佛虽是我净心所作，而我常不得见佛。

假想为能感，悲智为能应。感于众生心内诸佛，故心外无佛。应于诸佛心内众生，故佛出是真也。

（壬）三生佛互论熏心

是故若偏据诸佛以论净心，即诸佛净心作一切众生。但佛有慈悲智力熏心，故得见一切众生。若偏据众生以论净心，即众生净心作一切诸佛。但众生有见佛之业熏心，故得见一切诸佛。

佛为法界，故无佛心外之众生。生为法界，故无众生心外之佛。自熏自见，复何疑哉！

（壬）四结成感应不二

是故假想熏心者，即心中诸佛显现可见，所见之佛则是真实出世之佛。若不解此义故，谓释迦如来是心外实佛，心想作者是妄想作佛，如是执者，

虽见释迦如来亦不识也。

假想为能感，实佛为能应。所感实佛既不在众生心外，所应众生又岂在释迦心外？是谓感应不二也。若曲计释迦实在心外，所想不是真佛者，是人行邪道，不能见如来矣。

已上佛身观竟。

（己）二供具观

又复行者既如是知一切诸佛是心所作故，当知身及供具亦从定心出生。以是义故，当想自身心，犹如香藏王，身诸毛孔内，流出香烟云。其云难思议，充满十方刹，各于诸佛前，成大香楼阁。其香楼阁内，无量香天子，手执殊妙香，供养诸最胜。或复想自身，遍满十方国，身数等诸佛，亲侍于如来。彼诸一一身，犹如大梵王，色相最殊妙，五体礼尊足。知身及供具，悉是一心为，不生妄想执，谓为心外有。复知诸菩萨，所有诸供具，悉施诸众生，令供养诸佛，是故彼供具，即是我己有。知是己有故，持供诸如来。以己心作物，及施他己者，复回施众生，供献诸最胜。深入缘起观，乃能为此事。此观门礼佛。

文有八段。初"又复行者"下，既知是心作佛，便可从心作身及供具也。二"当想自身心"下三偈，是想所供周遍。三"或复想自身"下二偈，是想能供周遍。四"知身及供具"一偈，是止观双行。五"复知诸菩萨"下二偈，是自他不二。六"以己心作物"一偈，是善巧回向。七"深入缘起观"二句，是结叹功能。八"此观门礼佛"句，乃总结前文也。

（丁）二止门

止门礼佛者，当知一切诸佛及以己身一切供具，皆从心作，有即非有，唯是一心，亦不得取于一心之相。何以故？以心外无法能取此心相故。若有能取所取者，即是虚妄，自体非有。如是礼者，即名止门。

皆从心作，即无相性。有即非有，即无生性。唯是一心，即无性性。亦不取于一心之相，即无真性也。

（丁）三双行

复不得以此止行故便废息观行，应当止观双行，所谓虽知佛身我身及诸供具体唯一心，而即从心出生缘起之用，炽然供养。虽复炽然供养，而复即知有即非有，唯是一心，平等无念。是故经言："供养于十方，无量亿如来。诸佛及己身，无有分别相。"此是止观双行也。

初明礼佛时止观竟。

（丙）二明食时止观二：初观门，二止门。
（丁）初中二：初普供观，二除贪观。
（戊）初又二：初转粗作妙观，二转少为多观。
（己）今初

凡食时亦有止观两门。所言观者，初得食时，为供养佛故，即当念于此食是我心作，我今应当变此疏食之相以为上味。何以故？以知诸法本从心生，还从心转故。作是念已，即想所持之器以为七宝之钵，其中饮食想为天上上味，或作甘露，或为粳粮，或作石蜜，或为酥酪、种种胜膳等。作此想已，然后持此所想之食施与一切众生，共供养三宝四生等食之。当念一切诸佛及贤圣悉知我等作此供养，悉受我等如是供养。作此供养已，然后食之。是故经言："以一食施一切，供养诸佛及诸贤圣，然后可食。"

问曰：既施与三宝竟，何为得自食？
答曰：当施一切众生共供养三宝时，即兼共施众生食之。我此身中八万户虫即是众生之数故，是故得自食之，令虫安乐，不自为己。

（己）二转少为多观

又复想一钵之食，一一米粒复成一钵上味饮食。于彼一切钵中，一一粒米复成一钵上味饮食。如是展转出生，满十方世界，悉是宝钵，成满上味饮食。作此想已，持此所想之食施与一切众生，令供养三宝四生等。作此想已，然后自食，令己身中诸虫饱满。

普供观竟。

（戊）二除贪观

若为除贪味之时，虽得好食，当想作种种不净之物食之。而当知此好恶之食悉是心作，虚相无实。何故得知？以向者钵中好食我作不净之想，看之即唯见不净，即都不见净故，将知本时净食亦复如是，是心所作。此是观门。

（丁）二止门

止门吃食者，当观所食之味，及行食之人，能食之口，别味之舌等，一一观之，各知从心作故，唯是心相，有即非有，体唯一心，亦不得取于一心之相。何以故？以心外无法能取此心相故。若有能取所取者，即是虚妄，自体非有。此名止门。

配上三性止门，如文可知。二明食时止观竟。

（丙）三明便利时止观二：初正明，二释疑。
（丁）初中二：初观门，二止门。

（戊）今初

凡大小便利亦有止观。所言观者，当于秽处作是念言：此等不净悉是心作，有即非有。我今应当变此不净令作清净。即想此秽处作宝池宝渠，满中清净香水，或满酥酪。自想己身作七宝身，所弃便利即香乳酥蜜等。作此想已，持施一切众生。即复知此净相唯是心作，虚相无实。是名观门。

此等不净悉是心作，分别本空也。有即非有，依他无性也。变作清净，清净分别性观也。净相唯心，清净依他性观也。虚相无实，清净真实性观也。

（戊）二止门

所言止门者，知此不净之处，及身所弃不净之物，唯是过去恶业熏心，故现此不净之相可见。然此心相有即非有，唯是一心，平等无念，即名止门。

观则转染浊性为清净性，止则但除染浊三性入三无性也。"恶业熏心，故现不净，然此心相有即非有"，除分别性入无相性也。"唯是一心"，除依他性入无生性也。"平等无念"，除真实性入无性性也。

（丁）二释疑二：初正释所疑，二例通诸法。
（戊）今初

问曰：上来所有净不净法虽是心作，皆由过去业熏所起，何得现世假想变之即从心转？
答曰：心体具足一切法性，而非缘不起，是故溷中秽相由过业而得现，宝池酥酪无往缘而不发。若能加心净想，即是宝池酥酪之业熏心，故净相得生；厌恶之心，空观之心，即是除灭不净之缘，净熏心故，秽相随灭。此盖过去之业定能熏心起相，现世之功亦得熏心显妙用也。

"加心净想"，指上观门。"厌恶之心"，指上止门。"空观之心"，双指二门真实性中止观，所谓虚相无实，平等无念也。

（戊）二例通诸法三：初正释成方便，二释见不见之由，三释神通差别之故。

（己）今初

如此于大小便处假想熏心而改变之，其余一切净秽境界，须如是假想熏心，以改其旧相，故得现在除去憎爱，亦能远与五通为方便也。然初学行者未得事从心转，但可闭目假想为之。久久纯熟，即诸法随念改转。是故诸大菩萨乃至二乘小圣、五通仙人等，能得即事改变，无而现有。

秽作净想则能除憎，净作秽想则能除爱。憎爱悉除，便成漏尽。假想纯熟，法随念转，便成五通。出世方便，孰过于此？

（己）二释见不见之由

问曰：诸圣人等种种变现之时，何故众生有见不见？
答曰：由共相识故得见，由不共相识故不见。

（己）三释神通差别之故

问曰：菩萨神通与二乘神通有何差别？
答曰：二乘神通但由假想而成，以心外见法，故有限有量。菩萨神通由知诸法悉是心作，唯有心相，心外无法，故无限无量也。又菩萨初学通时，亦从假想而修，但即知诸法皆一心作。二乘唯由假想习通，但言定力，不言心作。道理论之，一等心作，但彼二乘不知，故有差别也。

菩萨习通亦从假想，二乘定力亦惟心作，只由知与不知，遂令力量迥别。然则修止观者可不先悟一心为依止乎？

佛祖心要妙难知，　我今随力释少分，
回此功德施群生，　同生安养成觉道。

大乘止观释要跋语

吾儒大学之道，莫先于致知格物。苟心性源头未澈，乌睹所谓物格知至耶？藕益大师弘《法华》于普德，舒见其横说竖说，直捷痛快，因请问入手方便。师以南岳《大乘止观法门》四卷相示，且告舒曰："予所宗者天台，而此又天台宗所从出之源也。文简义富，久锢藏中。向因讲演，曾为释要。居士曷究心焉。"舒得展读，如获至宝。以三性为止观境，则格物致知之功也。了达三性无性，则物格知至之效也。弗忍自私，爰谋剞劂。顾惟力弱，且谓独善不若与人，与少不若与众，遂集众缘而共梓之。窃闻藕师未出家时，即已力究宗乘，今乃披襟自称座主，盖由以宗印教，故仍藉教显宗。所愿阅是书者，勿作语言文字观，亦勿离语言文字而求解脱。若见语言文字即非语言文字者，则见藕益大师，亦见南岳大师，亦见释迦如来，亦见吾人本有心性矣。请借子韶一偈为作证盟，偈曰：

子韶格物　妙喜物格　欲识一贯　两个五百

弟子张苍舒敬跋

附录二：南岳慧思传记资料

续高僧传卷第十七

唐·道宣　撰

陈南岳衡山释慧思传

释慧思，俗姓李氏，武津人也。少以弘恕慈育知名，闾里称言，颂逸恒间。尝梦梵僧，劝令出俗，骇悟斯瑞，辞亲入道。所投之寺非是练若，数感神僧训令斋戒。奉持守素，梵行清慎。及禀具足，道志弥隆。迴栖幽静，常坐综业。日惟一食，不受别供。周旋迎送，都皆杜绝。诵《法华》等经三十余卷，数年之间，千遍便满。所止庵舍野人所焚，遂显厉疾，求诚乞忏，仍即许焉。既受草室，持经如故。其人不久所患平复。又梦梵僧数百，形服瑰异，上坐命曰："汝先受戒律仪非胜，安能开发于正道也。既遇清众，宜更翻坛，祈请师僧三十二人，加羯磨法，具足成就。"后忽惊寤，方知梦受。自斯已后，勤务更深。克念翘专，无弃昏晓。坐诵相寻，用为恒业。由此苦行，得见三生所行道事。又梦弥勒、弥陀，说法开悟。故造二像，并同供养。又梦随从弥勒与诸眷属同会龙华，心自惟曰："我于释迦末法受持《法华》，今值慈尊。"感伤悲泣，豁然觉悟。转复精进，灵瑞重沓。瓶水常满，供事严备，若有天童侍卫之者。

因读《妙胜定经》，叹禅功德，便尔发心，修寻定友[1]。时禅师慧文聚徒数百，众法清肃，道俗高尚。乃往归依，从受正法。性乐苦节，营僧为业。冬夏供养，不惮劳苦。昼夜摄心，理事筹度。讫此两时，未有所证。又于来夏，束身长坐，系念在前。始三七日，发少静观，见一生来善恶业相。因此惊嗟，倍复勇猛，遂动八触，发本初禅。自此禅障忽起，四肢缓弱，不胜行步，身不随心。即自观察：我今病者皆从业生，业由心起，本无外境。反见心源，业非可得。身如云影，相有体空。如是观已，颠倒想灭，心性清净，所苦消除。又发空定，心境廓然。夏竟受岁，慨无所获，自伤昏沉，生为空过，深怀惭愧。放身倚壁，背未至间，霍尔开悟，法华三昧、大乘法门一念明达，十六特胜、背舍除入便自通彻，不由他悟。后往鉴、最等师，述己所证，皆蒙随喜。

研练逾久，前观转增。名行远闻，四方钦德。学徒日盛，机悟寔繁。乃以大小乘中定慧等法，敷扬引喻，用摄自他。众杂精粗，是非由起。怨嫉鸩毒，毒所不伤。异道兴谋，谋不为害。乃顾徒属曰："大圣在世，不免流言。况吾无德，岂逃此责？责是宿作，时来须受，此私事也。然我佛法不久应灭，当往何方以避此难？"时冥空有声曰："若欲修定，可往武当、南岳，此入道山也。"以齐武平之初，背此嵩阳，领徒南逝，高骛前贤，以希栖隐。

初至光州，值梁孝元倾覆国乱，前路梗塞，权止大苏山。数年之间，归从如市。其地陈、齐边境，兵刃所冲，佛法云崩，五众离溃。其中英挺者，皆轻其生、重其法，忽夕死、庆朝闻，相从跨险而到者，填聚山林。思供以事资，诲以理味。又以道俗福施，造金字《般若》二十七卷，金字《法华》，琉璃宝函，庄严炫曜，功德杰异，大发众心。又请讲二经，即而叙构，随文造尽，莫非幽赜。后命学士江陵智顗，代讲金经。至一心具万行处，顗有疑焉。思为释曰："汝向所疑，此乃《大品》次第意耳，未是《法华》圆顿旨也。吾昔夏中苦节思此，后夜一念顿发诸法。吾既身证，

---

[1] 友：有本作"支"。

不劳致疑。"颙即咨受法华行法，三七境界，难卒载叙。又咨师位，即是十地？思曰："非也，吾是十信铁轮位耳。"时以事验，解行高明，根识清净，相同初依，能知密藏。又如《仁王》，十善发心，长别苦海。然其谦退，言难见实，故本迹叵详。

后在大苏，弊于烽警，山侣栖遑，不安其地。又将四十余僧径^[1]趣南岳，即陈光大年六月二十二日也。既至，告曰："吾寄此山正当十载，过此已后，必事远游。"又曰："吾前世时曾履此处。"巡至衡阳，值一佳所，林泉竦净，见者悦心。思曰："此古寺也，吾昔曾住。"依言掘之，果获之房殿基墌、僧用器皿。又往岩下，"吾此坐禅，贼斩吾首，由此命终，有全身也"。佥共寻觅，乃得枯骸一聚。又下细寻，便获髅骨。思得而顶之，为起胜塔，报昔恩也。故其往往传事验如合契，其类非一。

自陈世心学莫不归宗，大乘经论镇长讲悟，故使山门告集，日积高名。致有异道怀嫉，密告陈主，诬思北僧，受齐国募，掘破南岳。敕使至山，见两虎咆愤，惊骇而退。数日更进，乃有小蜂来螫思额，寻有大蜂吃杀小者，衔首思前，飞扬而去。陈主具闻，不以诚意。不久，谋罔一人暴死，二为猘狗啮死。蜂相所徵，于是验矣。敕承灵应，乃迎下都，止栖玄寺。尝往瓦官，遇雨不湿，履泥不污。僧正慧皓与诸学徒相逢于路，曰："此神异人，如何至此？"举朝属目，道俗倾仰。大都督吴明彻敬重之，至奉以犀枕。别将夏候孝威往寺礼勤^[2]，在道念言："吴仪同所奉枕者如何可见？"比至思所，将行致敬，便语威曰："欲见犀枕，可往视之。"又于一日，忽有声告："洒扫庭宇，圣人寻至。"即如其语，须臾思到。威怀仰之，言于道俗。故贵贱皂素，不敢延留。人船供给，送别江渚。思云："寄于南岳止十年耳，年满当移。"不识其旨。

及还山舍，每年陈主三信参劳，供填众积，荣盛莫加。说法倍常，神异难测。或现形小大，或寂尔藏身，或异香奇色，祥瑞乱举。临将终时，

---

[1] 径：有本作"经"。

[2] 勤：有本作"觐"。

从山顶下半山道场，大集门学，连日说法，苦切呵责，闻者寒心。告众人曰："若有十人不惜身命常修法华、般舟念佛三昧、方等忏悔、常坐苦行者，随有所须，吾自供给，必相利益。如无此人，吾当远去。"苦行事难，竟无答者。因屏众敛念，泯然命终。小僧云辩见气乃绝，号吼大叫。思便开目，曰："汝是恶魔，我将欲去，众圣畟然，相迎极多，论受生处。何意惊动，妨乱吾耶？痴人，出去。"因更摄心，谛坐至尽。咸闻异香，满于室内。顶暖身软，颜色如常。即陈太建九年六月二十二日也。取验十年，宛同符矣。春秋六十有四。

自江东佛法弘重义门，至于禅法，盖蔑如也。而思慨斯南服，定慧双开，昼谈理义，夜便思择，故所发言，无非致远。便验因定发慧，此旨不虚。南北禅宗，罕不承绪。然而身相挺特，能自胜持，不倚不斜，牛行象视，顶有肉髻，异相庄严，见者回心，不觉倾伏。又善识人心，鉴照冥伏。讷于言过，方便诲引。行大慈悲，奉菩萨戒。至如缯纩皮革，多由损生，故其徒属服章，率加以布。寒则艾纳，用犯风霜。自佛法东流，几六百载，惟斯南岳，慈行可归。余尝参传译，屡睹梵经，讨问所被法衣，至今都无蚕服，纵加受法，不云得成。故知若乞若得蚕绵作衣，准律结科，斩舍定矣。约情贪附，何由纵之。思所独断，高遵圣检。凡所著作，口授成章，无所删改。造《四十二字门》两卷，《无诤行门》两卷，《释论玄》《随自意》《安乐行》《次第禅要》《三智观门》等五部各一卷，并行于世。

五灯会元卷第二

宋·普济 撰

南岳慧思禅师

武津李氏子。因志公令人传语曰："何不下山教化众生，目视云汉作甚么？"师曰："三世诸佛被我一口吞尽，何处更有众生可化？"示众曰："道源不远，性海非遥。但向己求，莫从他觅。觅即不得，得亦不真。"偈曰："顿悟心源开宝藏，隐显灵通现真相。独行独坐常巍巍，百亿化身无数量。纵令逼塞满虚空，看时不见微尘相。可笑物兮无比况，口吐明珠光晃晃。寻常见说不思议，一语标名言下当。"又曰："天不能盖地不载，无去无来无障碍，无长无短无青黄，不在中间及内外。超群出众太虚玄，指物传心人不会。"

佛祖统纪卷第六

宋·志磐 撰

三祖圆证法华南岳尊者止观大禅师

三祖南岳尊者慧思，姓李氏，元魏南豫州武津人也。（南岳《愿文》自叙云：岁在乙未十一月十一日，于魏国南豫州武津县生。此当魏宣武延昌四年，梁武帝天监十四年乙未岁也。）儿童时，梦梵僧劝令入道。或见朋类读《法华经》，乐法情深，得借本于空塚独观。无人教授，日夜悲泣。复以塚非人居，乃移托古城，凿穴栖身。昼则乞食，夜不事寝，对经流泪，顶礼不休。久雨湿蒸，举身浮肿，忍心向经，忽尔消灭。又梦普贤，乘白象王，摩顶而去。昔未识文，今自然解。所摩顶上，隐起肉髻。

年十五（魏庄帝永安二年），出家受具。谢绝人事，专诵《法华》。日唯一食，不受别请。所居庵宇为野人所焚，即婴疠疾，来求悔过，其疾即愈，乃再作草舍，诵经如初。又梦僧曰："汝先受戒作法非胜，安能开发正道？"即见四十二僧，为加羯磨，圆满戒法。（四十二僧，即四十二位，自初住讫妙觉也。此表南岳当获六根清净，入圆十信，以故四十二位大士及妙觉真僧，为其加法以证之也。）既寤，益厉常业。又尝梦阿弥陀、弥勒佛与之说法，又随弥勒同诸胜友俱会龙华。感叹非常，倍加精进。

年二十（东魏孝静天平元年），因读《妙胜定经》，见赞美禅定，乃遍亲禅德，学摩诃衍。常居林野，经行修禅。后谒文师，咨受口诀，授以观心之法。昼则驱驰僧事，夜则坐禅达旦。始三七日，初发少静，观见一生善恶业相。转复勇猛，禅障忽起，四肢缓弱，身不随心。即自观察：我今病者皆从业生，业由心起，本无外境。反见心源，业非可得。遂动八触，发根本禅（重轻、冷热、涩滑、软粗，是为八触），因见三生行道之迹。

夏竟受岁，将欲上堂，乃感叹曰："昔佛在世，九旬究满，证道者多。吾今虚受法岁，内愧深矣！"将放身倚壁，豁然大悟法华三昧。自是之后，所未闻经不疑自解。

东魏武定六年（年三十四），在河南兖州，与众议论，为恶比丘所毒，垂死复活。

齐天保元年（年三十六），常在河南，习学大乘，亲觐诸大禅师，游行诸郡。是岁，刺史欲送归邺（齐文宣所都），师意欲南向，即舍众渡淮。时敕国内诸禅师入台供养（南北朝常称朝廷为内台），师以方便，辞避不就。

四年，至郢州，为刺史刘怀宝讲摩诃衍义。诸恶论师以生金药置毒食中，师命垂尽，一心念般若波罗蜜，毒即消散。

五年，至光州开岳寺。巴子立五百家共刺史请讲摩诃衍般若经。

六年，于光州大苏山讲摩诃衍。（《东坡集》：光山县南四十里，大苏山南、小苏山北，有寺名净居。齐天保中，思禅师过此，见父老，问其姓。曰：苏氏。又问二山名。叹曰：吾师告我，遇三苏则住。遂留结庵。而父老竟无有，盖山神也。其后颛禅师来谒师，遂得法。）

七年，于城西观邑寺讲摩诃衍。有众恶论师竞欲加害。师誓造金字《般若经》，现无量身于十方国讲说是经，令一切诸恶论师咸得信心，住不退转。

八年，至南定州，为刺史讲摩诃衍。有众恶论师竞起恶心，断诸檀越，不令送食。经五十日，常遣弟子乞食济命。于时复发愿决定誓造金字《般若》，为众讲说。

九年，于大苏山，唱告诸方，须造经者。忽有比丘名曰僧合，自言我能造经。既得经首，即教化境内，得财买金，于光城县齐光寺，造成《大品般若》及《法华经》二部，盛以宝函。复自述《愿文》一篇，以记其事，愿弥勒佛时，身及此经一时出现，广化一切。又云：世间道俗殷勤请讲，或强劝令讲者，皆恶知识，初似好心，后即忿怒；所有学士如怨诈亲，亦不可信；诸王刹利亦复如是。择、择、择、择。（法智、慈云皆云"朱陵四择"是也：道俗劝讲者，强劝令讲者，学士诈亲者，诸王刹利者，如是四类，皆须择之也。已上文并见《南岳愿文》。）

师名行远闻，学徒日盛。众杂精粗，是非数起。乃顾徒属曰："大圣在世，不免流言，况吾无德，岂逃此债？债是宿作，时来须受，此私事也。齐祚将倾，佛法暂晦（齐后为周所灭，周武废释道二教），当往何方，以避此难？"忽闻空声曰："若欲修定，当往武当、南岳。"师裴回光州，时往邻郡，为众讲说，凡十四年。（天保五年至光州，陈光大二年入南岳，始终十四年。）

光州当陈、齐为边境，烽火数兴，众不遑处。乃以陈光大二年，入居南岳。谓其徒曰："吾寄此山，正当十载，过此以后，必事远游。"（师入南岳，至大建九年，果十年而终。）先是有梁朝高僧海禅师居之，一见如旧识，即以是山俾师行道。

师一日登祝融峰，岳神会棋。神揖师曰："师何来此？"师曰："求檀越一坐具地。"神曰："诺。"师即飞锡，以定其处（今福严寺是）。神曰："师已占福地，弟子当何所居？"师即转一石鼓，下逢平地而止（今岳君塑像犹坐石鼓上）。岳神乞戒，师乃为说法要。一日，师谓岳神曰："它日吾有难，檀越亦当有难。"

师指岩下曰："吾一生曾此坐禅，为贼断首。"寻获枯骨一聚（今福严一生岩）。至西南隅，指大石曰："吾二生亦曾居此。"即拾髑髅起塔，以报宿修之恩（今二生塔）。又至蒙密处，曰："此古寺也，吾三生尝托居此地。"因指人掘之，果有僧用器皿及堂宇之基，即筑台为众说《般若经》（今三生藏）。众患无水，师以杖卓崖，虎因跑地，泉乃涌出（今虎跑泉是也）。

大建元年，九仙观道士欧阳正则睹山有胜气，谋于众曰："此气主褐衣法王，彼盛则吾法衰矣。"乃凿断岳心，钉石为巫蛊事（注：见《诵塞志》三卷注）。埋兵器于山上，因诡奏曰："北僧受齐募而为之。"宣帝遣使考验，初度石桥，有两虎号吼，使者惊退。次日复进。师曰："檀越前行，贫道当续至。"越七日，度使者尚未至，始飞锡而往金陵，四门皆见师入。使者既至，遂同进谒。帝坐便殿，见师乘空而下，梵相异常，惊悟其神，一无所问。以道士诬告冈上，令案治之，罪当弃市。师请曰："害人之命，非贫道意。乞放还山，给侍僧众，亦足小惩。"帝可之，敕有司冶铁为十四券，识道士十四名，周回其上，封以敕印，令随师还山。将行，饯以殊礼，称为大禅师。思大之名，盖得于此。初敕寓栖玄寺，尝往瓦官精舍，遇雨不湿，履泥不污。僧正慧皓遇诸涂，叹曰："此神异人，何以至此？"自是举朝道俗倾心归仰。大都督吴明彻每亲道论，欲奉以犀枕，未敢言。师曰："欲与枕，便可。"明彻益大惊异。

师既复归山中，说法如故。道众以老病告，愿奉田数顷充香积，用赎老身。师曰："欲留田，当从汝愿。"因名留田庄（俗呼道士赎身庄）。所赐铁券悉收藏之，勒石记其事，名曰《陈朝皇帝赐南岳思大禅师降伏道士铁券记》。时道众私誓曰："今世神通、官势皆所不如，后五百年，当生汝法中，坏灭汝教。"师亦预记曰："此诸道士害我无因，异日着我袈裟，入我伽蓝，坏遗体矣。"（皇宋太宗时，有大臣出镇湖南，经临此山，历览遗踪，谓主僧曰："异日道士得志必有报复。当埋碑石，易庄名，俾无踪迹可寻。"因改名天竺庄，而以碑券埋于三生藏院。大观间，道士林灵素荧惑天听，果移文物色此事，以无迹可考，遂止。乾道初，有杰止庵来主此山，谓众曰："二生塔堕荒榛，瞻礼非便，当迁合于三生塔。"盖杰拟私其地为己塔也。即与执事者十四人，备斧钁，开石龛，见灵骨如黄金色，有石屏刻欧阳正则等名，转报为今主首知事行仆，比今名不少差，众大惊骇。是夕，岳庙一爇而尽。州县闻之，逮捕甚急，杰辈皆逃散。寺众复掩藏其骨。杰后住它山，每升座，必对众自悔责，求免后报。述曰：南岳至此七百年矣，而杰师果应私誓，师与岳神果符先记，异哉！然杰师虽因恶誓，终能归释；由毁为缘，适足以彰南岳摄物之功也。）

师将顺世，大集门学，连日说法，苦切诃责，闻者寒心。乃曰："若有十人，不惜身命，常修法华、念佛三昧、方等忏悔、常坐苦行者，随有所须，吾自供给。如无此人，吾当远去。"竟无答者，即屏众敛念。将入寂，弟子灵辩不觉号哭。师诃之曰："恶魔出去。众圣相迎，方论受生处，何惊吾耶？"即端坐，唱佛来迎，合掌而逝。颜色如生，异香满室。时大建九年六月二十二日。寿六十三，夏四十九。

初在大苏，以法付颛师，后常代讲《般若》，至一心具万行，忽有所疑。师曰："如汝之疑，乃《大品》次第意耳，未是《法华》圆顿旨也。吾昔于夏中一念顿证，诸法现前。吾既身证，不必有疑。"颛师问："所证是十地耶？"曰："吾一生望入铜轮（圆十住），以领徒太早，损己益他，但居铁轮耳。（师获六根清净，即圆十信，别三十心，《华严》梵行、《璎珞》铁轮位也。）

师身相挺特，耳有重轮，顶有肉髻，牛行象步，不倚不斜。平昔御寒，唯一艾纳（《法华经》："纳衣在空闲"。律文谓之五纳衣，谓纳受五种旧弊以为衣也。俗作"衲"字，失义），缯纩之属一切不受。所居之处灵瑞重沓，供物严备，瓶水自满。有诸天童以为侍卫，或现形大小，或寂尔藏身。异香奇迹，不可胜纪。常示众曰："道源不远，性海非遥。但向己求，莫从他觅。觅即不得，得亦非真。"又偈曰："顿悟心源开宝藏，隐显灵通见真相。独行独坐常巍巍，百亿化身无数量。纵令逼塞满虚空，看时不见微尘相。可笑物兮无比况，口吐明珠光晃晃。寻常见说不思议，一语标名言下当。"又偈曰："天不能盖地不载，无去无来无障碍，无长无短无青黄，不在中间及内外。超群出众太虚玄，指物传心人不会。"

所著述多口授，门人笔成章句。出《四十二字门》、《无诤行门》、《大乘止观》各二卷，《释论玄》、《随自意》、《安乐行》、《次第禅要》、《三智观门》各一卷。（杂出《南岳愿文》、《铁券记》、《南山续高僧传》。《传灯》云，志公令人谓思师曰：何不下山教化众生？师报曰：三世诸佛被我一口吞却，有何众生可化？今考《南岳愿文》，自序诞生之年，当梁武天监十四年。至陈光大二年，始至南岳，时年五十四，志公已入灭于梁武之世久矣，不当有此遗问。今恐别有一师，后人误传为志公耳。）

赞曰：南岳以所承北齐一心三观之道传之天台，其为功业盛大，无以尚矣！故章安有曰："思禅师名高嵩岭，行深伊洛（喻名行之高深），十年常诵，七载方等，九旬常坐，一时圆证。"（见《天台别传》）师之自行，亦既勤矣。至于悟法华三昧，开拓义门，则又北齐之所未知。故荆溪亦云"文禅师但列内观视听而已"（见《止观大意》），可不信哉。

天台九祖传[1]

宋·士衡 编

三祖南岳尊者

三祖南岳尊者，讳慧思，姓李氏，武津人也。少以宽慈。顶生肉髻，耳有重轮，象视牛行，胜相庄严，与世自异。尝梦梵僧，勉令出俗。骇悟斯瑞，辞亲入道。奉持守素，梵行清洁。及禀具戒，日唯一食，不受别施。迥栖幽静，杜绝将迎。诵《法华》等经。所至小庵被人所焚，随显疠（音例，疫病）疾。求诚乞忏，还创草室，持经如故，其患平复。仍梦梵僧数百，形服瑰（公回切，大也）异。祈请师僧加羯磨法，具足成就。惊寤，方知梦受。勤务更深，无弃昏晓。又梦弥勒与诸眷属同会龙华，心自惟曰：我于释迦末法受持《法华》，今值慈尊。感伤悲泣，豁然觉悟。转复精进，灵瑞重沓（达合切），供养严备，若有天童侍卫。

因读《妙胜定经》，叹禅功德，发心修定。时北齐禅师聚徒数百，众法清肃，道俗高尚，乃往归依，从受正法。性乐苦节，营僧为业，冬夏供养，不惮劳苦。昼夜摄心，理事筹（音俦，算也）度。讫此两时，未有所证。又于来夏，束身长坐，系念在前。始三七日，发少静观，见一生善恶业相。倍复勇猛，遂动八触，发本初禅，禅障忽起，四肢缓弱，不胜行步，身不随心。即自观察：我今病者皆从业生，业由心起，本无外境。反见心源，业非可得。身如云影，相有体空。如是观已，颠倒想灭，心性清净，所苦消除。又发空定，心境廓然。夏竟受岁，慨（口概切，太息也）无所获，自伤昏沉，生为空过，深怀惭愧。放身倚壁，背未至间，霍（忽郭切，

[1] 收于《大正藏》第51册，经号2069。

挥霍也）尔开悟，法华三昧、大乘法门一念明达，十六特胜、背舍除入便自通彻，不由他悟。

研练愈久，前观转增。名行远闻，四方钦德。学徒日盛，机悟实繁。乃以大小乘中定慧等法，敷扬引喻，用摄自他。众杂精粗，是非由起。怨嫉鸩（直禁切，以毛历饮食能杀人）毒，毒所不伤。异道兴谋，谋不为害。乃顾徒属曰："大圣在世，不免流言。况吾无德，岂逃此责。责是宿作，时至须受，此私事也。然我佛法不久应灭，当往何方以避此难？"时空声曰："若欲修定，可往武当、南岳，是入道山也。"以齐武平之初，背此嵩阳，领徒南逝。初至光州，值梁孝元倾覆国乱，前路梗塞，权止大苏山。数岁之间，归从如市。每示众曰："道源不远，性海非遥。但向己求，莫从他觅。觅亦不得，得亦非真。"由是供以事资，诲以理味，只欲学者悟自本心。因以道俗福施，造金字《般若》、金字《法华》，琉璃宝函。众请讲二经。即时玄叙，随文造尽，莫非幽赜。后命大师代讲金经，至一心具万行处，大师有疑。师曰："汝向所疑，此乃《大品》次第意耳，未是《法华》圆顿旨也。吾昔一心，顿发诸法。吾既身证，不劳致疑。"遂咨受法华行法，三七境界，大领玄旨。又咨师位即十地耶？曰："非也。吾十信铁轮位耳。"然其谦退，言难见实，本迹叵详。

后在大苏，弊于烽警（上音峰。烽燧，候表也。边有警则举火，昼日燧，夜曰烽），山侣栖遑，不安其地。将四十余僧，径趣南岳，时陈光大二年岁次戊子夏六月二十二日也。至即告曰："吾止此满十年耳。"先是梁僧慧海居衡岳寺，及见师，欣如旧识，以寺请师止之，海迁他所。师复徙众方广，灵迹懋异，具如别记。尝曰："吾前世曾履此处。"因游岳顶，迟立林泉。其处竦净，若有所忆。寻指岩丛曰："吾前身于此入定，贼斩吾首。"众共掘之，获聚骨，果无首，今名一生岩者是也。复指盘石曰："此下亦吾前世骸骨。"众举石验，果得红白骨，联若钩锁。即其地累石瘗（于罽切，埋也）骨，危其巅，为二生塔。徘徊东上，见石门宿隩（上音杳），曰："此灵岩幽户，过者必增道力，乃古寺也，吾先亦尝栖托。"因斧蒙密处，果得僧用器皿、堂宇、层甓（并的切，砖也）之基。其地爽垲（高明之地曰爽垲。《左传》曰：请更诸爽垲。《文选》曰：处高泉而爽垲），适大岳心。于是筑台，为众说般若，因号三生藏。事验非一，陈朝硕学莫不归宗。

时有异道怀嫉，密告陈主，诬师北僧，阴受齐券，掘断岳心。敕使至山，见两虎咆愤，惊骇而退。数日复进，召师。师谓使曰："尊使先行，贫道续来。"师飞锡而往，至京，四门俱见师入。监使同时共奏。帝惊异，引见，敕承灵应，乃迎下都，止栖玄寺，一无所问。先有小蜂，飞螫师额。寻有大蜂，咬杀小者，衔首师前，飞扬而去。不久谋罔一人暴死，二为猘（居例切，狂犬。《宋书》曰：张收尝为猘犬所伤，食虾蟆鲙而愈）狗啮死。蜂相所征，于是验矣。师往瓦官，遇雨不湿，履泥不污。僧正慧皓（音杲）与诸学徒相逢于路，曰："此神异人，如何至此？"举朝属目，道俗倾仰。大都督吴明彻敬重之至，奉以犀枕。别将夏侯孝威往寺礼觐，在道默念，吴仪同所奉枕，欲得一见。比至师所，将行致敬，师便语威："欲见犀枕，可往视之。"又于一日，忽有声告："洒扫庭宇，圣人寻至。"即如其语，须臾师到。威怀仰之，言于道俗，故贵贱皂素悉归向之。

趣归南岳，不敢延留。帝饯以殊礼，目为大禅师，人舡供给，送到江渚。师曰："寄迹南岳，止十年耳，期满当移。"时众不识其旨。及还山，每岁陈主三信参劳，供施众积，荣盛莫加。说法倍常，神异难测。或现形大小，或寂示藏身。或异香奇色，祥瑞乱举。临将终时，从山顶下半山道场，大集门学，连日说法，苦切呵责，闻者寒心。告众曰："若有十人不惜身命，常修法华、般舟、念佛三昧、方等忏悔，行是行者，随有所须，吾自供给，必相利益。如无，吾当远离。"苦行事难，竟无答者。因屏众敛念，泯然命尽。小僧灵辩见师气绝，号吼大叫。师便开目曰："汝是恶魔。我将欲去，众圣相迎，论受生处。何意惊动，妨乱吾耶？痴人，出去。"因更摄心，谛坐至尽。咸闻异香满室，顶暖身软，色如生。春秋六十有四，即陈太建九年岁次丁酉六月二十二日也。取验十年，宛然符合。

师平日服布素，寒则实以艾。徒属服章率皆如此。凡有著作，口授成章，无所删改。《四十二字门》两卷，《无诤行门》两卷，《释论玄》《随自意》《安乐行》《次第禅要》《三智观门》等五部各一卷，并行于世。

南山律师赞曰："自江东佛法弘重义门，至于禅法，盖蔑如也。而南岳尊者慧思南服，定慧双开。昼谈义理，夜便思择。故所发言，无非致远。因定发慧，此旨不虚。南北禅宗罕不承绪。然而身相挺特，能自胜持。见者回心，不觉倾伏。善识人心，鉴照冥机。讷于言过，方便诲引。行大慈悲，奉菩萨戒。至如缯纩皮革，多由损生，故其徒服章，率皆以布。寒则艾衲，用犯风霜。自佛法东流，几六百载，唯斯南岳，慈行可归。余尝参传译，屡睹梵经，讨问所被法衣，至今都无蚕服。纵加受法，不云得成。若乞若得，蚕绵作衣，准律结科，斩舍定矣。约情贪附，何由纵之！唯南岳独断，高遵圣检（居奄切，书检、印窠，封题也）者也。"